Zwischen Exegese und religiöser Praxis

Zwischen Exegese und religiöser Praxis

Heilige Texte von der Spätantike bis zum Klassischen Islam

Herausgegeben von
Peter Gemeinhardt

Mohr Siebeck

Peter Gemeinhardt, geboren 1970; 1990–1996 Studium der Ev. Theologie in Marburg und Göttingen; 2001 Dr. theol. in Marburg; 2003 Ordination; 2006 Habilitation in Jena; seit 2007 Professor für Kirchengeschichte an der Georg-August-Universität Göttingen; 2009/10 und 2010–2014 Sprecher des Courant-Forschungszentrums „Education and Religion" (EDRIS); seit 2015 Sprecher des DFG-Sonderforschungsbereichs 1136 „Bildung und Religion in Kulturen des Mittelmeerraums und seiner Umwelt von der Antike bis zum Mittelalter und zum Klassischen Islam".

ISBN 978-3-16-153229-0

Die Deutsche Nationalbibliothek verzeichnet diese Publikation in der Deutschen Nationalbibliographie; detaillierte bibliographische Daten sind im Internet über *http://dnb.dnb.de* abrufbar.

Das Buch wurde von Martin Fischer in Tübingen aus der Garamond Antiqua gesetzt, von Gulde-Druck in Tübingen auf alterungsbeständiges Werkdruckpapier gedruckt und von der Buchbinderei Nädele in Nehren gebunden.

Vorwort

Der vorliegende Band ist aus einer Ringvorlesung hervorgegangen, die im Wintersemester 2013/14 an der Georg-August-Universität Göttingen stattfand und vom Courant-Forschungszentrum „Education and Religion from Early Imperial Roman Times to the Classical Period of Islam (EDRIS)" ausgerichtet wurde. Es ist eine überaus angenehme Pflicht, den Personen und Institutionen, die an der Durchführung der Vorlesungsreihe und deren Drucklegung beteiligt waren, meinen Dank auszusprechen. Ein sehr herzlicher Dank gilt zuallererst den Autorinnen und Autoren, die zunächst mit ihren Vorträgen und dann mit deren Ausarbeitung für den Druck zum interdisziplinären Gespräch über heilige Texte, ihre Auslegung und die darauf bezogene Praxis beigetragen haben. Die gedruckten Beiträge spiegeln überwiegend die Vortragssituation wider; sie wurden lediglich mit den nötigen Quellenbelegen und mit Hinweisen auf weiterführende Literatur versehen. Für die Publikation wurden sie formal vereinheitlicht. Belege aus der Bibel folgen den Loccumer Richtlinien, auf weitere fachspezifische Abkürzungen von Quellen wurde verzichtet. Mit einer Ausnahme wurden fremdsprachliche Schriftzeichen vermieden, für das Arabische wurde eine vereinfachte, dem deutschen Sprachgebrauch angepasste Transkription verwendet.

Für Unterstützung im Umfeld habe ich ebenfalls sehr herzlich zu danken. Dies betrifft insbesondere das Courant-Forschungszentrum EDRIS und seine Mitglieder: So waren

Tobias Georges, Ilinca Tanaseanu-Döbler und Jens Scheiner an der Konzeption der Ringvorlesung beteiligt und haben Referentinnen und Referenten vorgeschlagen und eingeladen. Die Durchführung der Veranstaltungen wurde von Monika Winet betreut, die auch bei der Organisation der Publikation mitgewirkt hat. Um die redaktionelle Bearbeitung der Beiträge zu diesem Band hat sich Dorothee Schenk verdient gemacht; an der Endredaktion einschließlich der Erstellung der Register war auch Olga Shenkman beteiligt. Im Verlag Mohr Siebeck haben Ilse König und Klaus Hermannstädter für die Drucklegung Sorge getragen. Ihnen allen habe ich sehr herzlich zu danken.

Das Courant-Forschungszentrum EDRIS wird nach sieben Jahren im Oktober 2016 seine Arbeit einstellen; der vorliegende Band dokumentiert die dritte und letzte Ringvorlesung des Zentrums. Bereits publiziert wurden die vorhergegangenen Vorlesungsreihen: „Von Rom nach Bagdad" (Tübingen 2013) und „Bedeutende Lehrerfiguren" (Tübingen 2015). Eine begrenzte Förderdauer war in der Konzeption dieses Zentrums von Anfang an vorgesehen. Seit Juli 2015 arbeitet bereits als Nachfolgeinstitution an der Universität Göttingen der DFG-Sonderforschungsbereich 1136 „Bildung und Religion in Kulturen des Mittelmeerraums und seiner Umwelt von der Antike bis zum Mittelalter und zum Klassischen Islam"; Forschungsschwerpunkte sind hier zumal Bildungsinstitutionen, Exegese heiliger Schriften, Vermittlung religiöser Bildung sowie interreligiöse Diskurse im Spannungsfeld von Bildung und Religion. Das Gespräch, das sich im vorliegenden Band niederschlägt, wird also weitergehen – in Göttingen und, so steht zu hoffen, weit darüber hinaus.

Göttingen, im November 2015 Peter Gemeinhardt

Inhalt

Einleitung

Peter Gemeinhardt

I.

Heilige Texte haben schon immer das Interesse von Forschung und Öffentlichkeit gefunden. Wie sich die Hebräische Bibel zu ihrer griechischen Übersetzung, der sogenannten Septuaginta verhält, wie diese unterschiedlichen Textcorpora zur Grundlage der christlichen Heiligen Schrift aus Altem und Neuem Testament stehen und wie wiederum in diese jüdisch-christliche Texttradition der Koran einzuzeichnen ist, der hierauf ausdrücklich Bezug nimmt, wurde viel und oft diskutiert. Und damit sind nur die heiligen Texte von drei großen – bisweilen „abrahamitisch" genannten – monotheistischen Weltreligionen genannt, die im Vorderen Orient entstanden sind und im ersten Jahrtausend n. Chr. im gesamten Mittelmeerraum und darüber hinaus Verbreitung fanden. In allen drei Fällen handelt es sich um Sammlungen von Texten, die in einem längeren Prozess mehr oder weniger fest zusammengewachsen sind, am meisten natürlich der Koran, der als *ein* Buch der Offenbarung an Mohammed gilt, während sowohl der jüdische „Tanach" aus Torah, Propheten und Schriften als auch die christliche Bibel aus unterschiedlichen Teilen zusammengesetzt sind. Dennoch beanspruchen alle drei Corpora nicht nur in ihren Teilen, sondern auch und vor allem als Gesamtheit – also jeweils als *ein* Text – Geltung.

Das betrifft aber nicht nur theoretische Sichtweisen, sondern auch den Umgang mit diesen Texten, also die religiöse Praxis. Hier finden sich unterschiedliche Formen, die man nach sozialem und personalem Setting – liturgisch, gemeinschaftlich, privat – klassifizieren kann, nach Personen, denen ein solcher Gebrauch heiliger Texte erlaubt ist – Priestern, Gelehrten, Gläubigen, wobei auch Geschlechterdifferenzen eine Rolle spielen – oder auch nach konkreten Praktiken des Umgangs – Lesung, Meditation, Auslegung. Es lassen sich also sehr unterschiedliche Weisen des Umgangs mit heiligen Texten in den oben genannten Religionsgemeinschaften beobachten, die auch innerhalb dieser übergreifenden religiösen Traditionen weiter zu differenzieren wären: So ist die Frage, wem die Bibel für den exegetischen oder liturgischen Gebrauch zugänglich sein soll, im Christentum diachron und synchron ganz verschieden beantwortet worden. Rollen- und Genderzuschreibungen spielen hier ebenso eine Rolle wie das Verhältnis von materieller Struktur und geistlichem Inhalt. Klar ist aber, dass im Christentum wie im Judentum und im Islam Texte eine zentrale Stellung einnehmen, und zwar nicht nur als von Menschen geschriebene Schrift, sondern als Texte, die religiöse Bedeutung haben, die nicht nur *über* Gott und Göttliches berichten, sondern mit der *Erfahrung* von Göttlichem zu tun haben, diese Erfahrung *kommunizieren* und insofern als „heilig" angesprochen werden. Was die fraglichen Texte eigentlich heilig macht, ob sie es in jeder Situation oder nur unter besonderen Umständen sind und wie sich Heiligkeit und Praxis in ihrem Verhältnis zueinander beschreiben lassen – diesen und verwandten Fragen widmet sich der vorliegende Band.[1]

---

[1] Eine gute Einführung in die vergleichende Frage nach heiligen Texten bietet – auch über die hier behandelten Epochen und Religionskulturen hinaus – Tworuschka (2000).

Das thematische Feld geht dabei über die bisher genannnten Religionskulturen hinaus und bezieht auch die griechische und römische Religion der Spätantike ein. Mit dieser summarischen Bezeichnung ist ein höchst differenziertes Konglomerat von Kulten angesprochen, das zunächst durch Praxisorientierung („Orthopraxie") charakterisiert ist, also durch einen korrekten rituellen Umgang mit Göttern, das aber in der kaiserzeitlichen Philosophie auch Gegenstand theoretischer Reflexion wurde. Hierfür avancierten wiederum Texte der Tradition zu autoritativen Grundlage, so die Schriften Platons, die zunehmend einer kunstgerechten Auslegung, ja in gewisser Weise einer „Kanonisierung"[2] unterzogen und zugleich zu Praktiken der Einwirkung auf Götter („Theurgie") in Beziehung gesetzt wurden.

Für das erste Millennium der christlichen Zeitrechnung war also im mediterranen Raum und seiner Umwelt eine bestimmte Art des theoretischen und praktischen Umgang mit heiligen Texten charakteristisch, die sich zum einen an der konkreten Interaktion zwischen den jüdischen, christlichen und islamischen Textcorpora zeigt, zum anderen an der Anwendung vergleichbarer hermeneutischer Instrumentarien und kultisch-ritueller Umgangsweisen. Nach Guy Stroumsa repräsentierten Judentum und Christentum in der Spätantike den „Aufschwung der Buchreligionen"[3], und für Angelika Neuwirth erscheint der Koran auf der Basis exegetischer Einsichten als „Text der Spätantike".[4] Man muss daraus nicht

---

[2] Zur vergleichenden Analyse von Prozessen der Kanonisierung und Dekanonisierung im antiken Judentum und Christentum sowie in der hellenistischen und römischen Literatur vgl. die Beiträge in Becker/Scholz (2012).

[3] Stroumsa (2011), 53–85.

[4] Neuwirth (2010).

religionsgeschichtliche Großtheorien ableiten[5], um doch die parallelen, teils interdependenten Entwicklungen von der römischen Kaiserzeit bis zum Klassischen Islam als Forschungsaufgabe *sui generis* wahrzunehmen. Einige der Gemeinsamkeiten und Unterschiede in der Exegese heiliger Texte und im praktischen Umgang mit ihnen werden in den Beiträgen zu diesem Band fokussiert, um das thematische Feld auszuleuchten.

II.

Die Rede von „heiligen Texten" wirft freilich die Frage auf: Was bedeutet eigentlich „heilig"? Und wird dieser Begriff, mit dem hier in vergleichender Abzielung operiert werden soll, in der griechischen und römischen Religion, im Judentum, im Christentum und im Islam überhaupt in gleicher Weise verstanden? Das ist offensichtlich nicht der Fall – und kann es auch nicht sein, wenn „heilig" mit Gott (allgemeiner: mit Göttlichem) zu tun hat, Gott (oder Göttliches) aber in griechisch-römischer, jüdischer, christlicher und muslimischer Sicht unterschiedlich erfahren und definiert wird. Wie in diesen Religionen grundsätzlich das gemeinschaftliche und individuelle Verhältnis zu Gott, Göttern und Göttlichem in je spezifischer Weise praktisch gestaltet und theoretisch reflektiert wird, so gilt dies auch für die Texte, die in diesen Religion eine zentrale Rolle spielen. Eine allgemeine Definition von „heilig", die für die genannten und womöglich auch noch für weitere Religionen Aussagekraft besitzt, kann daher nicht einfach festgelegt werden. Auf den Begriff insgesamt zu verzichten scheint jedoch auch nicht angeraten,

[5] Vgl. aber das innovative Buch von Fowden (2014).

selbst wenn es schwierig ist, das, was damit bezeichnet wird, historisch und systematisch dingfest zu machen.[6]

Die lange Debatte im 20. Jahrhundert über den Heiligkeitsbegriff, als deren klassische Exponenten Émile Durkheim (1858–1917), Rudolf Otto (1869–1937) und Mircea Eliade (1907–1986) gelten können, hat sich wiederholt in Aporien verstrickt, weil Heiligkeit stets mit konkreten Vorstellungen von Gott, Göttern und Göttlichem verbunden ist und sich daher einer übergreifenden religionswissenschaftlichen Definitorik entzieht, sofern diese nicht rein funktional argumentieren will (d. h. als ob Prozesse der Sakralisierung eine gesellschaftliche Funktion erfüllten, die mit dem Hinweis auf „Heiliges“ bzw. „Göttliches“ begründet wird, einer substantialen Füllung aber nicht notwendig bedarf). Das aber wäre den Religionskulturen, um die es hier geht, nicht angemessen: Denn auch wenn moderne Wissenschaft selbstverständlich nicht über die Realität dessen urteilen kann und soll, was in den Quellen als „heilig“ oder „göttlich“ bezeichnet wird, so ist doch grundsätzlich nicht zu bezweifeln, dass Menschen in den hier thematisierten religiösen Kontexten rituell-praktisch und intellektuell-theoretisch auf ein Gegenüber Bezug nahmen, das jenseits der alltäglichen Erfahrung gedacht und mit dessen Wirksamkeit gerechnet wurde.[7]

Der Begriff der „Bezugnahme“ macht deutlich, dass die Analyse sich allein auf die *menschlichen* Handlungen und Äußerungen beziehen kann, die einer historiographischen Beobachtung zugänglich sind. Eine „essentialistische“ Betrachtungsweise, die weiß, was „das“ Heilige „ist“, und es

---

[6] Ein Plädoyer für ein reflektiertes Beibehalten der Rede von Heiligem findet sich bei Colpe (1990).

[7] Vgl. Tanaseanu-Döbler/Döbler (2012), 2 sowie bereits Hanegraaff (1999), 371.

entsprechend in verschiedenen religiösen Kontexten „wiedererkennt", ist zu vermeiden. Denn sie trägt weder den Erkenntnisschranken der modernen Forschung noch der intra- und innerreligiösen Dynamik in den hier thematisierten Kulturen hinreichend Rechnung. Aber gerade die Interaktion zwischen unterschiedlichen Bezugnahmen auf heilige Texte (und ebenso auf heilige Orte, Zeiten oder Personen) ist überaus aufschlussreich für die Religionsgeschichte des ersten Millenniums der christlichen Zeitrechnung.[8] Hierfür ist ein „relationaler" Begriff von „heilig" nützlich: Denn von einer „Relation" zu sprechen erlaubt einerseits, die Bezugnahme der Zeitgenossen auf ein existierendes Göttliches ernst zu nehmen, ohne über dessen Existenz urteilen zu müssen, und hält andererseits präsent, dass von „heilig" stets nur im Modus einer *Zuschreibung* die Rede sein kann. Für solche Zuschreibungen werden in den Quellensprachen ganz unterschiedliche Begriffe verwendet, die im Deutschen in aller Regel mit „heilig" übersetzt werden: hebräisch *kadosch*, griechisch *hagios*, lateinisch *sanctus* und arabisch *muqaddis*, um nur die am meisten verbreiteten Sprachen und Begriffe zu nennen. Für eine vergleichende Analyse ist weniger entscheidend, ob mit diesen Begriffen immer und überall wirklich dasselbe gemeint ist, von Interesse sind vielmehr die Modi und Verfahren dieser Zuschreibung von Heiligkeit, also die konkrete Art und Weise der Bezugnahmen auf Gott, Götter oder Göttliches und damit auf „Heiliges".

Damit schließt sich der Kreis: Nicht eine allgemeingültige Definition, *was* „heilig" im Allgemeinen und ein „heiliger Text" im Besonderen ist, kann am Anfang stehen – eine reli-

---

[8] Zu einer solchen chronologisch begrenzten, aber thematisch breit angelegten Komparatistik des Heiligen vgl. Gemeinhardt/Heyden (2012), bes. 417–438.

gionsinterne und -vergleichende Untersuchung von heiligen Texten muss vielmehr bei der Beobachtung ansetzen, *dass* Texte innerhalb einer Religionsgemeinschaft aufgrund einer ihnen konkret zugeschriebenen Verbindung zu Göttlichem orientierend und identitätsstiftend wirken und mithin *für diese Gemeinschaft* als „heilige Texte“ gelten (weshalb genau genommen von „für heilig gehaltenen Texten“ zu sprechen wäre). Ob dies auch über die konkret feiernde, handelnde oder reflektierende Gemeinschaft hinaus gilt und wenn ja, in welchem Ausmaß, aufgrund welcher Deutungen und mit welchen Auswirkungen ein- und abgrenzender Natur, ist im Einzelfall zu überlegen, innerhalb einer religiösen Größe wie dem Judentum oder dem Christentum, aber auch zwischen Religionskulturen. So begegnen z. B. im Koran Personen, die aus dem Alten und Neuen Testament bekannt sind, aber teils andere Bedeutung haben; bekanntlich gilt Jesus den Muslimen als Prophet, aber nicht als Sohn Gottes. Aber selbst innerhalb einer Religionskultur kann die Deutung heiliger Texte umstritten sein, wie die spätantiken innerchristlichen Dispute über die genaue Beschreibung der Göttlichkeit des Menschen Jesus oder, anders gewendet, über die in ihm sichtbar werdende Menschlichkeit Gottes zeigen, in denen immer wieder bestimmte Texte aus dem Alten und Neuen Testament als „proof-texts“ für einander widersprechende dogmatische Positionen in Anspruch genommen wurden. Die Autorität der heiligen Schrift (hier der christlichen Bibel) und ihre Einbindung in religiöse Praxis (durch die regelmäßige Lesung im Gottesdienst) schließt also Dissens über ihren Inhalt keineswegs aus – pointiert gesagt, ist die Bibel nicht immer die Lösung, sondern oft auch ein Teil des Problems.

III.

Darum werden heilige Texte nicht nur im Christentum, sondern auch in anderen spätantiken Religionskulturen Gegenstand von *Interpretationen.* Diese Auslegungen haben ihren Ort teils schon innerhalb der Corpora, die hier als heilige Texte angesprochen werden, wie z. B. die inneralttestamentliche Prophetenexegese und deren Aneignung in neutestamentlichen Schriften illustriert. Die Legitimität der Auslegungsmethoden kann prekär werden, wenn – nicht selten in intrareligiösen Konfliktsituationen – nach der Möglichkeit und Problematik der Anwendbarkeit nicht religionsspezifischer Interpretationstechniken aufgeworfen wird, so etwa in Bezug auf die alexandrinische allegorische Homerexegese, die im Christentum rezipiert, aber auch regelmäßig kritisiert wurde. Umgekehrt ist zu beachten, wo eine solche Frage *nicht* gestellt wird, wo also die Heiligkeit des Texte der Kunstfertigkeit des Exegeten nicht zu widersprechen scheint. Darüber hinaus stehen solche „heiligen" Texte nicht notwendigerweise ein für alle Mal fest, vielmehr haben sie vielfach eine eigene Geschichte; sie werden nicht nur ausgelegt, sondern im Zuge der Interpretation modifiziert, ergänzt oder fortgeschrieben. Erklärungsbedürftig ist daher nicht nur, wo als heilig angesehene Texte Dauer und Stabilität gewinnen, sondern auch, wo sie dies nicht tun. Was bedeutet es in dieser Hinsicht, wenn z. B. ein Textcorpus wie die (griechische) Bibel aus Altem und Neuem Testament in der Gestalt einer Übersetzung (wie ins Syrische und Koptische) eine Neugestaltung erfährt? Und wie wird die Autorität der schriftlich niedergelegten Offenbarung im Koran von anderen Prophetenzeugnissen abgegrenzt, den Hadithen, die ebenfalls als autoritativ gelten, in schriftlicher Form existierten und der Auslegung unterzogen wurden?

IV.

Dass all dies wiederum umfassende – soziale, politische, kulturelle – Kontexte von Religionen impliziert, bedarf keiner langen Erläuterung. Nur scheinbar banal ist hingegen, dass der Umgang mit religiösen Texten *Schriftlichkeit* voraussetzt.[9] Ungeachtet der Tatsache, dass über schriftsprachliche Kompetenzen bis weit in die europäische Neuzeit stets nur eine kleine Minderheit der Bevölkerung verfügte, waren (und sind) Texte, Riten und individuelle Praktiken in der Frömmigkeit des Judentums, des Christentums und des Islams eng miteinander verwoben, und auch für die griechischen und römischen Kulte galt, dass sie nie „nur" Ritus waren, sondern dass Texte im Kult selbst (etwa bei Orakeln) oder anlässlich der Reflexion über Göttliches und Heiliges eine Rolle spielten. Schriftlichkeit setzt aber Bildung voraus – wiederum in einem breiten Sinne, insofern Bildung nicht nur (höhere) schulische Unterweisung, sondern auch Sozialisation durch familiäre und öffentliche Vollzüge umfasst. Mit den jüdischen, christlichen und muslimischen (und platonischen!) heiligen Texten exegetisch umzugehen erforderte die Kenntnis hermeneutischer Methoden; diese aber unterschieden sich – jedenfalls so, wie sie in der Exegese des spätantiken Christentums rezipiert wurden – grundsätzlich nicht von den Verfahren der Grammatiklehrer, die zur Auslegung klassischer Dichter dienten.[10] Dabei wirkten Modelle des hellenistischen Judentums weiter, die auf dem Weg über die syrische christliche Tradition auch für den Islam wegweisend wurden. Bildung erfolgte aber nicht nur, wo für literarische Texte ent-

---

[9] Vgl. Rüpke (2007), 44–52.

[10] Zur antiken Schule, ihrem Lernstoff und ihren Methoden vgl. Gemeinhardt (2007), 27–61.

wickelte Methoden angewendet wurden; auch Gottesdienste und andere religiöse Versammlungen, bei denen aus heiligen Texten gelesen und über diese gepredigt wurde und wo man solche Texte memorierte, verinnerlichte und Handlungsorientierung daraus ableitete, sind als Orte der Vermittlung religiöser Bildung zu betrachten.[11] Die Exegese heiliger Texte und die auf diese Texte bezogene religiöse Praxis erweisen sich damit als ein Gebiet vielfältiger Überblendungen innerhalb des für die hier behandelten Religionskulturen insgesamt zentralen Spannungsfeldes von Bildung und Religion.[12]

V.

Die Beiträge zum vorliegenden Sammelband fokussieren unterschiedliche Aspekte dieses Spannungsfeldes; sie nehmen damit einen Ausschnitt der übergreifenden Verhältnisbestimmung(en) von Bildung und Religion in der Spätantike in den Blick. Berührt werden die exegetisch basierte ethische Lebenspraxis im hellenistischen Judentum (Maren Niehoff) ebenso wie die Glaubenspraxis des frühen Christentums, die wesentlich auf der Auslegung der heiligen Schriften Israels basierte, sie aber auf der Grundlage der neuen Gottesoffenbarung und -erfahrung in Jesus Christus in neuer Weise als

---

[11] Vgl. hierzu Ego/Merkel (2005).

[12] Heilige Texte haben offensichtlich Konjunktur: Jüngst sind gleich drei Sammelbände mit verwandter, jedoch nicht identischer Thematik erschienen. Kablitz/Markschies (2013) stellen die Rationalität als Aspekt des Umgangs mit heiligen Texten in den Mittelpunkt ihres weiträumigen Überblicks. Auf materiale Aspekte heiliger Texte konzentrieren sich Quack/Luft (2014). Nicht das erste Millennium, sondern das abendländische Mittelalter steht bei Cardelle de Hartmann/Uhl (2013) im Fokus.

„heilig“ verstand (Florian Wilk).[13] Die Interaktion zwischen der kaiserzeitlichen hellenistischen Philosophie und dem alexandrinischen Christentum erschließen wechselseitig Beiträge zu Platon als Verfasser autoritativer Schriften (Michael Erler) und zu Origenes‘ Verbindung von Bildung und Seelenführung (Alfons Fürst). Im Folgenden weiten sich die christlichen Kontexte: Auslegungspraktiken im koptischen Mönchtum (Heike Behlmer) werden ebenso thematisiert wie die Lektüre heiliger Texte durch Frauen im abendländischen Mittelalter (Hedwig Röckelein) und die Begründung philosophischer Bildung durch Rekurs auf die Bibel im syrischen Christentum (Dmitrij Bumazhnov); als weitere Facette wird die Bedeutung des Dichters Vergil für spätantike römische Zirkel beleuchtet, bei denen vor allem für die *Aeneis* von einer „paganen Bibel“ gesprochen worden ist (Ulrike Egelhaaf-Gaiser). Schließlich kommt mit dem Islam die dritte große monotheistische Religion in den Blick, einmal anhand der Prophetenüberlieferung (*Hadith*), deren Transmissionsprozesse höchst signifikante Merkmale des Umgangs mit heiligen Texten aufweisen (Harald Motzki), sodann durch den Blick auf die „Textpolitik“ des Koran, d. h. das Phänomen, dass sich der Koran selbst als Raum exegetischer Diskurse erweist, für die zumal das rabbinische Judentum eine entscheidende Rolle spielt (Angelika Neuwirth).[14]

Die hier versammelten Texte können allein von ihrer Zahl, ihrem Duktus und ihrer notwendigen Begrenztheit auf konkrete Auslegungen und Praktiken her in keiner Weise be-

---

[13] Im Rahmen der Ringvorlesung behandelte ein weiterer Vortrag des Göttinger Neutestamentlers und Judaisten Hans-Jürgen Becker heilige Texte im rabbinischen Judentum.

[14] In der Ringvorlesung wurde zusätzlich „Der schriftliche und rezitierte Koran als Teil des islamischen Ritus“ von Mouhanad Khorchide (Münster) thematisiert.

anspruchen, das oben skizzierte Feld vollständig auszuleuchten. Wohl aber sind sie je für sich und als Ensemble als Beitrag zur Konkretion der These zu verstehen, dass gerade der Zusammenhang von Exegese und religiöser Praxis Differenzen und Kontinuitäten zwischen den Religionen im Mittelmeerraum im ersten Jahrtausend der christlichen Zeitrechnung erschließt. Das aber ist nicht irgendeine Epoche, vielmehr bildeten sich in jener Zeit verschiedene, in sich wiederum höchst differenzierte, in ihrer grundsätzlichen Gestalt aber identifizierbare Religionskulturen heraus, die für die weitere Religionsgeschichte Europas (und darüber hinaus) prägend werden sollten. Die Frage nach interpretatorischen und frömmigkeitspraktischen Formen des Umgangs mit heiligen Texten ist daher nicht nur historisch interessant.

Bibliographie

Becker, Eve-Marie / Scholz, Stefan (Hgg.): *Kanon in Konstruktion und Dekonstruktion. Kanonisierungsprozesse religiöser Texte von der Antike bis zur Gegenwart. Ein Handbuch*. Berlin / Boston 2012.

Cardelle de Hartmann, Carmen / Uhl, Susanne (Hgg.): *Heilige Bücher*. Berlin 2013.

Colpe, Carsten: *Über das Heilige. Versuch, seiner Verkennung kritisch vorzubeugen*. Frankfurt 1990.

Ego, Beate / Merkel, Helmut (Hgg.): *Religiöses Lernen in der biblischen, frühjüdischen und frühchristlichen Überlieferung*, Tübingen 2005.

Fowden, Garth: *Before and After Muḥammad: The First Millennium Refocused*. Princeton NJ 2014.

Gemeinhardt, Peter, Das lateinische Christentum und die antike pagane Bildung, Tübingen 2007.

Gemeinhardt, Peter / Heyden, Katharina (Hgg.): *Heilige, Heiliges und Heiligkeit in spätantiken Religionskulturen*, Berlin / Boston 2012.

Hanegraaff, Wouter J.: „Defining Religion in spite of History". In: Jan G. Platvoet/Arie L. Molendijk (Hgg.): *The Pragmatics of Defining Religion. Contexts, Concepts and Contests.* Leiden u.a. 1999, 337–378.

Kablitz, Andreas/Markschies, Christoph (Hgg.): *Heilige Texte. Religion und Rationalität.* Berlin/Boston 2013.

Neuwirth, Angelika: *Der Koran als Text der Spätantike. Ein europäischer Zugang.* Berlin 2010.

Quack, Joachim Friedrich/Luft, Daniela Christina (Hgg.): *Erscheinungsformen und Handhabung Heiliger Schriften.* Berlin/Boston 2014.

Rüpke, Jörg: Historische Religionswissenschaft. Eine Einführung, Stuttgart u.a. 2007.

Stroumsa, Guy G.: *Das Ende des Opferkults. Die religiösen Mutationen der Spätantike.* Berlin 2011.

Tanaseanu-Döbler, Ilinca/Döbler, Marvin: „Towards a Theoretical Frame for the Study of Religious Education: An Introduction". In: Dies. (Hgg.): *Religious Education in Pre-Modern Europe.* Leiden/Boston 2012, 1–38.

Tworuschka, Udo: „Vom Umgang mit Heiligen Schriften". In: Ders. (Hg.): *Heilige Schriften. Eine Einführung.* Frankfurt u.a. 2000, 1–28.

Bibel und religiöse Praxis im hellenistischen Judentum

Maren R. Niehoff

Das hellenistische Judentum definiert sich durch die griechische Sprache, die es nicht nur im Alltag, sondern auch zu liturgischen Zwecken benutzte. Die Juden von Alexandria scheinen schon sehr schnell nach ihrer Niederlassung in der Metropole hellenistischer Kultur die Ursprache der Bibel, nämlich Hebräisch, vergessen zu haben. Ihre Identität als eine der religiösen Minderheiten der Weltstadt war von Anfang an hybride: Einerseits richteten sie sich nach der Bibel aus, die sie ins Griechische übertrugen (*Septuaginta*), andererseits waren sie in der zeitgenössischen Kultur zuhause und nahmen am literarischen Leben der Stadt teil. Die Bibel war so für die alexandrinischen Juden eine Schrift, die nicht als ein selbstverständlicher Eckpfeiler ihrer Religion und Kultur hingenommen wurde, sondern immer wieder zu neuen Reflexionen und Erklärungen herausforderte.

Wie gingen die alexandrinischen Juden mit der multikulturellen Situation in ihrer Heimatstadt um? Ist es angebracht von einer tiefen Assimilation auszugehen, die schon durch die Benutzung der griechischen Sprache suggeriert zu sein scheint und zu einem Universalismus geführt haben könnte, der später im Christentum seinen Nachfolger hatte? Ist es andererseits vorstellbar, dass gerade die Auseinandersetzung mit anderen Kulturen das jüdische Bewusstsein stärkte und zu neuen Einsichten in die Kanonizität der Bibel führte?

Interessanterweise ist gerade der griechischsprachige Raum des alexandrinischen Judentums der Kontext, in dem wir zum ersten Mal von der Kanonisierung der jüdischen Schrift hören. Es ist Aristeas, der sonst nicht bekannte Autor des *Aristeasbriefes* aus dem zweiten vorchristlichen Jahrhundert, der die Torah zum ersten Mal „Heiliges Gesetz" oder „Heilige Gesetzgebung" nennt.[1] Weiterhin unterscheidet der Brief die Schrift von säkularer Literatur, wie Drama und Geschichtsschreibung, indem er eine Vermischung der Gattungen heftig kritisiert. Theopompus habe biblische Materialien in seiner Geschichtsschreibung aufgenommen und sei dafür von Gott mit Blindheit bestraft worden. Ein ähnliches Schicksal habe Theodectus erreicht, der biblische Materialien auf der Bühne inszenierte.[2]

Aristeas nahm somit eine streng konservative Position innerhalb des alexandrinischen Judentums ein, denn wir wissen, dass es dort auch Ezekiel, den jüdischen Tragödienschreiber, gab, dessen Theaterstück *Exodus* noch fragmentarisch bei dem christlichen Kirchenhistoriker Eusebius von Caesarea erhalten ist. Seiner religiösen Ausrichtung entsprechend formulierte Aristeas auch den kanonischen Status der jüdischen Bibel in ihrer griechischen Übersetzung. Er beschrieb die Übersetzung selber als ein Projekt, das von der berühmten Bibliothek in Alexandria initiiert und von jüdischen Gelehrten aus dem Lande Israel ausgeführt wurde. Als das Werk durch gute Zusammenarbeit und Übereinstimmung der Übersetzer vollendet war, versammelte Demetrius, der Bibliotheksvorsteher, die jüdischen Priester und Gemeindeältesten, die feierlich die

---

[1] *Aristeasbrief* 45; 313.
[2] *Aristeasbrief* 315 f.

Übersetzung bestätigten. Die jüdische Versammlung, so Aristeas, drohte daraufhin, jeden, der dem Text etwas hinzufüge, entnehme oder seine Ordnung umstelle, zu verfluchen.[3]

In dieser berühmten Passage kanonisierte Aristeas zum ersten Mal im antiken Judentum den Wortlaut der Schrift. Dies tat er offensichtlich in Auseinandersetzung mit anderen Strömungen im alexandrinischen Judentum, die sich die literaturwissenschaftlichen Methoden der Homerforschung angeeignet und auf die jüdische Schrift angewendet hatten.[4] Diese Kollegen edierten den Text, indem sie spätere Hinzufügungen oder Umstellungen entlarvten und zu korrigieren suchten. Gegenüber solchen wissenschaftlichen und literaturvergleichenden Ansätzen betonte Aristeas die Einzigartigkeit und Heiligkeit der jüdischen Schrift.

Wie stellte sich Aristeas jüdisches Leben und jüdische Religion nach der Bibel konkret vor? Wie verband er das Gesetz und die nationale Dimension der Bibel mit dem individuellen Erlebnis? Der Aristeasbrief identifiziert die jüdische Schrift als eine philosophische Richtlinie für das individuelle Leben und erklärt programmatisch: „Gut zu leben bedeutet ein Leben der Gesetzeserfüllung zu führen".[5] In diesem Satz wird das allgemeine Ideal eines guten Lebens mit dem spezifisch jüdischen Lebensweg nach den biblischen Gesetzen gleichgesetzt. Unser Autor scheint diese Brücke bewusst geschlagen zu haben, indem er den griechischen Diskurs um die *eudaimonia* mit jüdischen Werten verknüpft.

Wie Aristeas sich dieses gute Leben mit jüdischen Gebräuchen konkret vorstellt, geht aus seiner Diskussion einiger Beispiele hervor. Zunächst wirft er die Frage auf, wieso

---

[3] *Aristeasbrief* 311.
[4] Details bei Niehoff (2011), 19–37.
[5] *Aristeasbrief* 127.

einige Tiere nach dem Mosaischen Gesetz als unrein gelten und daher von der jüdischen Speisekarte ausgeschlossen, also nicht koscher sind.[6] Steht eine solche Regelung, fragt er weiter, nicht im Gegensatz zu dem biblischen Schöpfungsbericht, nach dem Gott die gesamte Welt und damit auch die unreinen Tiere schuf. Bei der Frage nach dem Sinn der *Halakha* (jüdisches Gesetz) geht Aristeas also nicht von einem Gegensatz zwischen jüdischen und griechischen Werten aus, sondern erkennt eine Spannung in der Schrift selbst. Er erklärt, dass das jüdische Gesetz keineswegs willkürlich sei und es Gott nicht eigentlich um unreine Tiere, wie Mäuse oder Wiesel, gehe. Nach Aristeas drückt das Verbot bestimmter Tiere und Speisen stattdessen philosophische Wahrheiten aus und ist deshalb unbedingt ernst zu nehmen. Es ist ein Hilfsmittel für die Juden auf dem Weg zu einem richtigen Leben vor Gott. Als ob Aristeas die Werke der Soziologin Mary Douglas gelesen hätte, betont er die soziale Funktion des Gesetzes, welches, einer „Palisadenmauer" gleich, die Kontakte zu bedrohlichen Anderen einschränkt.[7] Dabei geht es um Kontakte zu anderen, die auf Grund ihrer unmoralischen Lebensführung einen schlechten Umgang und damit eine Gefahr für die eigene Ethik darstellen.

Aristeas weist auch auf den symbolischen Sinn einzelner Mosaischer Gesetze hin. Das Gebot der Abstinenz von bestimmten Vogelarten basiere auf der Vorstellung, dass die Tiere bestimmte Verhaltensmuster symbolisieren, z. B. Raubvögel aggressives Benehmen. Der Genuss solcher Vögel würde einer Verinnerlichung problematischer Eigenschaften gleichkommen und sollte deshalb vermieden werden. Jüdische Bräuche, wenn sie richtig verstanden werden, führen

---

[6] *Aristeasbrief* 128–131.

[7] *Aristeasbrief* 139; siehe auch Douglas (2002); Schimanowsky (2003).

somit zu einem tieferen ethischen Bewusstsein und erinnern den observanten Juden täglich an seine moralischen Pflichten gegenüber Gott und seinen Mitmenschen.

Es muss in diesem Zusammenhang betont werden, dass die symbolische Interpretation der biblischen Gesetze bei Aristeas keinesfalls deren praktische Ausführung unterminiert oder gar ersetzt. Im Gegensatz zu späteren christlichen Auslegern insistiert Aristeas auf dem Zusammenhang von einfachem Wortsinn und symbolischer Bedeutung. Ein konkretes Leben nach den spezifischen Mosaischen Gesetzen erzieht das Individuum seiner Meinung nach zu ethischem Verhalten und legt auch die Basis für jüdisches Gemeindeleben. Dieser Position liegt ein Grundpfeiler der aristotelischen Ethik zugrunde, die davon ausgeht, dass das wiederholte Ausüben von bestimmten Taten im Laufe der Zeit zur Bildung eines gefestigten Charakters führt. Das reguläre Geben von Spenden z. B. führt zu Großzügigkeit. Auf das Judentum angewandt, bedeutet dies, dass die Gesetzesobservanz keineswegs vernachlässigt wird, wenn seine moralische Intention erkannt ist, sondern im Gegenteil bewusster und damit ernster ausgeführt wird. Jüdisches Gesetz wird somit als eine tägliche Einübung ethischen Verhaltens aufgefasst. In diesem Sinne formuliert Aristeas zusammenfassend:

> Folge nicht der verachtenswerten Meinung, dass Mose diese Gesetze erlassen hat, weil er übermäßig mit Mäusen und Wieseln und ähnlichen Tieren beschäftigt war. Stattdessen (erkenne), dass er diese Verordnungen getroffen hat zum Wohle unserer andächtigen Nachforschung und der Verbesserung unseres Lebens im Hinblick auf Gerechtigkeit.[8]

An dieser Stelle lässt Aristeas apologetische Töne durchklingen. Er setzt sich mit einer negativen Interpretation der mo-

---

[8] *Aristeasbrief* 144.

saischen Gesetze auseinander und stellt einem ausschließlich wörtlichen Schriftverständnis sein eigenes Modell gegenüber. Wer vertrat die Meinung, von der er sich hier distanziert? Waren es alexandrinische Griechen, mit denen er sich auseinandersetzte, oder Kollegen in der jüdischen Gemeinde? Da die Gesamtkonzeption des Aristeasbriefes eher auf jüdische Adressaten schließen lässt, ist es wahrscheinlich, dass sich auch die Diskussion über das Gesetz an jüdische Glaubensgenossen richtet, die teilweise zu den radikalen Literalisten, die Philon später erwähnt, gehört haben könnten.[9]

Wenn Aristeas abschließend noch einmal die allgemeine „Intention" des Mosaischen Gesetzes betont, welches in allen seinen Details auf Gerechtigkeit und richtiges moralisches Verhalten ziele, will er damit wohl jüdischen Intellektuellen in Alexandria, die ebenso wie er mit griechischer Philosophie vertraut waren, einen Weg der harmonischen Integration zeigen.[10] Wenn wir die Begriffe der deutschen Aufklärung benutzen wollen, können wir mit Lessing von der Torah als einer „Erzieherin des Menschengeschlechts" sprechen. Im Gegensatz zu Kant schloss für Aristeas der Begriff des Gesetzes nicht die individuelle Ethik aus, sondern ermöglichte sie erst in einem tieferen, Gemeinde stiftenden Sinn.

Aristobulus, ein anderer alexandrinischer Jude und wahrscheinlich Zeitgenosse des Aristeas, ist von besonderem Interesse für unsere Fragestellung nach Bibel und religiöser Praxis im hellenistischen Judentum. Sein Werk ist leider nur sehr fragmentarisch bei Eusebius erhalten, sodass es nicht ganz leicht ist, sich ein Bild von seinen Auffassungen zu verschaffen. Klar jedoch ist, dass er sich für eine philosophische

---

[9] Zur Gesamtkonzeption des Aristeasbriefes und seines innerjüdischen Publikums siehe Tcherikover (1956); zu Philons radikalen Allegoristen siehe Philon: *De Confusione Linguarum* 2–13.

[10] *Aristeasbrief* 168–171.

Interpretation der Schrift einsetzte und dazu aristotelisches Gedankengut verwandte. Für unseren Zusammenhang lassen sich einige wichtige Dinge festhalten. Aristobulus begriff die gesamte Torah selbstverständlich als „Gesetzgebung" und konzipierte sie als eine Art religiöser Lebensphilosophie:

Alle Philosophen halten es übereinstimmend für notwendig, fromme Auffassungen über Gott zu haben, ein Grundsatz, zu dem unsere Schule besonders ermahnt. Die gesamte Struktur unseres Gesetzes wurde im Hinblick auf Frömmigkeit und Gerechtigkeit und Selbstbeherrschung und andere wahre Güter verordnet.[11]

In diesem Fragment, zu dem uns leider jeglicher Kontext fehlt, wird das jüdische Gesetz mit der Erziehung zu Frömmigkeit und ethischen Werten gleichgesetzt. Diese sind nicht nur „wahr", sondern gehören auch dem Bereich der Heiligkeit an, wie Aristobulus in einem anderen Zusammenhang ausführt. Auffallend ist die Annahme, dass andere griechische Philosophien ebenso von Gott reden wie die jüdische Torah. Aristobulus geht davon aus, dass es unter den Griechen nicht nur Philosophen gibt, sondern dass diese auch denselben Gott wie die Juden anerkennen.[12] Aristobulus sieht das Verhältnis von Judentum und Hellenismus somit nicht als ein Gegensatz, sondern eher als eine Hierarchie. Dieselben Einsichten, zu denen auch griechische Philosophen gelangten, werden in der Torah besonders gepflegt. Es ist diese gemeinsame Grundauffassung der verschiedenen Philosophen, die es Aristobulus ermöglicht, das Mosaische Gesetz der griechischen Philosophie gleichzusetzen und als einen der allgemeingültigen Wege zu wahrer Ethik zu identifizieren. Das Judentum wird hier als

[11] Aristobulus: *Fragmente* 65 f., zitiert nach Eusebius von Caesarea: *Praeparatio evangelica* 13,12,8.

[12] Zur Diskussion über den paganen Monotheismus siehe Mitchell/van Nuffelen (2010); van Nuffelen (2011).

eine philosophische Schule interpretiert, dessen Gesetze mit den Schlagworten der griechischen Ethik umrissen werden. Die Bibel war somit für ihn kanonisch in ihrem Sinn, aber nicht in ihrem Wortlaut, der in den wenigen noch erhaltenen Fragmenten auch kaum zur Sprache kommt.

Unser letzter Gewährsmann für das alexandrinische Judentum ist Philon, dessen voluminöses Werk fast vollständig erhalten ist und eine besondere Rolle für jede Interpretation des hellenistischen Judentums spielt. Für Philon waren sowohl der Sinn als auch der Wortlaut der Schrift kanonisch; er verband gewissermaßen die Ansätze von Aristeas und Aristobulus. Säkularer Kultur gegenüber, wie Theater und Sportwettkämpfen, war Philon durchaus aufgeschlossen und erzählte gelegentlich von seinen persönlichen Eindrücken. Literaturwissenschaftlichen Zugängen zu kanonischen Texten stand Philon allerdings eher ambivalent gegenüber. Einerseits kannte er das Werk der alexandrinischen Homerforscher und benutzte viele ihrer Methoden in seiner eigenen Auslegung der Bibel. Zum Beispiel ging er selbstverständlich davon aus, dass man nach dem Autor des Textes, in diesem Fall also Mose, fragt und seinen spezifischen Stil zu eruieren sucht. Außerdem behandelte Philon in Bezug auf die Bibel klassische Themen der Homerforschung wie Widersprüche im Text oder Probleme der Unwahrscheinlichkeit.[13] Andererseits jedoch bestand er wie Aristeas auf der Unantastbarkeit des biblischen Textes, der nicht ediert oder verbessert werden durfte. In manchen Fällen schlug er vor, ein Textproblem durch eine allegorische Interpretation zu lösen und so auf eine andere Ebene zu übertragen.

Philon legte besonderen Wert auf religiöse Praxis und betonte, dass auch allegorische Auslegungen die konkreten

---

[13] Details bei Niehoff (2011), 133–151.

Bräuche, wie z. B. Schabbatobservanz und Beschneidung, nicht annullieren.[14] Beide Ebenen, die spirituelle und die praktische, waren für ihn von gleicher Bedeutung. Philon schrieb vier Bücher zum Thema jüdisches Gesetz, in denen er die Rationalität seiner Religion vor dem Hintergrund des Pogroms in Alexandria aufzuzeigen suchte. Während hellenistische Autoren ägyptischen Ursprungs, wie z. B. Apion, das Judentum als eine Religion brandmarkten, die ein Fremdkörper im römischen Reich sei, weil ihre Grundsätze denen der allgemeinen Zivilisation widersprächen, betonte Philon, dass jüdische Bräuche mit römischen Werten übereinstimmen. Er erinnerte seine Leser daran, dass der Kaiser Augustus persönlich die Synagogen in Rom unterstützte und im jüdischen Gottesdienst eine Erziehung zu bürgerlichen Werten erkannte.[15]

Aristeas und Aristobulus folgend, identifizierte Philon das jüdische Gesetz mit philosophischer Erziehung. Er ging jedoch einen entscheidenden Schritt weiter und entwarf zum ersten Mal eine Theorie des jüdischen Gesetzes, die auf dem Dekalog und stoischer Philosophie basierte. Philon verstand jedes der zehn Gebote als Überschrift oder Einleitung für eine bestimmte Kategorie von Gesetzen.[16] Die zehn Gebote, die überwiegend ethische Normen festlegen, wurden somit zur Basis aller anderen, teilweise rituellen, Gebote. Damit rationalisierte Philon das gesamte jüdische Gesetz und verankerte es in der Philosophie. Er behauptet sogar, es seien keine Strafen für ein Vergehen gegen die Gesetze vorgesehen. Das entspricht natürlich nicht dem Wortlaut der Schrift, zeigt aber Philons Engagement, die *Halakha* als eine individuelle

---

[14] Philon: *De Migratione Abrahami* 89–93.

[15] Philon: *Legatio* 155–158.

[16] Philon: *De Specialibus Legibus* 1,1; 4,132; *De Decalogo* 82; 162–165; 168–171.

Lebensphilosophie zu verstehen. Er möchte, dass Leute „das Beste wählen, nicht gegen ihren Willen, sondern aus einem freiwilligen Bewusstsein heraus“.[17]

Philons Betonung der Willensfreiheit in ethischen Entscheidungen entspricht den Grundsätzen der stoischen Philosophie, die zu seiner Zeit besonders in Rom blühte, wo sie zum ersten Mal von Cicero auf Lateinisch dargestellt wurde. Aus Ciceros Schriften gewinnen wir den Eindruck einer Schule, die ihre Ethik auf die persönliche Erfahrung der Menschen gründet. Schon das Verhalten von Neugeborenen wurde dazu herangezogen zu lehren, dass der Mensch mit einem natürlichen Instinkt zum Überleben ausgestattet ist, der ihm hilft, alles ihm Nützliche anzunehmen, aber alles ihm Schädliche zu vermeiden.[18] Weiterhin wird klar, dass die Menschen zu Tugend und einem Leben in Harmonie mit der Natur veranlagt sind, diese Ziele aber oft von außen gestört werden. So gilt es, sich nicht von scheinbaren Gütern, wie z. B. Reichtum und Ehre, verblenden zu lassen, sondern rational nur die eigentliche Tugend zu wählen, die allein auch ein glückliches Leben garantiert.

In diesem Zusammenhang lässt Cicero seinen stoischen Gewährsmann sagen, dass der wirklich Weise innerlich frei von allen äußeren Bedrängnissen und Leiden ist, da er diese als prinzipiell belanglos erkennt. Das einzig wahre Gut ist die richtige ethische Einstellung des Menschen und seine Wahl von guten Taten um ihrer selbst willen. Die bewusste Intention wurde in der Stoa so hoch angerechnet, dass sie als das zentrale Kriterium für Tugend galt, nicht die daraus resultierende Handlung.[19] Mit anderen Worten, ob wir eine

---

[17] Philon: *De Decalogo* 37–39; 50; 154; 177; *De Specialibus Legibus* 1,86 f.; 3,104–107.

[18] Cicero: *De Finibus* 3,16 f.

[19] Cicero: *De Finibus* 3,32.

Tat als moralisch gut einstufen, hängt in erster Linie davon ab, ob sie als eine solche gute Tat intendiert war und aus freier Wahl ausgeführt wurde oder ob sie im Gegenteil zufällig geschah, erzwungen wurde oder gar als Mittel zum Zweck einer anderen Sache ausgeführt wurde. Philons Zeitgenosse Seneca, der auch einige Jahre seiner Jugend in Alexandria verbracht hatte, entwickelte dieses stoische Gedankengut weiter. Seneca wollte das menschliche Leben auf die Natur ausgerichtet wissen, und zwar in dem Sinne, dass jeder Mensch die Dinge verfolgt, die seiner ursprünglichen Anlage entsprechen. Nichts Äußeres soll ihn von der individuellen Bestimmung und Ruhe abhalten. Seneca ruft seine Leser auf, sich von jeglicher Erwartung einer Belohnung für gute Taten zu befreien und diese stattdessen um ihrer selbst willen und aus Freude an der Tugend auszuführen.[20] Nicht Sklaven von Begierden und Profit, sondern frei agierende Menschen sollen wir sein.

Wie attraktiv diese Philosophie einer individuellen Ethik nach der Natur war, zeigt sich bei Paulus. Obwohl er sicher kein Philosoph im engeren Sinne war, benutzte er doch die Stichworte der stoischen Ethik, um den neuen christlichen Weg vom Judentum abzugrenzen. Die jüdische Torah, so führt Paulus im Galaterbrief aus, übernimmt die Rolle einer Kindererzieherin, die ihre Schützlinge auf den Lehrer für das reife Mannesalter vorbereitet (Gal 3,24). Der Hauptunterschied zwischen dem traditionellen jüdischen und dem neuen christlichen Ansatz ist nach Paulus genau der, dass die Torah für Versklavung steht, während Jesus befreit und zu den eigentlichen Werten der Liebe, Großmütigkeit hinführt. Nach Paulus ist das christliche Angebot eine deutliche ethische Verbesserung, weil es nicht mehr beliebige Taten unter Androhung von Strafen verlangt und damit das eigentliche

[20] Seneca: *Epistula* 81.

moralisch Gute ausschließt, sondern stattdessen zum freiwilligen Tun guter Handlungen um ihrer selbst willen ermutigt. Die Beschneidung wird somit überflüssig, ebenso wie ethnische oder sexuelle Unterschiede zwischen den Menschen.

Philon schrieb natürlich einige Jahre vor Paulus, aber eben nur einige wenige Jahre vorher. Er befand sich in einer sehr ähnlichen kulturellen und intellektuellen Umgebung. Wie positionierte er sich als observanter Jude in diesen verschiedenen Diskursen? Wie konnte er als philosophisch hochgebildeter Jude die Kanonizität der biblischen Gesetze vertreten? Philon scheint ebenso begeistert wie Paulus von dem stoischen Ethos gewesen zu sein, nur benutzte er sein tiefgehendes Wissen dazu, die jüdische Torah als eine philosophische Lehre zu verteidigen. Zur Beschneidung, die von Apion und Paulus stellvertretend kritisiert wurde, sagte Philon folgendes:

> Es wäre daher am Platze, die kindische Spöttelei beiseite zu lassen und den Ursachen, die jenem Brauche (der Beschneidung) Geltung verschafft haben, mit Vernunft und Ernst nachzugehen …
>
> Erstens, die Aussicht auf Befreiung von einer schlimmen, schwer zu heilenden Krankheit des Gliedes, die man Anthrax nennt, so bezeichnet, wie ich glaube, weil sie stark brennt, und die leicht Unbeschnittene befällt.
>
> Zweitens, der Gedanke an die einem Priestervolk zukommende Reinheit des ganzen Körpers, wie sich aus demselben Grund die ägyptischen Priester ja sogar völlig den Körper scheren, denn unter den Haaren und unter der Vorhaut sammelt sich versteckt Schmutz an, der eine Reinigung erforderlich macht.
>
> Drittens, die Ähnlichkeit des beschnittenen Gliedes mit dem Herzen; denn beide dienen sie der Erzeugung, der Lebenshauch des Herzens erzeugt Gedanken, das Zeugungsorgan lebende Wesen, und die Alten wollten das äußerlich wahrnehmbare Glied, durch das Wesen der Sinnenwelt entstehen, dem unsichtbaren besseren Organ ähnlich machen, das Gedanken hervorbringt.

Viertens kommt ausschlaggebend in Betracht, dass die Beschneidung größeren Kinderreichtum zur Folge hat, denn es heißt, dass der Same bei Beschnittenen stets den richtigen Weg einschlägt, ohne zu verspritzen oder sich in den Falten der Vorhaut zu verlieren. Daher scheinen sich die Völker, welche die Beschneidung üben, durch besonders schnelle Vermehrung und große Volkszahl auszuzeichnen …

Mir aber scheint die Beschneidung überdies auch als Symbol gelten zu müssen für zwei höchst wichtige Gedanken: erstens die Forderung der Beschränkung der Sinnesfreuden, die den Geist bedrücken; denn da unter allen Lockungen der Freuden die des Geschlechtsverkehrs die stärkste ist, glaubten die Gesetzgeber, das ihm dienstbare Organ verstümmeln zu sollen, indem sie durch die Beschneidung die Beseitigung jedes unnützen Übermaßes im Genuss andeutend lehrten, und zwar nicht nur in Bezug auf diesen einen, sondern durch das Beispiel dieses verführerischsten auch bezüglich aller anderen. Zweitens mahnt die Beschneidung den Menschen, sich selbst zu erkennen und seine Seele vor der schweren Krankheit des Dünkels zu hüten.[21]

Philon diskutiert hier die Beschneidung stellvertretend für das gesamte System des mosaischen Gesetzes, das für ihn unbedingt gültig ist. Dieser zentrale Ritus des Judentums wird jedoch nicht mit Rückgriff auf Abraham erklärt, der in Gen 17 den göttlichen Befehl erhält, sich und seinen erstgeborenen Sohn zu beschneiden als Zeichen des Bundes zwischen ihm und Gott. Philon rekurriert stattdessen auf ethische und medizinische Gründe, die universalen Wert haben und auf ein Leben nach der Natur zielen. Bezeichnend für seine Position ist die Tatsache, dass er die Beschneidung nicht als einen exklusiv jüdischen Brauch beschreibt, sondern betont, dass Ägypter und Äthiopier ihn auch praktizieren. In der oben zitierten Passage schreibt Philon über Gesetzgeber im Plural, die aus medizinischen Gründen die Beschneidung für ihre Völker festlegten.

---

[21] Philon: *De Specialibus Legibus* 1,3–10; Übers. Isaak Heinemann.

Der erste, zweite und vierte Grund für die Beschneidung, die Philon hier anführt, betreffen die Verbesserung der Gesundheit und der Fortpflanzung. Beschnittene Männer leiden weniger unter Entzündung des Gliedes, Verunreinigung der Haut und Sterilität. Es mutet auf den ersten Blick paradox an, dass Philon eine Beschneidung der natürlichen männlichen Physiognomie als für die Natur des Menschen nützlich interpretiert. Auf den zweiten Blick jedoch hat Philons Argumentation etwas sehr Verständliches: Indem nämlich das Entfernen der Vorhaut den Samen leichter zu seinem Ziel gelangen lässt, unterstützt der jüdische Brauch der Beschneidung die Fortpflanzung, die nicht nur bei ihm als eine zentrale Pflicht der Natur galt, sondern durchaus auch bei zeitgenössischen Stoikern, wie Seneca und etwas später Musonius Rufus. So konnte Philon suggerieren, dass alle wichtigen Philosophen seiner Zeit die Gründung von Familien befürworteten, Mose darüber hinaus aber auch die physischen Bedingungen zur Fortpflanzung erheblich verbessert hatte.

Philons eigenständig hinzugefügte Begründung der Beschneidung ist auch beachtenswert. Er erklärt, dass dieser Brauch symbolisch die Beschränkung der Begierden darstelle und somit auch in diesem Sinne repräsentativ für die gesamte mosaische Gesetzgebung sei, die allgemein auf die Sublimierung der Gefühle hinführe. Philon spricht auch in diesem Zusammenhang von Gesetzgebern im Plural, wobei er sich wohl bewusst ist, dass andere Kulturen nicht nur die Beschneidung praktizieren, sondern auch das „unnütze Übermaß im Genuss" regulieren. In der Tat stimmt auch in dieser Beziehung Philons Interpretation mit zeitgenössischen stoischen Idealen überein. Kaum ein anderer hat wie Seneca für ein schlichtes Leben ohne Übermaß plädiert. Indem Philon solches philosophisches Gedankengut in die biblischen Gesetze hineinlas, rechtfertigte er nicht nur einen traditionellen, jüdischen Brauch, sondern erklärte auch, warum es sich lohnt, freiwillig die Beschneidung zu wählen und sie nicht nur aus Gehorsam gegenüber der göttlichen Offenbarung zu üben. Es ist deshalb nicht verwunderlich, dass Philon programmatisch Folgendes zur Verbindung von Weltschöpfung und jüdischen Bräuchen erklärt:

> Dieser Anfang (d.h. Gen 1) ist, wie ich sagte, höchst bewundernswürdig, da er die Weltschöpfung schildert, um gleichsam anzudeuten, dass sowohl die Welt mit dem Gesetze als auch das Gesetz mit der Welt im Einklang steht und dass der gesetzestreue Mensch ohne weiteres ein Weltbürger ist, da er seine Handlungsweise nach dem Willen der Natur regelt, nach dem auch die ganze Welt gelenkt ist.[22]

Nach diesen philosophischen Ausführungen Philons über die Verankerung der jüdischen Religion in der Natur und Philosophie muss noch gefragt werden, wie die religiöse Praxis für Philon konkret aussah. Ein schönes Beispiel für seine religiöse Erfahrung ist die Pilgerfahrt nach Jerusalem, die er wie folgt beschreibt:

> Viele Tausende strömen aus tausenden von Städten, zu Wasser und zu Lande, von Ost und West, von Nord und Süd, zu jedem Feste zum Heiligtum wie zu einem allgemeinen sicheren Zufluchts- und Rettungsort vor den Händeln und Unruhen des Lebens, um hier Ruhe zu finden und, ein wenig frei von den Sorgen, unter deren drückendem Joche sie von frühester Jugend an schmachteten, eine kurze Spanne Zeit in heiterem Frohsinn zu verleben.[23]

Philon beschreibt hier die jährliche Pilgerfahrt zu den Wallfahrtsfesten, Pessach, Schavuot und Sukkot, in denen er eine Gelegenheit zu individueller Meditation und geistiger Regenerierung erblickt. Die Religion kreiert so einen Ort und bestimmte Zeiten, sich vom Trubel der Welt und des Alltags

---

[22] Philon: *De Opificio Mundi* 3, Übers.: Leopold Cohn.
[23] Philon: *De Specialibus Legibus* 1,69, Übers.: Isaak Heinemann.

zurückzuziehen und sich auf das eigentlich Wesentliche zu besinnen. Diese schöne Verbindung von religiösen Gebräuchen und individueller Erfahrung scheint noch bis heute relevant zu sein. Es ist darum kaum verwunderlich, dass die israelische Reformgemeinde eben diese Passage Philons über die Pilgerfahrt kürzlich in ihr neues Gebetsbuch zu den Wallfahrtsfesten aufgenommen hat.

Bibliographie

Quellen

Philo von Alexandrien. Die Werke in deutscher Übersetzung. Hg. und übers. von Leopold Cohn / Isaak Heinemann / Maximilian Adler / Willy Theiler. Bde. 1–7. Berlin 1909–1938; 1964.

Literatur

Douglas, Mary: *Purity and Danger: An Analysis of the Concept of Pollution and Taboo.* London 2002.

Mitchell, Stephen / van Nuffelen, Peter (Hgg.): *One God. Pagan Monotheism in the Roman Empire.* Cambridge 2010.

Niehoff, Maren R.: *Jewish Exegesis and Homeric Scholarship in Alexandria.* Cambridge 2011.

Schimanowsky, Gottfried: „Der Aristeasbrief zwischen Abgrenzung und Selbstdarstellung". In: Pieter W. van der Horst / Maarten J. J. Menken / Joop F. M. Smit (Hgg.): *Persuasion and Dissuasion in Early Christianity, Ancient Judaism and Hellenism.* Leuven 2003, 45–64.

Tcherikover, Victor A.: „Jewish Apologetic Literature Reconsidered", *Eos* 48 (1956), 19–93.

Van Nuffelen, Peter: *Rethinking the Gods. Philosophical Readings of Religion in the Post-Hellenistic Period.* Cambridge 2011.

Alles neu!?

Schriftgebrauch und Christusglaube im Neuen Testament*

Florian Wilk

„Wie gehen Angehörige verschiedener Religionen mit ihren jeweiligen ‚heiligen' Schriften um, und warum spricht man überhaupt von ‚heiligen' Texten? Wie wurden diese ausgelegt, und welche Rollen spielen sie in der religiösen Praxis?" So lauteten die Leitfragen der im vorliegenden Band dokumentierten Vortragsreihe. Ob sie geeignet sind, zu erfassen, was – aus meiner Sicht – Schriftverwendung und Schriftauslegung im Neuen Testament (NT) kennzeichnet, muss jedoch erst geprüft werden. Ich beginne deshalb mit einigen grundlegenden Bemerkungen zum Thema.

1. Grundlegung

1.1 Zur religiösen Identität der neutestamentlichen Autoren

Von Angehörigen *einer bestimmten* „Religion" lässt sich in Bezug auf die Autoren des NT nicht gut sprechen. Gewiss sind in der „Heiligen Schrift Alten und Neuen Testaments" die für

* Wolfgang Kraus zum 60. Geburtstag gewidmet, in Dankbarkeit und Freundschaft. – Für Hilfe bei der Erstellung und Korrektur des Manuskripts danke ich Janine Müller und Konrad Otto.

die Christenheit grundlegenden Quellen ihres Bekenntnisses versammelt. Und dabei bildet das NT die Ur-Kunde des Christusglaubens, sofern es die ältesten und in den christlichen Kirchen bis heute bewährten literarischen Zeugnisse dieses Glaubens enthält.[1] Gleichwohl kann man jene Autoren kaum im religionskundlichen Sinne als „Christen" bezeichnen. Der erstmals am Ende des 1. Jahrhundert n. Chr. belegte Name „Christianer"[2] verwies zunächst – der Wortbildung „Herodianer" vergleichbar – auf Anhänger des „Christus", ohne diese damit schon als eigenständige Religionsgemeinschaft zu identifizieren. Als solche ist die Christenheit aus ihrem jüdischen Umfeld vielmehr erst infolge einer Reihe von „Trennungsprozessen" hervorgetreten, die sich zumindest bis ins 2. Jahrhundert n. Chr. hinein erstreckten und in manchen Regionen noch länger dauerten.[3] Solche Prozesse spiegeln sich in den Büchern des NT in verschiedener Intensität und auf unterschiedlichen Stufen wider. Sie sind demnach als

[1] Vgl. Joest (1974), 172.

[2] Zum griechischen *Christianoi* vgl. Apg 11,26; 26,28; 1 Petr 4,16 und Josephus: *Antiquitates* 18,64. Das lateinische Äquivalent *Christiani* bieten zu Beginn des 2. Jh. n. Chr. Plinius: *Epistulae* 10,96,1–3 u. ö.; Sueton: *De vita Caesarum* 6,16,2 (Nero), ähnlich Tacitus: *Annales* 15,44,2.

[3] Zu den Anfängen bis 70 n. Chr. vgl. z. B. Wander (1994). Von einem *Christianismos* im Sinne einer von jüdischer Identität abzuhebenden, „christlichen" Glaubens- und Lebensweise spricht erstmals Ignatius von Antiochien: *An die Magnesier* 10,1.3 u. ö. Es ist jedoch strittig, ob die gängige Vorstellung, das Christentum sei aus dem Judentum heraus entstanden, den historischen Abläufen entspricht. Nach Boyarin (1999) etwa gab es nicht nur „[i]n the Jewish world of the first century ... many sects competing for the name of the true Israel" (2); vielmehr „for at least the first three centuries of their common lives, Judaism in all of its forms and Christianity in all of its forms were part of one complex religious family, twins in a womb, contending with each other for identity and precedence, but sharing to a large extent the same spiritual food, as well" (6). Zu bedenken ist ferner die jahrhundertelange Geschichte des sog. Judenchristentums; dazu vgl. in Kürze Paget (2001).

Dokumente einer erst im Entstehen begriffenen[4], von Anfang an in sich vielfältigen Christenheit anzusehen. Was ihre Autoren gleichwohl eint, ist das Bekenntnis zu Jesus als dem „Christus", d. h. dem „Gesalbten", der als vollmächtiger Repräsentant Gottes Israel und den Weltvölkern endzeitliches Heil erschlossen hat. Man kann sie insofern „Christusgläubige" nennen.

1.2 Zum Status der im Neuen Testament verwendeten Schriften

Für das Ausprägen religiöser Identität, wie es das Christusbekenntnis im Kontext des antiken Judentums – und im Diskurs mit der hellenistisch-römischen Welt – nach sich zog, war der Rückbezug auf die „Schriften" Israels konstitutiv. Er erwuchs aus der Erkenntnis, dass in Jesus Christus kein anderer als der Gott Israels offenbar geworden ist[5] – und entsprach zugleich der allgemein-jüdischen Überzeugung, dass jene Schriften fundamentale Bedeutung für das eigene Dasein haben. Die darin überlieferten Worte galten ja schon im 1. Jahrhundert v. Chr. als offenbart oder inspiriert;[6] und

[4] Im angelsächsischen Raum wird oft treffend von „nascent Christianity" gesprochen.

[5] Jesus erhält ja in Mt 1,23 den Würdenamen „Gott mit uns" aus Jes 7,14, wird in Joh 1,1 von Gen 1,1 her als *logos* (Wort) Gottes bezeichnet, trägt in Röm 1,3 die Titel Gottes- und Davidsohn, erscheint in Hebr 1,1 f. als „Sohn", durch den Gottes Reden „zu den Vätern durch die Propheten" vollendet werde, etc.

[6] Vgl. einerseits *Pescher Habakuk* 2,8–10: „… alle Worte seiner Knechte, der Propheten, [durch] die Gott aufgezählt hat all das, was über sein Volk kommt …", andererseits (zum Pentateuch) Philon: *De vita Mosis* 2,188: „Von den [sc. in den heiligen Büchern aufgeschriebenen] Worten werden einige aus dem Angesicht Gottes gesprochen durch den göttlichen Propheten als Verkünder, andere wurden als Orakel verkündet aufgrund

Josephus stellt am Ende des 1. Jahrhunderts n. Chr. fest, es sei „allen Juden von Kindesbeinen an eingepflanzt", die Schriften „als Gottes Satzungen anzuerkennen und an ihnen festzuhalten"[7]. Demgemäß gilt es auch im Neuen Testament von Anfang an als selbstverständlich, den Christusglauben in den Schriften zu verankern und dabei, implizit oder explizit, ihren göttlichen Ursprung zu vertreten.

Schon in der alten Bekenntnisformel 1 Kor 15,3–5 werden elementare Aspekte des Evangeliums – „dass Christus für unsere Sünden starb … und am dritten Tag auferweckt worden ist" – als Ereignisse „*gemäß den Schriften*" präsentiert. Andernorts heißt es dann, dass im Gesetz „Gott spricht" (1 Kor 9,9 f.), dass „jede Weissagung der Schrift" von Menschen stamme, die, „vom heiligen Geist getrieben, von Gott her gesprochen haben" (2 Petr 1,21), dass auch David als Psalmbeter „im heiligen Geist geredet hat" (Mk 12,36) und dass „jede Schrift von Gott eingegeben" sei (2 Tim 3,16).

1.3 Zur Terminologie

Die hohe Autorität, die die neutestamentlichen Autoren den Schriften Israels zumaßen, spiegelt sich in deren Bezeichnungen kaum wider. In der Regel werden sie einfach „die Schriften"[8] genannt. Daneben begegnen ebenso schlichte Ausdrücke wie „die Schrift" (Gal 3,22), „das prophetische Wort" (2 Petr 1,19) oder „das Gesetz und die Propheten" (Mt 7,12); ferner wird auf die großen Teile, „das Gesetz"

von Frage und Antwort, andere aus dem Angesicht Moses, wenn er Gott anrief und außer sich war."

[7] Josephus: *Contra Apionem* 1,42 (Übersetzung hier und im Folgenden: Institutum Judaicum Delitzschianum [http://www.uni-muenster.de/EvTheol/ijd/forschen/contra-apionem.html; letzter Zugriff am 20.07.2015]).

[8] Vgl. Mt 21,42; Mk 12,24; Lk 24,27; Joh 5,39; Apg 17,2; Röm 15,4; 1 Kor 15,3 f. u. ö.

(Joh 12,34) und „die Propheten" (Apg 10,43), verwiesen, aber auch auf einzelne „Bücher" und Autoren[9]. Die im hellenistischen Judentum geläufigen Begriffe *hai hierai graphai* und *ta hiera grammata* (heilige Schriften)[10] tauchen hingegen fast gar nicht auf. Das dürfte ihrer spezifischen Prägung geschuldet sein. Diese Begriffe und ihre Varianten[11], Äquivalente[12] und Nebenformen[13] ordnen die Schriften ja dem *hieron* (Heiligtum) und den *hiereis* (Priestern) zu[14], verweisen also in Aufnahme pagan-griechischen Wortgebrauchs[15] auf ihre

---

[9] Vgl. z. B. Mk 12,26: „Buch des Mose"; Lk 3,4: „Buch der Worte des Propheten Jesaja"; Apg 1,20: „Buch der Psalmen" – sowie die Verweise auf Mose (Röm 10,5), David (Mk 12,36), Jesaja (Joh 1,23), Jeremia (Mt 2,17) oder Daniel (Mt 24,15).

[10] Zur ersten Wendung vgl. v. a. Philon: *De Abrahamo* 61 u. ö., zur zweiten auch Josephus: *Antiquitates* 1,13 u. ö. Die Rabbinen sprechen dann bisweilen von *kitebe haqodesch*; vgl. *Mischna Schabbat* 16,1 u. ö.

[11] Philon gebraucht auch den Superlativ (*De Abrahamo* 4), den Singular (*De Vita Mosis* 2,84) oder beides (*De Migratione* 139) sowie Komposita (wie *hierai anagraphai*: *De Somniis* 1,48). Wie *De Vita Mosis* 2,290 belegt, beschränkt er aber das Prädikat der Heiligkeit – anders als Josephus (vgl. *Antiquitates* 20,261 u. ö.) – auf die Bücher des Mose.

[12] Vgl. *ho hieros logos* (das heilige Wort) bei Philon: *De Sacrificiis* 55 u. ö., und *hai hierai bibloi* (die heiligen Bücher) bei Josephus: *Antiquitates* 1,26 u. ö.; Philon: *Quis Heres* 258 u. ö. – Letzteres auch im Sing. (vgl. 2 Makk 8,23) und Superlativ (vgl. Philon: *De Sobrietate* 17).

[13] Vgl. zumal *ho hieros nomos* (das heilige Gesetz): Josephus: *De Bello Judaico* 2,229 u. ö. – zum Plural vgl. 1,108 u. ö. sowie Philon: *De Abrahamo* 1 u. ö. –, *to hierotaton diatagma* (die heiligste Anordnung) bei Philon: *De Sacrificiis* 88 f., und *he hiera kai theia nomothesia* (die heilige und göttliche Gesetzgebung) bei Philon: *De Congressu* 120.

[14] Demgemäß weist Josephus wiederholt darauf hin, dass die Tora sowie andere heilige Bücher im Tempel liegen (*Antiquitates* 3,38; 4,303; 10,58 sowie 5,61; 6,66) und daher den Priestern anvertraut sind (4,304) – sodass gerade ein Priester, wie er selbst es ist, an der in diesen Schriften enthaltenen „Philosophie" Anteil habe (*Contra Apionem* 1,54).

[15] Vgl. Schrenk (1938), 226 f. Die Wendung *hiera grammata* etwa bezeichnet sowohl pagane Tempelurkunden als auch kaiserliche Briefe (vgl. Deißmann [1923], 322), und *hierogrammateis* (der heiligen Schriften

kultische bzw. liturgische Verwendung[16]. Dieser Konnex war für das Schriftverständnis der neutestamentlichen Autoren aber weitgehend irrelevant; sie lasen die Schriften in dem Bemühen, die eigene religiöse Identität von Gottes endzeitlichem Heilshandeln in Christus her neu zu beschreiben. Erst, als sich – beginnend an der Wende zum 2. Jahrhundert n. Chr. – christusgläubige Gemeinschaften ihrerseits, im Disput mit abweichenden Anschauungen, auf eine *von Amtsträgern verantwortete* Lehrtradition gegründet sahen, wurden die Schriften als das Fundament jener Tradition wiederum zu *hiera grammata* erklärt, wie 2 Tim 3,13–17 zeigt:

13 Böse Menschen … werden zu immer Schlimmerem fortschreiten; (sie sind) Irreführende und Irregeführte. 14 Du aber bleibe bei dem, was du gelernt … hast, da du weißt, von wem du gelernt hast, 15 und von Kindheit an *die heiligen Schriften* kennst, die dich weise machen können zum Heil durch Glauben in Christus Jesus. 16 Jede *Schrift* ist, von Gott eingegeben, auch nützlich zur Belehrung, zur Zurechtweisung, zur Besserung, zur Erziehung in Gerechtigkeit, 17 damit der Mensch Gottes gerüstet sei, ausgerüstet zu jedem guten Werk.[17]

Anders zu beurteilen ist die Verwendung des alternativen Ausdrucks *graphai hagiai* (heilige Schriften) in Röm 1,2. Mit dem Römerbrief legt Paulus, wohl im Jahr 56 n. Chr., den Christusgläubigen in Rom sein „Evangelium" dar, um sie für seine geplante Spanien-Mission als „apostolische Partner" zu

---

Kundige) gab es nach Josephus: *Antiquitates* 2,243, bei den Ägyptern ebenso wie bei den Hebräern.

[16] Vgl. Veltri (2000), 1550. Entsprechend setzen zwei von Josephus: *Antiquitates* 16,162–165.167 f. zitierte Verordnungen des Augustus und des Agrippa denjenigen, der „heilige Bücher" (164) bzw. „… Schriften" (168) entwendet – und sei es aus dem „Sabbathaus", d. h. der Synagoge –, einem *hierosylos* (Tempelräuber) gleich.

[17] Vgl. dazu Weiser (2003), 285 f. Ähnliches geschieht im *1. Clemensbrief* 43,1(–6); 45,2(–8); 53,1(–54,4).

gewinnen.[18] Dabei sucht er – angesichts kritischer Anfragen anderer „Judenchristen“ (Röm 3,1–8) – nachzuweisen, dass die im Evangelium universal wirksame, weil sich Juden wie Griechen im Glauben erschließende Rettungsmacht Gottes die Verheißungstreue Gottes Israel gegenüber nicht negiert, sondern bekräftigt.[19] Eben deshalb verweist schon das Präskript (Röm 1,1–7) auf die „Vorausverkündigung“ des Evangeliums durch Gottes Propheten:

1 Paulus, Sklave Christi Jesu, berufener Apostel,
ausgesondert für das Evangelium Gottes –
2 das er im Voraus angekündigt hat durch seine Propheten in *heiligen Schriften* –
3 von seinem Sohn,
der geboren wurde aus dem Samen Davids nach dem Fleisch,
4 der eingesetzt wurde zum Sohn Gottes in Macht nach dem Geist der *Heiligkeit*
aufgrund der Auferstehung der Toten,
Jesus Christus, unserem Herrn,
5 durch welchen wir empfingen Gnade und Apostelamt zum Glaubensgehorsam
unter allen Weltvölkern um seines Namens willen,
6 unter denen auch ihr existiert als Berufene Jesu Christi,
7 an alle, die in Rom leben als Geliebte Gottes, berufene *Heilige*:
Gnade (sei) mit euch und Friede
von Gott, unserem Vater, und dem Herrn Jesus Christus.

Wenn Paulus in diesem Zusammenhang den Schriften das Prädikat *hagiai* beilegt, verwendet er nicht zufällig[20] das Septuaginta-Äquivalent des hebräischen Verbs *q-d-sch* und seiner Derivate. Als solches identifiziert es ja die Heiligkeit des Gottes Israels „als einen in der Macht … Gottes be-

[18] Vgl. dazu Theobald (2000), 41.

[19] Vgl. Röm 1,16 f. mit Ps 98(97),2 f. sowie Jes 56,1–8 und dazu Wilk (2010), 276 f.

[20] Vgl. die entsprechende Frage bei Saß (1995), 367 Anm. 117.

gründeten und von daher den Menschen aus einer … überweltlichen Wirklichkeit treffenden Anspruch“[21]. Das Prädikat bringt also die auf Gottes Wirken basierende *Qualität* der „Schriften“ ebenso zum Ausdruck wie ihre *Funktion* in der Ausrichtung auf das Gottesvolk. Paulus betont das nachdrücklich durch die Stichwortreihe *graphai hagiai* – *pneuma hagiosynes* (Geist der Heiligkeit) – *kletoi hagioi* (berufene Heilige). Dabei aktiviert er aber zugleich eine schmale Tradition des antiken Judentums, in der man die Schriften mit der Wendung *ta biblia ta hagia* (die heiligen Bücher) als Dokumente des „Zuspruchs“ (1 Makk 12,9), d.h. der Zusage göttlicher Hilfe (12,15), für diejenigen kennzeichnete, die Gottes *diatheke hagia* (heiliger Bundesverfügung) sogar in tödlichen Konflikten treu blieben (1,63)[22]. Mit der Rede von den „heiligen“ Schriften in Röm 1,2 unterstreicht Paulus also, dass er als Apostel des Völkerevangeliums – entgegen allen von anderen geschürten Zweifeln – den grundlegenden Traditionen Israels verpflichtet ist.

Um den Nachweis der eigenen Traditionsgebundenheit gegenüber Kritikern des Evangeliums geht es dann auch in Röm 7, wenn Paulus – in Abwehr des Vorwurfs, seine Theologie identifiziere das Gesetz mit der Sünde (7,7) – festhält: „So ist das Gesetz heilig (*hagios*) und das Gebot heilig (*hagia*) und gerecht und gut“ (7,12).[23]

Nur bedingt auf „die Schriften“ zu beziehen ist demgegenüber die lukanische Formulierung, Gott habe „durch den Mund

---

[21] Balz (1992), 43.

[22] Im Blick ist dabei der Widerstand der Makkabäer gegen die Einführung „heidnischer“ Gebräuche in Israel sowie die Plünderung, Entweihung und Verwüstung des Jerusalemer Tempels (im *1. Makkabäerbuch* fast durchgängig *to hagiasma* oder *ta hagia* [das Heiligtum] genannt) durch den syrischen König Antiochus IV.

[23] In 2 Petr 2,21 ist mit „heiligem Gebot“ der verpflichtende Charakter der „Erkenntnis des Herrn und Retters Jesus Christus“ (2,20) gemeint.

seiner heiligen (*hagion*), von jeher [sc. tätigen] Propheten" davon „geredet", was jetzt – mit der Ankunft des Christus (Lk 1,68–70) bzw. seiner Auferweckung (Apg 3,21) – begonnen hat. Dabei geht es ja nicht um die Prophetenbücher, sondern um das überall in der Schrift zu findende Zeugnis derer, die die erhoffte Erlösung prophezeit haben.[24] Gleichwohl dient die Rede von „den heiligen Propheten" in beiden Fällen dazu, die Inanspruchnahme ihrer Botschaft für das Christusgeschehen angesichts „Furcht" (Lk 1,65 f.) oder „Entsetzen" (Apg 3,10 f.) auslösender, von Gottes Macht bewirkter Ereignisse dadurch zu stützen, dass die Sprecher – Zacharias bzw. Petrus – zugleich ihre Bindung an die Traditionen Israels bekunden.[25] Auf ähnliche Weise entnimmt dann der wohl jüngste Brief des Neuen Testaments den „von den heiligen (*hagion*) Propheten zuvor gesagten Worten" – im Einklang mit dem „Gebot" der „Apostel des Herrn" – die Einsicht, „am Ende der Tage" würden „Spötter" auftreten, die die Erwartung der Parusie Christi und damit einer neuen Schöpfung in Frage stellen (2 Petr 3,2–4). Hier hält der Verfasser der Bestreitung seines Christusbekenntnisses das prophetische Gesamtzeugnis der Schrift (vgl. 1,19–21) entgegen.[26]

Es waren also kritische Situationen, die Paulus, Lukas und den Autor des 2. Petrusbriefs veranlassten, „die Schriften"

---

[24] Vgl. dazu den Verweis auf das Mosewort Dtn 18,15–19 in Apg 3,22 f. Auch in Weish 11,1 wird Mose „heiliger Prophet" genannt.

[25] Vgl. zum einen die Verankerung der durch Christus ermöglichten Rettung im Gedenken Gottes an „seine heilige Bundesverfügung" (Lk 1,72), zum andern die Identifikation Jesu als Gottes „Heiligen und Gerechten" (Apg 3,13 f.).

[26] Vgl. Paulsen (1992), 151.157. – In Eph 3,4 f. wird mit den „heiligen Aposteln und Propheten" Christi nicht auf Bücher oder Gestalten der Schrift, sondern auf die Träger derjenigen Ämter verwiesen, die für den Aufbau der christusgläubigen Gemeinde zu einem „heiligen Tempel" fundamentale Bedeutung haben (vgl. 2,20 f.).

oder Teile daraus „heilig“ (*hagios*) zu nennen. Sie betonten damit, dass die Boten Christi dem Gotteszeugnis der Schriften Israels verpflichtet sind. Das war nur ausnahmsweise nötig. Typisch für das NT ist diese Redeweise nicht.

1.4 Zum Umfang der „Schriften“

Eine klar definierte Sammlung der „Schriften“ Israels lag den Autoren der neutestamentlichen Bücher noch nicht vor. Ansätze zur Fixierung eines Kanons sind erstmals am Ende des 1. Jahrhundert n. Chr. belegt.

Josephus verweist in *Contra Apionem* auf „22 Bücher, welche … zu Recht Vertrauen gefunden haben. Und von diesen stammen fünf von Mose, die die Gesetze umfassen und die Überlieferung … bis zu seinem eigenen Ende … Vom Tod des Mose bis zu Artaxerxes … haben die auf Mose folgenden Propheten die Begebenheiten ihrer Zeit in dreizehn Büchern aufgezeichnet; die übrigen vier enthalten Hymnen an Gott und Lebensanweisungen für die Menschen“ (1,38–40); alle weiteren Aufzeichnungen würden „nicht gleichen Vertrauens gewürdigt“ (1,41). In *4. Esra* wird hingegen von 94 Büchern erzählt (14,44), die der vom heiligen Geist erfüllte Esra (14,22.40) fünf Männern diktiert habe (14,42); die ersten 24 seien „offen hingelegt“, die restlichen 70 allein „den Weisen aus [s]einem Volk übergeben“ worden. Möglicherweise ist jeweils dieselbe Textsammlung gemeint;[27] sicher ist das aber keineswegs.

Abgeschlossen wurde der kanonische Prozess, wie rabbinische Texte belegen, frühestens im 3. Jahrhundert n. Chr.[28] Immerhin gibt es diverse Texte aus dem 2. und 1. Jahrhundert

---

[27] So mit vielen anderen Smend (1981),14: „In alter Zeit werden Sam, Kön, die 12 Propheten, Esr–Neh und Chr als je ein Buch gezählt. Daher die Gesamtzahl 24 … Die Zahl 22 des Josephus kommt wohl dadurch zustande, daß Rut in Ri und Klgl in Jer einbegriffen werden …“

[28] Vgl. Becker (1998), 1410 mit Verweis auf *Babylonischer Talmud Megilla* 7a u. a.

v. Chr., die bereits – wie Josephus – eine dreiteilige Sammlung autoritativer Schriften bezeugen, bestehend aus dem Gesetz, den Propheten und weiteren Büchern.[29] Dementsprechend verweist im NT Lk 24,44 auf „das Gesetz des Mose sowie die Propheten und Psalmen".[30] Mindestens im dritten Teil ist der Bestand aber für lange Zeit ungeklärt; und was genau zu den Propheten gehört, wird in den Quellen uneinheitlich bestimmt[31]. Man muss daher für das NT eine an ihren Rändern offene Sammlung der „Schriften" voraussetzen.

1.5 Zum Wortlaut der „Schriften"

Josephus verweist in *Contra Apionem* 1,42 auf eine lange Geschichte wortgetreuer Textüberlieferung im jüdischen Volk:

> Die Tatsachen … erweisen, wie wir mit unseren eigenen Schriften umgehen: Denn obwohl schon eine so lange Zeit vergangen ist, hat es keiner gewagt, etwas hinzuzufügen oder von ihnen wegzunehmen oder umzustellen …

Tatsächlich setzt aber, wie die Handschriften zur Bibel erkennen lassen, am Ende des 1. Jahrhunderts n. Chr. erst ein langwieriger Prozess der Vereinheitlichung und Sicherung des Wortlauts der biblischen Schriften ein. Für die Entstehungszeit der neutestamentlichen Bücher ist noch von einem Nebeneinander mehrerer Texttraditionen auszugehen.[32] Dies spiegelt sich auch im NT selbst wider. So ist das Gebot der Gottesliebe aus dem „Höre, Israel" (Dtn 6,4–9) in drei unterschiedlichen Fassungen bezeugt, die weder mit dem später

---

[29] Vgl. Sir prol. 1 f.8–10.24 f.; ähnlich Philon: *De vita contemplativa* 25.

[30] Vgl. dazu *Miqzat Ma'ase ha-Torah (4Q 397)* Frg. 14–21, Zeile 10 f.

[31] So gilt Daniel in Mt 24,15, anders als den Rabbinen, als „Prophet", und in Jud 14 f. wird eine „Prophetie" des Henoch (*1. Henoch* 1,9) wie ein Schriftzitat angeführt.

[32] Vgl. Fabry (2006), 38.51–54.

dominierenden Masoretentext noch mit der Septuagintaüberlieferung ganz übereinstimmen.

<table>
<tr><th>Dtn 6,5 MT</th><th>Mt 22,37</th><th>Mk 12,30</th><th>Lk 10,27</th><th>Dtn 6,5 LXX$^{B/A}$</th></tr>
<tr><td colspan="5">„Du sollst lieben den Herrn, deinen Gott,</td></tr>
<tr><td>mit</td><td>mit</td><td>aus</td><td>aus / mit</td><td>aus</td></tr>
<tr><td colspan="5">deinem ganzen</td></tr>
<tr><td>Herzen</td><td>Herzen</td><td>Herzen</td><td>Herzen</td><td>Verstand / Herzen</td></tr>
<tr><td colspan="5">und deiner ganzen Seele</td></tr>
<tr><td colspan="5">und deiner / deinem ganzen</td></tr>
<tr><td>Stärke</td><td>Verstand</td><td>Verstand</td><td>Kraft</td><td>Stärke</td></tr>
<tr><td></td><td></td><td colspan="2">und deiner / deinem ganzen</td><td></td></tr>
<tr><td></td><td></td><td>Kraft</td><td>Verstand“</td><td></td></tr>
</table>

Außerhalb des Pentateuchs gibt es überdies erhebliche, z.T. auch im NT erkennbare Differenzen im Umfang mancher Schriften.[33] Zudem ist dort die Variabilität des Wortlauts besonders groß, wie etwa die sog. Reflexionszitate des Matthäus[34] oder die Hiob- und Jesaja-Zitate des Paulus[35] zeigen. Gewiss nutzen die Autoren des NT in aller Regel Handschriften aus der Septuaginta-Überlieferung. Vom Gebrauch eines fixierten Textes der „Schriften“ sind sie dennoch weit entfernt.

[33] In Röm 3,10–18 zitiert Paulus aus der im Vergleich mit dem MT erheblich erweiterten LXX-Version von Ps 14(13); vgl. Karrer / Sigismund / Schmid (2010), 143–156. In Offb 15,3f. wird ein Satz aus der Passage Jer 10,6–8 rezipiert, die in der – gegenüber dem MT insgesamt etwa um 1/8 kürzeren – LXX-Fassung fehlt.

[34] Zu deren Textgestalt vgl. zusammenfassend Menken (2004), 280.

[35] Zu der bei Paulus vorausgesetzten „re-hebraisierenden“ Rezension dieser LXX-Bücher vgl. Koch (1986), 57–73.

1.6 Zum Umgang mit den „Schriften"

In den Büchern des NT werden Aussagen der Schrift auf vielfältige Weise in Erzählungen, Argumentationen oder Darlegungen eingebracht. Nirgends geht es darum, die Schrift als solche in den Blick zu nehmen, um sie im strengen Wortsinn auszulegen. Die antik-jüdischen Textsorten „Kommentar", „Homilie", „Nacherzählung" etc. fehlen ebenso wie die durchgehende Imitation biblischer Textsorten.[36] Andererseits ist uns die „religiöse Praxis" der christusgläubigen Gemeinschaften, in denen die Bücher des NT entstanden, hinsichtlich des dabei vollzogenen Schriftgebrauchs weitgehend verborgen.[37] Welche Rolle er in Gottesdienst, Katechese oder Frömmigkeit spielte, bleibt unklar;[38] mehrfach erwähnt wird lediglich der obligatorische Rückgriff auf die Schrift im Zuge der Missionsverkündigung[39]. Natürlich setzen etwa die Briefe des Paulus an die Galater, Korinther und Römer auch bei den nichtjüdischen Gemeindegliedern ein gerüttelt Maß an Schriftkenntnis voraus.[40] Aber ob und ggf. wie solche

---

[36] Zu diesen Textsorten und den betreffenden Quellen vgl. Wilk (2013a), 481.

[37] Lukas erzählt zweimal (Lk 4,16–21; Apg 13,14f.) von Lesungen aus (dem Gesetz und) den Propheten im Rahmen eines Synagogengottesdienstes; doch damit bildet er allenfalls die Praxis der jüdischen Diasporasynagogen seiner eigenen Zeit ab.

[38] Mahr als vage Andeutungen wie die in 1 Kor 14,26: „Wenn ihr zusammenkommt, hat jeder einen Psalm, eine Lehre, eine Prophetie ..." (vgl. ferner Kol 3,16; Eph 5,19), bietet das NT hierzu nicht; und ob hier und andernorts bei „Psalm", „Lehre" oder „Prophetie" überhaupt an die Verwendung bzw. Auslegung biblischer Texte zu denken ist, muss offen bleiben.

[39] Vgl. Apg 2,16–36; 3,18–26; 8,28–35; 10,43; 17,2f.; 18,28; 28,23–28 und 24,14–16; 26,22f.27. Vorausgesetzt ist solch ein Rückgriff auch in 1 Kor 15,3f. und 2 Kor 1,19f.

[40] Dies zeigt sich v.a. dort, wo Paulus knapp auf thematische Zusammenhänge der Schrift verweist, wie es z.B. in der Rede vom „neuen

Kenntnis durch eine innergemeindliche Praxis vermittelt oder erweitert wurde, lässt sich kaum eruieren. Deutlich ist lediglich: Für die *literarische Kommunikation*, der die Erzählungen und Briefe des NT dienen, spielt die Rückbindung an die Schriften eine – mehr oder weniger – grundlegende Rolle.

Im Folgenden kann ich daher der eingangs genannten Aufgabe nur so entsprechen, dass ich das Profil dieser literarischen Schriftrezeption nachzeichne. Dazu werde ich zunächst überblicksartig ihre wesentlichen Grundzüge darstellen und sodann an markanten Beispielen veranschaulichen, welche inhaltlichen Akzente dabei gesetzt und welche verschiedenen Rollen der Schrift jeweils zugewiesen werden.

2. Profilierung

Die Fortführung antik-jüdischer Traditionen tritt beim Schriftgebrauch der neutestamentlichen Autoren nicht nur in der Tatsache zutage, *dass* sie den Christusglauben selbstverständlich in den Schriften verankern; sie zeigt sich auch darin, *wie* das geschieht.

2.1 Zur Methodik

Wie die antik-jüdische Literatur insgesamt weist auch das NT bei den Rückgriffen auf die Schrift eine Fülle an Formen und Auslegungsverfahren auf. Diese Fülle erwuchs zum einen aus der Diversität der Schrift; verschiedene Textsorten wie Gesetze, Prophetien, Erzählungen, Sprüche, Reflexionen und Gebete bedurften je anderer Wege der Aneignung. Zum andern erforderten unterschiedliche Kommunikationssituationen,

Bund" (1 Kor 11,25; 2 Kor 3,6) oder der Bezeichnung Christi als „unser Passa" (1 Kor 5,7) geschieht.

wie sie etwa die Korintherbriefe, das Matthäusevangelium und die Offenbarung kennzeichnen, je eigene Deutungsmuster.

Die methodische Vielfalt der Schriftrezeption im NT lässt sich, ohne Anspruch auf Vollständigkeit, wie folgt beschreiben:

a) Schriftbezüge werden zumal in folgenden *Formen* hergestellt:

Form	Beispiel: Inhalt/Eigenart	Beleg im NT
Imitation biblischer Textsorten	– Geschichtsrückblick – Abschiedsrede	Apg 7,2–53 Joh 13–16
Ausbau biblischer Formen im Anschluss an griechische	– gemeindeleitender Brief – biographische „Heilserzählung"	1 Kor Mk
Herstellung heilsgeschichtlicher Zusammenhänge	– Genealogie – Prophetenfolge	Mt 1,1–17 Hebr 1,1 f.
thematische Sammlungen	– Erzählinhalte – Gebote	Hebr 11 Mk 10,19
Paraphrasen von Erzählungen	– Abrahams Söhne – Gesetzgebung durch Mose	Gal 4,22 f.29 Joh 1,17
Paraphrasen von Geboten	– Kultgebote – Ehegebote	Mk 2,26b Röm 7,2 f.
Auslegungsdebatten	– Thema Auferstehung – Gebotstexte	Mk 12,18–27 Mt 5,21–48
narrative Ausgestaltung von Schriftworten	– Hi 9,8 – Spr 13,9	Mk 6,45–52 Mt 25,1–13
Zitation von Schriftworten mit Einleitungsformel o.ä.	– Jes 40,3–5 – Spr 3,34	Lk 3,4–6 Jak 4,6

Form	Beispiel: Inhalt / Eigenart	Beleg im NT
Mischzitate	– Mal 3,1 / Ex 23,20 – Jes 28,16 / 8,14	Mk 1,2 Röm 9,33
Zitatenketten	– Ps 18(17),50 / Dtn 32,43 / Ps 118(117),1 / Jes 11,10 – Ps 22(21),23 / Jes 8,17 / 8,18	Röm 15,9–12 Hebr 2,12 f.
Anführung als Gottes-wort o.ä.	– rückblickend – aktualisierend	2 Kor 6,16 2 Kor 6,17
kommentarartige Ver-knüpfung mehrerer Schriftworte	– textorientiert – themenorientiert	Röm 4 2 Kor 3,3–18
Neufassung biblischer Prophetien	– Parusie – Neuschöpfung	Mk 13,24–27 Apk 21,1–4
Verwendung biblischer Konzepte	– Einzigkeit Gottes – Gottesvolk	1 Kor 8,4 Mt 1,21
Verwendung biblischer Motive	– Engelserscheinung – Stellvertretung	Lk 1,11–20 Röm 9,3
Integration biblischer Aussagen	– Jer 6,16 – Jes 40,13	Mt 11,29 1 Kor 2,16
Aufnahme biblischer Ausdrucksweise	– Gen 17,19 – Jes 43,12	Mt 1,21 1 Thess 2,10
Echos eines Textkom-plexes im Umfeld eines Zitats	– Jes 40,1–11 – Jes 8,13–22	Mk 1,1–15 Röm 9,29–10,8
Verknüpfung mehrerer Anspielungen	– Ex 33,7.19; 34,6 – Jes 55,10; Hos 10,12	Joh 1,14 2 Kor 9,10

b) Zur Auslegung von Schriftworten nutzt man u. a. folgende *Verfahren*:

Verfahren	Beispiel: Schriftbezug	Beleg im NT
Allegorese	Gen 15–21: Hagar und Sara	Gal 4,22–25
Typologisierung	2 Kön 1,8: Elija	Mt 3,4
– Überbietung	Ex 25,40: irdischer Priesterdienst	Hebr 8,5
– Antithetik	Gen 3: Adam	Röm 5,15 f.
– Kontrast	Ex 13–17; Num 11–25: Exodus	1 Kor 10,1–11
Analogisierung	Jona 3: Jonas Erfolg in Ninive	Lk 11,32
Präsentation als Weissagung	Jes 7,14: Geburt aus der Jungfrau	Mt 1,18–23
Aktualisierung/ Applikation	Ps 8,5–7: die Würde des Menschen	Hebr 2,5–10
Explikation	Dtn 30,12–14: die Nähe des Wortes	Röm 10,6–8
– eines Begriffs	Gen 13,15 u. ö.: Same Abrahams	Gal 3,16
– einer Aussage	Jes 45,23: beugen und bekennen	Röm 14,11 f.
– des Bezugspunkts	Jes 49,8: Zeit der Gnade	2 Kor 6,2
Schluss *e contrario*	Gen 21,12: Berufung in Isaak	Röm 9,7 f.
Schluss *a minore ad maius*	Ex 9,16: Gott „erträgt" den Pharao	Röm 9,17.22 f.
Schluss vom Speziellen aufs Allgemeine	Jes 53,1: Glauben an die Kunde?	Röm 10,16 f.
Schluss aus dem Kontext	Gen 15,6: Glaube vor Beschneidung	Röm 4,9 f.

Verfahren	Beispiel: Schriftbezug	Beleg im NT
Schluss aus dem Wort-Zshg.	Gen 15,6 / Ps 32[31],1 f.: „anrechnen“	Röm 4,3–8
Schluss aus dem Sach-Zshg.	Ex 20,13–17; Lev 19,18: Hauptgebot	Röm 13,9 f.
Kontrastierung	Dtn 24,1 ↔ Gen 1–2: Scheidung?	Mk 10,2–9

Häufig wird zudem der Wortlaut eines angeführten Schriftworts modifiziert, um anzuzeigen, wie man es versteht; dabei reicht die Bandbreite der Maßnahmen von Umstellungen und stilistischen Änderungen[41] über Auslassungen, Zusätze und Umformulierungen[42] bis hin zu größeren Umgestaltungen und exegetisch bedingten Neufassungen[43].

2.2 Zur Hermeneutik

Die Anwendung der genannten Methoden diente ganz verschiedenen Zwecken. Je nach Situation ging es darum, eine ethische oder rituelle Praxis zu legitimieren, Glaubenssätze zu begründen, geschichtliche Erfahrungen auszuwerten, Zukunftshoffnungen zu formulieren u. a. m. In allem aber griff man in der Absicht auf die Schrift zurück, Klarheit über die eigene Identität zu gewinnen. Die methodische Vielfalt spiegelt daher gerade die Annahme einer inneren Einheit der Schrift wider.

---

[41] Vgl. z. B. die Änderungen der Wortfolge in Röm 10,20 f. und der Numeri in Röm 11,27.

[42] Vgl. z. B. Röm 15,12 (Auslassung); 10,11 (Zusatz); 1 Kor 1,19 (Begriffstausch).

[43] Vgl. z. B. Röm 2,24 oder 1 Kor 2,9 (Bearbeitung eines aus Jes 64,3[4] gebildeten „geflügelten“ Wortes). Zum Ganzen vgl. Wilk (1998a), 43–50 und ders. (2012).

Diese Annahme verdichtete sich zu der Grundüberzeugung, dass die „Schriften" jetzt, im Lichte des Christusgeschehens, ihren eigentlichen Sinn entfalten. Dabei knüpfen die Christusgläubigen an eine antik-jüdische Leseweise an, wie sie etwa in Qumran bezeugt ist:

> 14 … Und JHWH antwortete mir 15 [und sprach: Schreibe die Vision auf und lege sie d]ar auf den Tafeln, damit ei[len kann, wer es liest (Hos 2,2) Seine Deutung …]
> 1 Und Gott sprach zu Habakuk, aufzuschreiben, was kommt über 2 die letzte Generation; doch die Vollendung der Zeit hat er ihm nicht kundgetan. 3 [ ] Und wenn es heißt: „damit eilen kann, wer es liest", 4 so geht seine Deutung auf den Anweiser der Gerechtigkeit, dem Gott kundgetan hat 5 alle Geheimnisse der Worte seiner Diener, der Propheten …[44]

Demnach weisen die „Schriften" auf die Endzeit voraus, und im Lichte endzeitlicher Ereignisse können bevollmächtigte Ausleger aufdecken, was die „Schriften" in diesem Zusammenhang besagen. Während aber in Qumran die Zeit der endgültigen Erfüllung von Gottes Verheißungen noch erwartet wird, ist das Christusbekenntnis von der Gewissheit bestimmt, dass diese Zeit bereits eingetreten ist. Eben deshalb heißt Jesus „Christus", weil er Gottes Verheißungen ihrer Erfüllung zuführt.[45] Insofern leben die Christusgläubigen in einer Zeitenwende: Der alte, von gottfeindlichen Mächten beherrschte Äon ist im Schwinden, und der neue Äon der Herrschaft Gottes gewinnt Raum. Es ist dieser Prozess, den die „Schriften" zu verstehen und gestalten helfen.

Dabei erhellen sich die Ereignisse und die „Schriften" gegenseitig, wie z. B. an der Ostergeschichte Lk 24,13–32 deutlich wird. Ihr zufolge begegnen zwei Jünger auf dem Weg

---

[44] *Pescher Habakuk* 6,14–7,5.

[45] Vgl. Theißen / Merz (2001), 463, zum Sinngehalt des Messiastitels.

nach Emmaus dem auferstandenen Jesus. Zunächst erkennen sie ihn nicht, und der eine fragt:

18 … „Bist du der einzige, der in Jerusalem weilt und nicht weiß, was dort … geschehen ist?“ 19 … „Das mit Jesus, dem Nazarener … 21 Wir aber hofften, er sei es, der Israel erlösen werde. Indessen ist … schon der dritte Tag … 22 Doch auch einige Frauen haben uns in Bestürzung versetzt: Sie waren … beim Grab 23 und fanden seinen Leib nicht; sie kamen und erzählten, sie hätten auch eine Erscheinung von Engeln gehabt, die sagten, er lebe.“ … 25 Da sprach er zu ihnen: „O, ihr Unverständigen, (zu) träge im Herz, um an all das zu glauben, was die Propheten geredet haben. 26 Musste nicht der Christus dieses leiden und in seine Herrlichkeit eingehen?“ 27 Und er begann mit Mose und allen Propheten und legte ihnen in allen Schriften aus, was über ihn (geschrieben ist). … 30 Und … als er mit ihnen zu Tisch lag, … 31 … erkannten sie ihn; und er entschwand vor ihnen. 32 Da sprachen sie zueinander: „Brannte nicht unser Herz, als er … uns die Schriften öffnete?“

Für sich genommen und gelesen, erschließt die Schrift den Jüngern nicht, was in Christus geschehen ist. Selbst die Auferweckungsbotschaft ändert daran nichts. Vielmehr bedarf es der Begegnung mit dem Auferweckten, der die Schriften „öffnet“, d. h. aufdeckt, inwieweit sie sich auf ihn beziehen.[46] Indem die Jünger dann diese Begegnung mit dem Erdenleben Jesu verknüpfen, erkennen sie in ihm von den Schriften her den Christus – und gelangen zugleich auf der Basis des Christusglaubens zu einem neuen Schriftverständnis.

Auf diese oder ähnliche Weise hängen in allen neutestamentlichen Büchern die Erfahrung endzeitlicher Gottespräsenz in der Gemeinschaft mit Christus und die vom Christusbekenntnis bestimmte Lektüre der Schriften so zusammen, dass sie einander bedingen.

---

[46] Vgl. Zenger (1995), 148.

3. Veranschaulichung

3.1 Mt 11,2–6 (par. Lk 7,18–23)

2 Als aber Johannes im Gefängnis von den Werken des Christus hörte, sandte er hin und ließ durch seine Jünger 3 ihm sagen: „Bist du der Kommende, oder sollen wir auf einen anderen warten?" 4 Und Jesus antwortete und sagte ihnen: „Geht hin und berichtet Johannes, was ihr seht und hört: 5 ‚Blinde sehen wieder und Lahme gehen, Aussätzige werden rein und Taube hören, und Tote werden auferweckt, und Armen wird das Evangelium verkündet; 6 und selig ist, wer keinen Anstoß an mir nimmt.' "

In der zweifelnden Frage des Täufers drückt sich die Diskrepanz zwischen den eigenen Endzeiterwartungen (vgl. Mt 3,11 f. // Lk 3,16 f.) und dem, was ihm von Jesus erzählt wurde, aus. Dieser verweist in seiner Antwort auf die wunderbaren Ereignisse in seinem Umfeld. Dabei nimmt er nun aber Zug um Zug Endzeitverheißungen aus den Schriften und zumal aus dem Jesajabuch auf:

Aussage Jesu	Schriftbezug	
Blinde sehen wieder	Jes 29,18; 35,5; 42,7; 61,1	
Lahme gehen	Jes 35,6	
Aussätzige werden rein		(vgl. Lev 14,2; 2 Kön 5,1–19)
Taube hören	Jes 29,18; 35,5	
Tote werden auferweckt	Jes 26,19	(vgl. Sir 48,5; 1 Kön 17,17–24)
Armen wird das Evangelium verkündet	Jes 29,19; 41,16 f.; 61,1	

Diese Kollage von Schriftbezügen ist höchst provokant (vgl. Mt 11,6): Sie stellt Aussagen über das endzeitliche Handeln *Gottes* auf eine Ebene mit solchen über das Wirken seines

Knechtes und Geistgesalbten;[47] und sie übergeht – dem inhaftierten Täufer gegenüber – die in jenen Aussagen verankerte Hoffnung, dass die Gefangenen freikommen[48]. Sie besagt daher, dass Jesus die tradierten Heilszusagen für die Endzeit fragmentarisch zur Erfüllung bringt. So aber fordert sie den Täufer auf, die Schriften im Licht des Wirkens Jesu neu zu lesen – und dann von ihnen her den Anspruch zu prüfen, den Jesus erhebt.

3.2 Mk 1,1–4

<table>
<tr><td>1</td><td colspan="2">Anfang des Evangeliums</td></tr>
<tr><td></td><td>von Jesus Christus.</td><td>Jesu Christi</td></tr>
<tr><td>2</td><td>Wie</td><td>…, wie</td></tr>
<tr><td></td><td colspan="2">geschrieben ist bei Jesaja, dem Propheten:
(Ex 23,20) Siehe, ich sende meinen Boten
vor dir her, der deinen Weg bahnen wird. (Mal 3,1)</td></tr>
<tr><td>3</td><td>(Jes 40,3) Stimme eines
Rufenden
in der Wüste:
„Bereitet den Weg des Herrn,</td><td>(Jes 40,3) Stimme eines
Rufenden:
„In der Wüste
bereitet den Weg des Herrn,</td></tr>
<tr><td></td><td colspan="2">macht seine Pfade gerade!“</td></tr>
<tr><td>4</td><td>…, (so) trat auf Johannes …</td><td>Es trat auf Johannes …</td></tr>
</table>

Üblicherweise strukturiert man das Satzgefüge am Beginn des Markusevangeliums, wie es die linke Spalte anzeigt. Dann präsentiert es Johannes als Boten Gottes, der mit seinem Rufen dem „Herrn“, d. h. dem bereits in der Schrift von Gott angesprochenen Jesus, den Weg bereitet. Ordnet man jedoch in Mk 1,1 f. und/oder 1,3 f. die Sätze gemäß der rechten Spalte,

---

[47] Vgl. Jes 29,19; 35,4; 41,17 mit 42,6; 61,1. In einem vergleichbaren Text aus Qumran (*Messianische Apokalypse [4Q 521]* Frg. 2 Kol. 2) werden alle diese Heilstaten Gott selbst zugeschrieben.

[48] Vgl. Jes 42,7; 49,9; 61,1 und dazu *4Q 521* (s. o. Anm. 47) Frg. 2 Kol. 2 Zeile 8.

entstehen weitere Deutungsmöglichkeiten; es kann dann z. B. um die Sendung Jesu als eines Wegbereiters für das Gottesvolk gehen. Diese Mehrdeutigkeit entspricht den Schriftbezügen in 1,2 f.: Während Ex 23,20 von einem Gottesboten spricht, der das Gottesvolk ins gelobte Land führt, kündigt Mal 3,1 an, Elija (s. 3,23[4,4]) werde dem zum Gericht kommenden „Herrn" vorangehen; und Jes 40,3 lässt sich (mit Mt 3,1–3) als Ankündigung eines „Rufers in der Wüste" oder (mit Lk 3,2–6) als Berufungswort lesen. Mit Hilfe der Zitatkombination gestaltet Markus demnach eine offene Leseanweisung, die sein Jesus-Buch als Abfolge sukzessiver Wegbereitungen zu verstehen lehrt: Wie der Täufer Jesus den Weg bahnt, so tun es Christus für das Gottesvolk und dieses für Gott selbst, wenn Gottes Herrschaft zur Vollendung kommt. Bei dieser Gestaltung aber dient die Erkenntnis Jesu Christi als Ausgangs- und Zielpunkt der erneu(er)ten Schriftlektüre.[49]

3.3 Joh 7,37–39

37 Am letzten Tage … des Festes, stand Jesus da und rief: „Wenn jemanden dürstet, komme er zu mir, und es trinke, 38 wer an mich glaubt – wie die Schrift gesagt hat: ‚Ströme werden aus seinem Leibe fließen, von lebendigem Wasser.' " 39 Dies aber sagte er über den Geist, den die empfangen sollten, die zum Glauben an ihn kamen; denn noch gab es keinen Geist, weil Jesus noch nicht verherrlicht war.

In seinem Aufruf an das zum Laubhüttenfest versammelte Volk verweist Jesus auf die Schrift. Was er zitiert, ist jedoch nirgends belegt und trotz des Erzählerkommentars kaum verständlich. Berücksichtigt man jedoch die situativen und traditionsgeschichtlichen Hintergründe der Äußerung Jesu, tritt ihr Sinngehalt zutage. Sie knüpft an die Wasserspende

[49] Zum Ganzen vgl. Wilk (2013b).

an, die während des Festes täglich am Brandopferaltar dargebracht wurde[50]. Diese erinnerte an das Wasserwunder in der Wüste (Ex 17,1–7; Num 20,1–13; Ps 78[77],15 f.), wies aber zugleich auf die Quelle „lebenden", d. h. Heil und Leben spendenden Wassers im Tempel der Endzeit (Sach 14,8 f.; Ez 47,1–12) voraus.[51] Andererseits dient solches Wasser als Sinnbild für den Geist Gottes.[52] In Joh 7,37–39 werden diese Traditionen kombiniert und auf Jesus bezogen: Er selbst ist in Person der Tempel der Endzeit, in dem Gott gegenwärtig ist, und damit die Quelle des Geistes, der die Glaubenden mit Gott verbindet. So bietet die im Kontext jüdischer Traditionen gelesene Schrift Begriffe und Bilder, um die Würde Jesu Christi auszusagen; und von ihm her erhalten jene Begriffe und Bilder neuen Sinn, der sich in einem neugefassten Schriftwort verdichtet.

3.4 2 Kor 4,11–15

Im Kontext der Apologie des Apostolats gehen Paulus und Timotheus (2 Kor 1,1) ab 4,7 auf die Zerbrechlichkeit ihrer Existenz ein und deuten ihre Leiden als Manifestation des Todes Jesu (4,10a). Insofern aber Gottes Macht (4,7) die Apostel im Leiden bewahre (4,8 f.), werde an ihnen auch das Leben Jesu offenbar (4,10b). Ab 4,11 heißt es dann:

11 Allezeit … werden wir, die Lebenden, in den Tod gegeben um Jesu willen, damit auch das Leben Jesu offenbar werde an unserem sterblichen Fleisch. 12 Somit ist der Tod in uns wirksam, das Leben aber in euch. 13 Da wir aber denselben Geist haben des Vertrauens gemäß dem, was geschrieben ist: „Ich habe vertraut, deshalb habe ich

---

[50] Vgl. *Mischna Sukka* 4,9 f.

[51] Vgl. *Tosefta Sukka* 3,3–13 und zum Ganzen Wengst (2000), 290–292.

[52] Vgl. Jes 44,3 und *Palästinischer Talmud Sukka* 5,1.

geredet“ (Ps 116,10[115,1]), vertrauen auch wir, deshalb reden wir auch; 14 wissen wir doch, dass der, der den Herrn Jesus auferweckt hat, auch uns mit Jesus auferwecken und vor (sich) stellen wird mit euch. 15 Das alles nämlich (geschieht) um euretwillen, damit die Gnade, indem sie durch noch mehr (Menschen) die Danksagung reichlich hervorbringt, überreich werde zur Ehre Gottes.

Was ihnen widerfährt, verstehen die Autoren somit als Teilhabe an der Hingabe Jesu, die den Glaubenden das Leben eröffnet (4,11a.12b)[53]. Da sie aber mit Jesus durch „denselben Geist“ verbunden sind,[54] der im „Vertrauen“ Ausdruck findet[55], erhoffen sie noch mehr und bringen dies dem zitierten Psalmwort gemäß[56] auch öffentlich zur Sprache; sie sind gewiss, dass Gottes Auferweckungshandeln an ihrem Herrn sie selbst erfassen und samt den Glaubenden in Korinth zu Gott bringen wird[57]. Sie deuten das Schriftwort also auf das in der Jesusbeziehung gründende Gottvertrauen, aus dem Tod gerettet zu werden. Diese Deutung aber basiert auf einer Wahrnehmung des ganzen Ps 116 (114–115), aus dem das Zitat stammt. Dort heißt es ja (nach der LXX):

3 Wehen des *Todes* umfingen mich, … *Bedrängnis* und Schmerz … 4 Und den Namen des *Herrn* rief ich an … 6 … und er rettete mich. 7 Kehre zurück, meine Seele, zu deiner Ruhe … 8 denn er hat meine Seele aus dem *Tode* befreit … 9 Ich werde wohlgefällig sein vor dem *Herrn* im Land der *Lebenden*. 10 (115,1) *Ich habe vertraut, deshalb habe ich geredet*; ich wurde aber sehr erniedrigt. … 13 (115,4) Den Becher

---

[53] Vgl. Röm 8,32; Gal 2,20.

[54] Im Anschluss an 2 Kor 4,10–12 lässt sich das Attribut „derselbe“ am besten auf Jesus beziehen; vgl. die Rede vom „Geist des Herrn“ in 3,17 f. und ähnliche Ausdrücke in Röm 8,9; Gal 4,6; Phil 1,19.

[55] Vgl. dazu als Gegenstück Ps 78(77),8: „… ihr (sc. der Väter) Geist fasste Gott gegenüber kein Vertrauen“.

[56] Zur Zitationsformel und zum Motiv des schriftgemäßen Vertrauens vgl. Röm 4,18.

[57] Vgl. dazu Dautzenberg (1999), 175.

des Heils werde ich nehmen … 15 (115,6) Kostbar ist vor dem *Herrn* der *Tod* seiner Heiligen. 16 (115,7) O *Herr*, ich bin dein Knecht … Zerrissen hast du meine Fesseln. … 18 (115,9) Meine Gelübde werde ich dem *Herrn* erfüllen vor all seinem Volk …

So dient der Psalm Paulus und Timotheus als Interpretament ihrer apostolischen, durch Jesu Tod *und* Leben geprägten Existenz.

3.5 Hebr 11,8–19

Für seine Mahnung, die Zuversicht nicht wegzuwerfen, sondern ausdauernd Gottes Willen zu erfüllen (Hebr 10,35 f.) und so am rettenden Christusglauben festzuhalten (10,39), führt der Briefautor in Kapitel 11 eine „Wolke von Zeugen" (12,1) an. An diesen illustriert er, was den Glauben – durch den man ins himmlische Heiligtum vor Gott trete (10,19–22) – ausmacht: In ihm sei das erhoffte Heil schon präsent (vgl. 11,1)[58], auch wenn die Vollendung der Gemeinschaft mit Gott noch ausstehe. Dabei schreibt er zu Abraham:

8 Durch Glauben gehorchte Abraham, als er gerufen wurde, hinauszuziehen an einen Ort, den er zum Erbe empfangen sollte … 9 Durch Glauben übersiedelte er ins verheißene wie in fremdes Land und siedelte in Zelten mit Isaak und Jakob …; 10 denn er erwartete die Stadt, die Fundamente hat, deren Baumeister und Gründer Gott ist. 11 Durch Glauben empfing auch Sara Kraft …; 12 daher entstanden auch Nachkommen von dem Einen, und das, obwohl er erstorben war … 13 Dem Glauben gemäß starben sie alle, ohne die Verheißungen erlangt zu haben, … bekennend, dass sie Fremde … sind auf Erden. … 17 Durch Glauben brachte Abraham Isaak dar, als er

[58] Hier ist Glaube im Sinne des mittleren Platonismus (vgl. Karrer [2008], 271 f.) als „Wirklichkeit des Erhofften, Überführtsein von unsichtbaren Tatbeständen" (Übersetzung F. W.) definiert.

versucht wurde, ... 19 da er bedachte, dass Gott mächtig ist, auch aus Toten zu erwecken – darum erhielt er ihn auch zum Gleichnis zurück.

Im Lichte seiner Auffassung des Christusglaubens liest der Briefautor die Erzählungen in Gen 12–25 als Zeugnis einer konsequenten Ausrichtung der Glaubenden auf den „Ort" (Hebr 8,7) des „neuen Bundes"[59] (9,15), das „himmlische Jerusalem" (12,22), und damit auf die jenseitige „Vollendung" des Heils (11,39 f.), für die alle irdischen Güter nur als „Gleichnis" dienen. Auf diese Weise aber erkennen Christusgläubige in Abraham das Urbild ihrer Glaubensexistenz.

4. Schlussbetrachtung

Schriftgebrauch und Christusglaube stehen in den Büchern des Neuen Testaments in einem wechselseitigen Erschließungszusammenhang.[60] Dieser basiert auf einer grundlegenden Kenntnis der Schriften Israels, die freilich von sich aus nicht auf das Christusgeschehen zulaufen. Erst in dessen Licht wandelt sich die Schriftlektüre von Grund auf: Sie erhält mit dem Bekenntnis, dass Gott Jesus „von den Toten auferweckt hat" (Apg 4,10), ein neues Fundament, von dem her sie neu strukturiert wird[61]. Dabei erweisen sich indes die Schriften als Verstehensbedingung jenes Geschehens, stellen sie doch mit ihren Aussagen, Begriffen und Bildern allererst die Sprachmöglichkeiten bereit, die neue Offenbarung des einen Gottes erfassen und kommunizieren zu können. Umgekehrt enthüllt diese Offenbarung den endzeitlichen Sinn

[59] Zur Bedeutung von *diatheke* „Bund" im Hebräerbrief vgl. Kraus (2014).

[60] Zum Folgenden vgl. Wilk (1998b).

[61] Ähnlich Walter (1997), 67.

der Schriften, sodass sie – gedeutet nach dem Muster einer eschatologischen Hermeneutik, wie sie manche Gruppen des antiken Judentums entwickelt hatten, gelesen im Kontext seiner exegetischen Traditionen und ausgelegt mit den zeitgenössisch gängigen Methoden – das Christusgeschehen „bezeugen" (Joh 5,39). Darüber werden aber die Schriften in all ihrer Vielfalt auch zu Interpretamenten des Christusgeschehens; sie helfen dazu, es in all seinen Dimensionen zu erfassen und in verschiedenen Situationen kontextgemäß zur Sprache zu bringen. Insofern sie dabei den Christusgläubigen die Identität Gottes als Vater Jesu Christi und Gott Israels in Erinnerung rufen, heißen sie zu Recht *hagiai graphai* (heilige Schriften: Röm 1,2); und sofern sie als solche eine spezifisch christliche Lehrtradition begründen, können sie mit gutem Grund auch *hiera grammata* (2 Tim 3,15) genannt werden.

Bibliographie

Balz, Horst: „ἅγιος κτλ.". In: *Exegetisches Wörterbuch zum Neuen Testament* 1 (^{2}1992), 38–48.

Becker, Hans-Jürgen: „Bibel II.2 (Altes Testament: Sammlung und Kanonisierung)". In: *Religion in Geschichte und Gegenwart* 1 (^{4}1998), 1408–1410.

Boyarin, Daniel: *Dying for God: Martyrdom and the Making of Christianity and Judaism*. Stanford 1999.

Dautzenberg, Gerhard: „ ‚Glaube' oder ‚Hoffnung' in 2 Kor 4,13–5,10". In: Ders.: *Studien zur paulinischen Theologie und zur frühchristlichen Rezeption des Alten Testaments*. Gießen 1999, 169–195.

Deißmann, Adolf: *Licht vom Osten. Das Neue Testament und die neuentdeckten Texte der hellenistisch-römischen Welt*. Tübingen ^{4}1923.

Fabry, Heinz-Josef: „Der Text und seine Geschichte". In: Erich Zenger u. a.: *Einleitung in das Alte Testament*. Stuttgart ^{6}2006, 36–59.

Joest, Wilfried: *Fundamentaltheologie. Theologische Grundlagen- und Methodenprobleme*. Stuttgart / Berlin / Köln / Mainz 1974.

Karrer, Martin: *Der Brief an die Hebräer. Kapitel 5,11–13,25*. Gütersloh 2008.

Karrer, Martin / Sigismund, Marcus / Schmid, Ulrich: „Textgeschichtliche Beobachtungen zu den Zusätzen in den Septuaginta-Psalmen". In: Wolfgang Kraus / Martin Karrer (Hgg.): *Die Septuaginta – Texte, Theologien, Einflüsse*. Tübingen 2010, 140–161.

Koch, Dietrich-Alex: *Die Schrift als Zeuge des Evangeliums. Untersuchungen zur Verwendung und zum Verständnis der Schrift bei Paulus*. Tübingen 1986.

Kraus, Wolfgang: „Die Bedeutung von διαθήκη im Hebräerbrief". In: Eberhard Bons / Ralph Brucker / Jan Joosten (Hgg.): *The Reception of Septuagint Words in Jewish-Hellenistic and Christian Literature*. Tübingen 2014, 67–83.

Menken, Maarten J. J.: *Matthew's Bible. The Old Testament Text of the Evangelist*. Leuven 2004.

Paget, James C.: „Judenchristen II (Alte Kirche)". In: *Religion in Geschichte und Gegenwart* 4 (^{4}2001), 603–605.

Paulsen, Henning: *Der Zweite Petrusbrief und der Judasbrief*. Göttingen 1992.

Saß, Gerhard: *Leben aus den Verheißungen. Traditionsgeschichtliche und biblisch-theologische Untersuchungen zur Rede von Gottes Verheißungen im Frühjudentum und beim Apostel Paulus*. Göttingen 1995.

Schrenk, Gottlob: „ἱερός". In: *Theologisches Wörterbuch zum Neuen Testament* 3 (1938), 221–230.

Smend, Rudolf: *Die Entstehung des Alten Testaments*. Stuttgart / Berlin / Köln / Mainz ^{2}1981.

Theißen, Gerd / Merz, Annette: *Der historische Jesus. Ein Lehrbuch*. Göttingen ^{3}2001.

Theobald, Michael: *Der Römerbrief*. Darmstadt 2000.

Veltri, Giuseppe: „Heilige Schriften II (Judentum)". In: *Religion in Geschichte und Gegenwart* 3 (^{4}2000), 1549 f.

Walter, Nikolaus: „Urchristliche Autoren als Leser der ‚Schriften' Israels". In: *Berliner Theologische Zeitschrift* 14 (1997), 59–77.

Wander, Bernd: *Trennungsprozesse zwischen Frühem Christentum und Judentum im 1. Jahrhundert n. Chr. Datierbare Abfolgen zwischen der Hinrichtung Jesu und der Zerstörung des Jerusalemer Tempels*. Tübingen / Basel 1994.

Weiser, Alfons: *Der Zweite Brief an Timotheus*. Düsseldorf/Zürich/Neukirchen-Vluyn 2003.
Wengst, Klaus: *Das Johannesevangelium. 1. Teilband: Kapitel 1–10*. Stuttgart 2000.
Wilk, Florian: *Die Bedeutung des Jesajabuches für Paulus*. Göttingen 1998 (= 1998a).
Ders.: „Die Wege Gottes. Rechtfertigung und Schrift bei Paulus“. In: *Die Zeichen der Zeit. Lutherische Monatshefte* 1 (1998), Heft 7, 34–37 (= 1998b).
Ders.: „Gottesgerechtigkeit – Gesetzeswerke – eigene Gerechtigkeit. Überlegungen zur geschichtlichen Verwurzelung und theologischen Bedeutung paulinischer Rechtfertigungsaussagen im Anschluss an die ‚New Perspective‘“. In: *Theologische Literaturzeitung* 135 (2010), 267–282.
Ders.: „Jesajanische Prophetie im Spiegel exegetischer Tradition. Zu Hintergrund und Sinngehalt des Schriftzitats in 1 Kor 2,9“. In: Siegfried Kreuzer/Martin Meiser/Marcus Sigismund (Hgg.): *Die Septuaginta – Entstehung, Sprache, Geschichte*. Tübingen 2012, 480–504.
Ders.: „Schriftbezüge im Werk des Paulus“. In: Friedrich W. Horn (Hg.): *Paulus Handbuch*. Tübingen 2013, 479–490 (= 2013a).
Ders.: „Wer bereitet wem den Weg? Überlegungen eines Neutestamentlers zum Verhältnis zwischen Septuaginta und Neuem Testament anhand von Mk 1,2 f.“. In: Reinhard G. Kratz/Bernhard Neuschäfer (Hgg.): *Die Göttinger Septuaginta – ein editorisches Jahrhundertprojekt*. Berlin 2013, 185–223 (= 2013b).
Zenger, Erich: „Thesen zu einer Hermeneutik des Ersten Testaments nach Auschwitz“. In: Christoph Dohmen/Thomas Söding (Hgg.): *Eine Bibel – zwei Testamente. Positionen Biblischer Theologie*. Paderborn/München/Wien/Zürich 1995, 143–158.

Platons Dialoge als „heilige Texte"?

Altes Wissen und „anagogische" Exegese platonischer Dialoge in der Kaiserzeit

Michael Erler

1. Einleitung

Die Reise der Seele von hier ins Jenseits ist wesentliches Merkmal platonischer Philosophie. Die Frage, wie die Seele dieses ‚von hier nach dort'[1] bewältigen kann, sei es aus eigener Kraft, sei es mit fremder Hilfe, ist ständiger Diskussionspunkt in der platonischen Tradition.[2] Ein entscheidendes Hilfsmittel waren für Platoniker immer Platons Dialoge und ihre Auslegung. Besonders in der Spätantike wird den Texten Platons, aber auch der Auslegungspraxis selbst eine unterstützende und gleichsam anagogische Funktion für die Seele des Lesenden und Interpretierenden zugebilligt. Dieser Textexegese geht es nicht nur um die bloß philologische Analyse des jeweiligen Textes, sondern um das Seelenheil des Rezipienten. Aus philologischer Behandlung des Textes wird also ein soteriologisches Bemühen um die Seele des Rezipienten. Man könnte es eine *Interpretatio medicans* nennen.[3] Die Texte erhalten einen autoritativen, geradezu heiligen Status.

---

[1] Platon: *Phaidon* 117c.
[2] Vgl. Erler (2002).
[3] Erler (2006), 243–256.

Der Platonismus erhält einen stark soteriologischen Zug.[4] Wenn Sokrates in der Apologie sein philosophisches Pragma mündlicher Gespräche als Gottesdienst bezeichnet,[5] wird dies später auf die Lektüre und die Rezipienten von Platons Dialogen übertragen. Aus ‚Philosophie als Gottesdienst' wird ‚Textauslegung als Gottesdienst'.[6] Dialoge wie der *Timaios* oder der *Parmenides* werden teilweise als Hymnen und als Hilfen für die Erinnerung an den göttlichen Bereich gelesen.[7]

Den Dialogen kommt damit eine besondere, die Seele des Rezipienten beeinflussende Rolle wie anderen Texten, z. B. den Chaldäischen Orakeln,[8] zu. Auf diese Entwicklung möchte ich im Folgenden etwas näher eingehen, wobei der Fokus auf der Spätantike liegen soll. Ich möchte darauf hinweisen, dass und wie sich in der Spätantike ein Verständnis von Platons Dialogen als autoritative Texte mit quasi religiöser Konnotation herausbildete, das entsprechend religiös konnotierte hermeneutische Bemühungen auf sich zog. Dabei sollen innerphilosophische Erklärungshypothesen angeboten, aber auch auf äußere Anlässe – z. B. die wachsende Konkurrenz zum Christentum – hingewiesen werden. Zunächst sei kurz die Entwicklung der Rolle platonischer Dialoge in der platonischen Tradition bis zur Spätantike skizziert, dann

---

[4] Hadot (1989), 597 spricht von der „mystischen Phase" des Platonismus.

[5] Vgl. Platon: *Apologie* 23c. Sokrates als Gottesgabe vgl. *Apologie* 31a.

[6] Vgl. Erler (1987).

[7] Vgl. Proklos: *Theologia Platonica* 1,7 (31,10 ff. Saffrey / Westerink) und Anmerkung zu S. 32 (S. 140 f.). Im *Parmenides* wird demnach eine platonische Theologie und in der ersten Hypothese des *Parmenides* ein Hymnus auf die Götter gesehen, vgl. Proklos: *Theologia Platonica* 1,7 (31,25 ff. Saffrey / Westerink); die zweite Hypothese steht für die Welt der Götter, vgl. *Theologia Platonica* 1,12 (55,11 ff. Saffrey / Westerink). Zur philosophischen Literatur in der späteren Kaiserzeit allgemein vgl. Hoffmann (2000).

[8] Über den Zusammenhang von Chaldäischen Orakeln und Timaiosexegese vgl. Tanaseanu-Döbler (2013), 22 und Brisson (2003).

auf einige Besonderheiten neuplatonischer Dialogbewertung eingegangen.

2. Platon und die Dialoge

Vergegenwärtigen wir uns zunächst einige für uns interessante Stationen der Deutungsgeschichte der Dialoge. Im 6. Buch seiner Auseinandersetzung mit dem Platoniker Kelsos und dessen Schrift gegen die Christen (*Alethes logos*, „Wahre Lehre") macht ihm Origenes den Vorwurf, er behandle Platons Dialoge wie einen heiligen Text, gleichsam als ob sie inspiriert seien und als autoritative Texte die Wahrheit enthielten.[9] Gewiss, Origenes' Vorwurf betrifft weniger den Umstand, dass Kelsos sich auf autoritative Texte bezieht, als den Sachverhalt, dass er sich auf Platons Dialoge und nicht auf das Alte und Neue Testament bezieht. Richtig ist jedoch: Kelsos behandelt bei seinen Diskussionen mit den Christen Platons Dialoge als autoritative Quelle und als Legitimation für seine Position. Platons Dialoge haben für Kelsos gleichermaßen eine Autorität, wie sie Orpheus, Homer oder Hesiod zugebilligt wird,[10] deren Werke ihm als inspiriert und als Dokumente alten Wissens gelten.

Man muss kein Christ sein, um sich über diese Haltung eines Platonikers zu wundern, erinnert man sich doch an die bekannte Skepsis Platons gegenüber geschriebenen Texten und ihrer Rolle bei der Wissensvermittlung. Bei seiner Auseinandersetzung mit traditioneller Rhetorik im *Phaidros* disqualifiziert Platon bekanntlich die Rolle, die dem geschriebenen Wort im Kontext der Wissensvermittlung gemeinhin

---

[9] Vgl. Origenes: *Contra Celsum* 6,17.
[10] Vgl. Origenes: *Contra Celsum* 7,41.

zugeschrieben wird.[11] Bücher taugen nicht zur Vermittlung von Wissen, das ist der Grundtenor von Sokrates' Position. Geschriebene Texte führen zu Vielwisserei und Vergesslichkeit, nicht zu Weisheit. Ohne mündliche Belehrung ist das geschriebene Wort fremd und tot. Nur mündliche Gespräche, die Anwesenheit eines geeigneten Partners und dessen Fähigkeit, seine Thesen zu verteidigen, schaffen nach Platon eine kommunikative Situation, die wirkliche Wissensvermittlung erlaubt. Bücher hingegen bleiben stumm, wenn man mit ihnen in ein Gespräch eintreten will. Vielmehr bedürfen Texte der Hilfe ihres ‚Vaters'.[12] Platons Zweifel an der Kommunikationsfähigkeit geschriebener Texte sind als Reaktionen auf Entwicklungen zu seiner Zeit ernst zu nehmen.[13] Und sie sind auch später durchaus zur Kenntnis genommen worden, aber mit gleichsam ‚verkehrten Vorzeichen'. Dion von Prusa lässt in der 55. Rede einen Lehrer die These vertreten, dass Sokrates ein Schüler Homers gewesen sei. Auf den Einwand seines Schülers, Sokrates habe Homer doch gar nicht gekannt, antwortet er, das mache nichts. Sokrates habe doch die Werke Homers gekannt. Beim Lernen aber bedeuteten das Sehen und das Beisammensein nichts.[14] Platons These ist damit auf den Kopf gestellt. Denn jetzt ersetzt der Text den Autor. Isokrates hatte immer schon eine andere, wohl realistischere Position als Platon vertreten. In der hellenistischen Schule ersetzt der Text den Meister nach dessen Tod und stiftet geradezu Schulidentität.[15] Zwar nahm man im

---

[11] Vgl. Platon: *Phaidros* 274b–278b.

[12] Vgl. Platon: *Phaidros* 274e–275e.

[13] Vgl. Erler (1987a), 38–59.

[14] Dion von Prusa: *Oratio* 55,5 (ed. Crosby).

[15] Für das entsprechende Bewusstsein z.B. in der Schule Epikurs vgl. Philodem: *Ad contubernales* (*Papyrus Herculanensis* 1005), Fragmente 90.107 (ed. Angeli).

späteren Platonismus Platons Skepsis gegenüber Texten zur Kenntnis und bezog sie zu Recht auch auf dessen eigene Schriften. Freilich wertete man sie generell als Beleg für die geringe Meinung Platons gegenüber körperlichen Dingen, nicht aber als Abwertung des geschriebenen gegenüber dem gesprochenen Wort.[16] Platons Dialoge als geschriebene Texte werden als Quelle der Wahrheit, die durchaus ‚Antwort' geben kann, akzeptiert und damit Gegenstand hermeneutischer Bemühungen. Dies freilich geschieht in der Kaiserzeit mit unterschiedlichen Nuancierungen und Erwartungen.

3. Die ‚exegetische Phase': Mittelplatonismus

Zum Wiederaufblühen des Platonismus im 2. und 1. Jahrhundert v. Chr.[17] trägt offenbar die Überzeugung bei, dass philosophische Wahrheit nur gegen den Materialismus der herrschenden hellenistischen Schulen wie der Stoa oder des Epikureismus und durch Rekurs auf geistige Entitäten zu gewinnen sei.[18] Leitend war der Gedanke, dass diese Wahrheit im Geiste Gottes lokalisiert wurde und dass deshalb eine Selbsttranszendierung des Menschen hin zum göttlichen Geist notwendig sei. Die *Homoiosis toi theoi* (Angleichung an Gott) wurde zum Telos platonischen Philosophierens.[19] Der

---

[16] Vgl. Anonymus: *Prolegomena Philosophiae Platonicae* 3 (13,1 ff. Westerink). Diese Stelle zeigt im Übrigen, dass man schon in der Antike zu Recht Platons Dialoge von seiner prinzipiellen Skepsis gegenüber Texten im Kontext der Wissensvermittlung nicht ausgeschlossen sah.

[17] Für einen Beginn schon im späten 2. Jh. mit gutem Grund: Frede (1999), bes. 776–778; zum Platonismus im frühen Kaiserreich wichtig: Donini (1993), 100–159.

[18] Zu den Überzeugungen, die den Platonismus ausmachen, vgl. Gerson (2013); zum Wiedererstarken des Platonismus vgl. Ferrari (2012).

[19] Vgl. Neschke-Hentschke (2010), bes. 24 f.

aufblühende Platonismus sah sich mit Herausforderungen durch konkurrierende Schulen konfrontiert, welche philosophische Systeme als Lösung anboten, was die Aneignung der Lehre, aber auch eine Orientierung im Leben erleichterte.[20] Die Platoniker sahen sich herausgefordert, ihre Lehre, die ursprünglich problem-, weniger systemorientiert war, als ein kohärentes Ganzes anzubieten.[21] Platon war überzeugt, dass man die Wahrheit der Dinge aufdecken könne. Die Dialoge illustrieren, dass es ihm um die Suche nach Problemlösungen in Auseinandersetzung mit Partnern und mit anderen philosophischen Positionen geht, dass seine Methode also dialektisch oder zetetisch ist. Die Dialoge bieten also keine Systematik, sondern punktuelle Problemstellungen und Lösungsversuche, die sich zumeist aus lebensweltlichen Situationen ergeben, oftmals scheitern, bisweilen aber von Erfolg gekrönt und nachvollziehbar gemacht werden. Dies geschieht entsprechend Platons im *Sophistes* illustrierten Grundsatz, dass erst der Nachvollzug eines Denkprozesses, nicht das bloße Übernehmen eines systematisierten Ergebnisses ein erfolgreiches Verständnis dieses Ergebnisses ermöglicht.[22] Es stellte sich also für Platoniker seit Eudoros, die man als Mittelplatoniker bezeichnet,[23] die Aufgabe, dieses problemorientierte Denken in ein System zu gießen und hermeneutische Methoden zu entwickeln, um aus der literarischen Darstellung zetetischen Philosophierens in Platons Dialogen eine philosophische Systematik zu gewinnen,[24] in der Gott als oberstes Prinzip angesehen wird und damit der Theologie eine zunehmend wichtige Rolle innerhalb dieses

[20] Vgl. Donini (1994).
[21] Vgl. Ferrari (2010), bes. 54.
[22] Vgl. Erler (2003), 153–173.
[23] Zum Begriff vgl. Donini (1990), 81–85.
[24] Vgl. Donini (1994), 5027 ff.

Systems zukommt. In diesem Kontext entsteht eine Hermeneutik des platonischen Dialogs, die dessen bisweilen nicht zu bestreitende Widersprüchlichkeit zu erklären bestrebt ist, seinen Mangel an technischer Fachsprache überwinden will und mit Mitteln alexandrinischer Philologie ein kohärentes Lehrsystem zu entwickeln versucht. Platon habe sich demnach zwar unterschiedlicher Ausdrucksformen bedient, aber nur eine Lehre vertreten.[25] Zum Einsatz kommt auch ein hermeneutisches Mittel, das man als *Aphormen labein* (Ansatz aufgreifen) bezeichnen kann. Mit diesem Ausdruck wird ein hermeneutisches Konzept bezeichnet, welches ursprünglich aus der Rhetorik des 5. Jahrhundert stammt und das darin besteht, dass ein Autor seinen Texten ‚starting points' für Auslegungen einlegt, welche dem Interpreten Grundlage für eigene Auslegungen bieten könnten. Dabei hat der Interpret weniger den Text selbst als die Befindlichkeit des Adressaten im Auge, bei dem er durch seine Deutung z. B. Irritation verhindern oder mildern möchte, die durch Widersprüchlichkeiten im Text eintreten könnte.[26] Die Methode des *Aphormen labein* ist in diesem Zusammenhang von Bedeutung wegen ihrer adressatenorientierten Intention, die dem Exegeten die Lizenz gibt, sich bei der Interpretation zwar von eigenen Überlegungen leiten zu lassen, die freilich durch Anbindung an den Grundtext ihre Legitimation erfahren.

Der Mittelplatoniker Plutarch bietet Beispiele für eine entsprechende Lektüre von Platons Dialogen, aber auch anderer autoritativer Texte wie der Werke Homers. In seiner Schrift *De audiendis poetis* spricht er von entsprechenden ‚starting points', die man bei Homer finden könne und die

---

[25] Vgl. Ferrari (2010), 59.
[26] Vgl. Erler (2015a, im Druck).

er in seinem Sinn deutet.[27] So konzediert Plutarch zwar, dass Dichtung wie die Homers den Leser irritieren mag; er betont aber, dass Homers Werke durchaus auch Nahrung für die Seele bieten können.[28] Denn es gebe durchaus Ansatzpunkte für eine richtige Seelennahrung aufzugreifen (*Aphormen labein*); man müsse diese Ansatzpunkte nur richtig bewerten und nutzen. Plutarch erkennt also Ansatzpunkte (*Aphormai*) im Text Homers, die sich auf sprachlich grammatische Beobachtungen, aber auch auf philosophische Argumentationen oder auf philosophische Beweise beziehen und die er auch mit Blick auf die Seele des Lesers aufgreift. Alle diese Anknüpfungspunkte bezeichnet Plutarch als Anknüpfungspunkte für eine moralische Korrektur des Lesers.[29]

Plutarch geht es bei der Interpretation Homers, aber auch Platons um die Wirkung des zu interpretierenden Textes auf den Leser und darum, beim Rezipienten Irritation zu vermeiden, die aus Missverständnissen resultieren kann. Es handelt sich um eine *Interpretatio medicans*.[30] Den Mittelplatonikern geht es also bei der Platonlektüre um die Systematisierung des Unsystematischen, um ihre zugrundeliegende Dogmatik und vor allem um die Seele des Rezipienten, der bei der Lektüre zur Annäherung an Gott verholfen werden soll. Bereits hier wird eine religiöse Komponente bei der Rezeption der Dialoge deutlich. Ebendiese religiöse Komponente, aber auch die rezeptionsorientierte Lesehaltung wird in der Folge im Neuplatonismus, also bei den Platonikern der späteren Kaiserzeit, immer ausgeprägter.

---

[27] Vgl. Asmis (1991), bes. 22; Konstan (2004); Hunter/Russell (2011).
[28] Vgl. Plutarch: *De audiendis poetis* 15c.
[29] Vgl. Plutarch: *De audiendis poetis* 22b–c; 35.
[30] Vgl. dazu Erler (2006), 251.

4. Die soteriologische Phase: Neuplatonismus

Auch im Neuplatonismus spielt die rezeptionsorientierte Lektüre der platonischen Dialoge eine grundlegende Rolle. Jetzt tritt freilich ein weiterer Aspekt hinzu. Es wird jene religiös theologische Komponente bei der Interpretation dominant, die sich im Mittelplatonismus andeutet. Bezeichnend ist eine Stelle in Proklos' *Timaios*-Kommentar. Dort geht es mit Blick auf eine *Timaios*-Stelle um die Rolle des Gebets und die Frage, ob man bei jeder noch so kleinen Angelegenheit ein Gebet benötigt.[31] Proklos betont in diesem Zusammenhang die Notwendigkeit, dass sich die Seele des Menschen zu sich selbst hinwenden und auf Gott ausrichten müsse. Er weist darauf hin, dass dies letztlich nur mit Hilfe der Götter und der von den Göttern der suchenden Seele übermittelten Symbole gelingen könne. Mit deren Hilfe habe die Seele die Möglichkeit, zu den Göttern zurückzukehren. Mit diesen *Symbola* sind jene Zeichen gemeint, die aus der theurgischen Praxis bekannt sind. Sie können der suchenden Seele Hinweise auf ihren Weg nach oben geben. Diese *Symbola* nun vergleicht Proklos mit *Aphormai*, mit ‚Anfangspunkten', und schreibt ihnen eine anagogische Funktion für die Seele vom materiellen Diesseits ins Jenseits zu. Sucht man nach Parallelen für diesen Ausdruck in Proklos' Oeuvre, dann ergibt sich Folgendes. Das Wort *Aphorme* oder der Ausdruck *Aphormen labein* ist bei Proklos ein Terminus aus dem Bereich der Hermeneutik. Er bezeichnet offenbar den Anfangspunkt für eine Überlegung, die sich als Auslegung gibt, die aber für eigenständige Überlegungen durchaus Raum lässt und die dann infolge der Anknüpfung an einen autoritativen Text

---

[31] Vgl. Platon: *Timaios* 27c, dazu Proklos: *In Platonis Timaeum commentaria* I (214,17 ff. Diehl); zum platonischen Gebet vgl. Erler (2001b).

gleichsam legitimiert ist.[32] Dieser hermeneutische Zugriff wird hier bei Proklos also mit einer geradezu religiösen Konnotation versehen. Dies wiederum passt zur Rolle, welche Platons Dialoge im späteren Platonismus nicht nur des Proklos spielen. Denn Proklos sieht in den Dialogen Platons eine Erinnerungshilfe für die Liebhaber der Götter an den göttlichen Bereich.[33] Diese Erinnerungshinweise findet der Interpret durch Herausfiltern der Wahrheit aus den Texten selbst, in denen Platon Gedanken an den göttlichen Bereich gleichsam als Erinnerungsmerkmale ausgestreut hat. Denn man war überzeugt, dass in die Dialoge die Wahrheit der Götter eingegeben war. Diese göttlichen Elemente, die den Interpreten ‚aufwecken' und zur göttlichen Wahrheit hinführen können, galt es aufzufinden.[34] Platons Werk wird also eine Funktion im religiösen Kontext zugeschrieben. Die Dialoge erfüllen demnach die Funktion einer Erinnerungshilfe für die Seele des Rezipienten bei deren Bemühen um Rückkehr zu ihrem Ursprung. Diese Funktion erfüllen freilich unterschiedliche Dialoge in unterschiedlichem Maß, so dass sich eine Art Rangordnung und ein Lektürekanon ergibt, an dessen Spitze die beiden Dialoge *Timaios* und *Parmenides* stehen.[35]

Konvergenzen und Differenzen zu Platons Funktionsbeschreibung der Dialoge als ‚Erinnerungshilfen' werden deutlich. Wenn Platon die Dialoge als Erinnerungshilfe bezeichnet, so bedeutet dies, dass sie nach seiner Ansicht prinzipiell defizitär sind und man in mündlicher Kommunikation die Defizite ausgleichen muss. Proklos hingegen versteht die Dialoge insofern als Erinnerungshilfen, dass der Interpret in ihnen

---

[32] Vgl. Erler (2015a, im Druck); Erler (2015b, im Druck).

[33] Vgl. Proklos: *Theologia Platonica* 1,5 (24,7 ff. Saffrey/Westerink).

[34] Vgl. Proklos: *Theologia Platonica* 1,4 (23,2 ff. Saffrey/Westerink).

[35] Vgl. Anonymus: *Prolegomena Philosophiae Platonicae* 10 (26,13–45 Westerink); O'Meara (1989) 97–99.

durchaus Anknüpfungspunkte finden kann, die gleichsam als Startrampe für die Annäherung seiner Seele an die Wahrheit dienen können. Jeder Dialog hat sein eigenes Thema, das zum Leitfaden der Interpretation werden muss.[36] Das Streben nach inhaltlicher Kohärenz und Systematik in der philosophischen Aussage, das im Mittelplatonismus leitend war, wird ergänzt durch einen theologisch soteriologischen Aspekt. Denn die Interpretation endet im idealen Fall bei einem theologisch geprägten Monismus. Die Dialoge erweisen sich selbst als jenes Universum, das sie beschreiben.[37] Jeder Dialog steht in Analogie zur Welt und schließt einen Teil der Welt auf nach den fünf Referenzpunkten: Gott, Geist, Seele, Form, Materie. Die Hermeneutik dient der Eröffnung einer Mikrostruktur im Text in Analogie zur Makrostruktur. Die Exegese des *Parmenides* oder von Teilen des *Parmenides* wird als Hymnus angesehen. Interpretation wird weltaufschließende Philosophie. Da es sich dabei um eine theologisch verstandene Welt handelt, wird Interpretation zu einem Gottesdienst. Schon Sokrates hatte sein philosophisches Pragma als Gottesdienst verstanden, meinte damit aber eine mündlich dialektische Wahrheitssuche. Daraus ist jetzt eine Art der Textinterpretation geworden, der es um die Rettung der Seele des Interpretierenden geht.[38]

5. Einige Aspekte der soteriologischen Exegese

5.1 Vollkommenheit

Innerphilosophische Grundlage für die Theologisierung von Platons Philosophie und seiner Werke ist im zentralen Begriff

---

[36] Zur Skopos-Lehre vgl. Hoffmann (1987).
[37] Vgl. Coulter (1976).
[38] Vgl. Erler (1987).

der ‚Vollkommenheit' der Person und der Lehre Platons zu sehen.[39] Diese Vollkommenheit manifestiert sich demnach in seinem Leben und in seiner die anderen philosophischen Positionen überragenden Lehre.[40] Aus dieser Grundüberzeugung folgen Regeln, welche diese vorausgesetzte ‚Vollkommenheit' in jedem Dialog zu erkennen erlauben.[41] Als Grundlage für diese Vollkommenheitserwartung erweist sich dabei die neuplatonische Theologie, die nicht wie bei Mittelplatonikern eine Vielheit von Prinzipien, sondern die Einzigkeit eines Prinzips propagiert.[42] In diesem absoluten und transzendenten Einen oder Guten als Ursprung von allem sehen die Platoniker das Göttliche. Wenn sich dieses Göttliche also als Einheit zeigt, bedeutet Vereinheitlichung nichts anderes als göttlich zu werden.[43] Bei allem Seienden ergibt sich eine Stufung der Vergöttlichung je nach dem Grad der Vereinheitlichung. Die Welt erweist sich als Manifestation von Stufen des Göttlichen. Ontologie ist Theologie und damit Voraussetzung einer Deckungsgleichheit von religiösen und philosophischen Vorstellungen. Diese Sichtweise der Welt hat Auswirkungen auf den hermeneutischen Zugriff auf die Dialoge. Denn als Teile der Welt spiegeln sie diese theologische Ontologie und unterstützen im Sinne von ‚großen Mysterien' die Vereinheitlichung der Seele des Rezipienten, jeder Dialog auf seine Weise,[44] was in Jamblichs Lektürekanon festgehalten wird. Platon als Autor wird

---

[39] Vgl. Neschke-Hentschke (2010), 42.

[40] Vgl. Anonymus: *Prolegomena Philosophiae Platonicae* 2 (7,1–12,17 Westerink).

[41] Vgl. Anonymus: *Prolegomena Philosophiae Platonicae* 9 (21,1–23,35 Westerink).

[42] Vgl. Abbate (2010).

[43] Vgl. Proklos: *In Platonis Parmenidem commentaria* 1 (641,10 ff. Steel); Abbate (2010), 185.

[44] Vgl. Coulter (1976), 29–31.95–103.

mit seinen Dialogen zum Schöpfer einer Analogie zur Welt. Deshalb versucht man in antiken Biographien mit Legenden wie z. B. der Gottessohnschaft Platons von Apollon, dessen Göttlichkeit zu beweisen – Platon gehört wie Sokrates zu jenen ‚reinen Seelen', die direkten Zugang zur intelligiblen Welt haben.[45] Auf diese Weise wird die als Vorgriff postulierte Vollkommenheit der Texte Platons erklärt und gerechtfertigt. Deshalb können die Dialoge nicht nur auf das Göttliche hinweisen und die göttliche Ordnung der Welt spiegeln, sondern sie stellen selbst analog zur Welt als Mikrokosmos eine perfekte Ordnung dar, die es freilich zu entschlüsseln gilt. Jeder Dialog bildet sozusagen als Organismus die Welt ab, verweist letztlich auf das Gute.[46] Vor diesem Hintergrund gewinnt die hermeneutische Suche nach dem einen *Skopos* (Ziel und Zweck) eines jeden Dialoges philosophische und theologische Bedeutung. Neuplatonische Philosophie wird zu einer von Regeln geleiteten Hermeneutik von Texten und des Seins. Demnach hat jeder Dialog nur ein Thema und ist ein Organismus; er behandelt allein ein Thema, er ist als Ganzes und genau zu analysieren; sein Gegenstand ist als wertvoll anzusehen; er hat Entsprechungen mit anderen Dialogen; seine Interpretation muss ohne Leidenschaft erfolgen und es muss in ihm um einen allgemeinen Gegenstand gehen.[47]

Platons Dialoge erweisen sich demnach als autoritative und gleichsam inspirierte, theologische Werke, die es aufzuschlüsseln gilt. Dieses Aufschlüsseln als hermeneutischer Akt hat gleichzeitig eine soteriologische Wirkung auf die Seele des Interpreten. Denn es schließt die Welt auf und verhilft

---

[45] Vgl. Proklos: *In Timaeum commentaria* 1 (111,14 ff. Diehl); O'Meara (1989), 38–40; Erler (2002), 396 f.

[46] Vgl. Anonymus: *Prolegomena Philosophiae Platonicae* 5 (16 f. Westerink); dazu Coulter (1976), 95–103.

[47] Vgl. Neschke-Hentschke (2010), 43.

dadurch der Seele zum Aufstieg zu ihrem geistigen Ursprung. Es geht Neuplatonikern nicht mehr nur darum, Aussagen Platons innerhalb der Texte zu harmonisieren, sondern vom Text zur Struktur des Seins zu gelangen. Wir sind mit einer Hermeneutik konfrontiert, die nicht nur aus Platons Texten Wahrheit, sondern Wahrheit auch über Platons Texte eruieren will.[48]

5.2 Altes Wissen

Diese religiös begründete Autorität der Texte Platons wird durch einen weiteren Gesichtspunkt unterstützt. Wenn Kelsos nämlich Platons Texte hinsichtlich ihrer Autorität mit denen der Dichter Orpheus, Homer oder Hesiod vergleicht, weil sie wie diese Dokumente alten Wissens seien, weist er auf die für den Platonismus wichtige Bedeutung von ‚altem Wissen' als Beglaubigungsinstanz hin.[49] Kelsos spricht von einem Urwissen bei den alten und auch bei barbarischen Völkern. Demnach verfügten schon vor Platon Völker wie die Ägypter, Assyrer, Perser, Inder u. a., aber auch weise Männer wie Linos, Musaeus, Orpheus, Pherekydes, Zoroaster, Pythagoras, Homer und Hesiod über Weisheit, die dann bei Platon gleichsam akkumuliert.[50] Der Hinweis auf das ‚Alter' des Wissens verleiht diesem Wissen Autorität. Diese Strategie des Altersbeweises lässt sich bis Hekataios und Herodot zurückverfolgen,[51] spielt bei Platon selbst eine wichtige Rolle und

---

[48] Vgl. Neschke-Hentschke (2010), 19.

[49] Vgl. Origenes: *Contra Celsum* 7,41; dazu Baltes (1999); Baltes (2005), 1–26.

[50] Vgl. Frede (1994).

[51] Zum Altersbeweis vgl. Wyrwa (1983), 298–316. Sahen sich Platoniker hinsichtlich der Weisheit in der Kontinuität mit Barbarenvölkern (Babyloniern, Ägyptern, Indern, Juden), so die Christen in der Kontinuität mit dem Gottesvolk des Alten Testaments und den Anfängen der

ist auch von Bedeutung bei der Auseinandersetzung zwischen Platonikern und Christen, wenn sie über den Vorrang ihrer jeweiligen Lehre diskutieren.[52] Die Platoniker hatten zunächst keine Schwierigkeiten, die Bibel als eine Quelle alter Weisheit neben anderen – Orpheus, Homer, Hesiod – zu akzeptieren. Mose wurde als Weiser des Altertums durchaus geachtet, ja zu Platon in Beziehung gesetzt.[53] Bibelstellen wurden platonisch interpretiert, wie der Beginn des Johannesevangeliums durch Amelius.[54] Jedoch kam es nicht zuletzt infolge des Alleinvertretungsanspruches in der jüdisch-christlichen Tradition zu Auseinandersetzungen und zu verstärkter Polemik von platonischer Seite,[55] so dass Kelsos Platons Texte zwar in der Wahrnehmung des Origenes wie heilige Texte behandelte, der Bibel jedoch einen solchen Status absprach.[56] Nach seiner Ansicht waren die Juden eine nicht hinreichend alte Nation. Mit Verweis auf seinen problematischen Charakter bestritt er, dass Mose als ein weiser Mann gelten könne. Zwar habe Mose von anderen alten, weisen Menschen wie z. B. den Phönikiern oder Ägyptern wahre Geschichte gehört, diese

Menschheit (Eusebius: *Historia ecclesiae* 1,2,1–6). Diese Beweisform ist bei Platonikern beliebt (vgl. Baltes (1999); vgl. z. B. Platon: *Timaios* 21e; dazu Erler (2001). Platoniker zählen auch das Judentum zur Tradition alten Wissens (Homer und Mose als Ausgangspunkte). Freilich gilt für den Platonismus, dass Altes nicht ungeprüft übernommen werden soll (Erler 2003), zur Diskussion vgl. Pilhofer (1990).

[52] Vgl Platon: *Timaios* 21e; 40d–41a.

[53] Vgl. Numenius bei Eusebius: *Praeparatio evangelica* 11,10,14 = frg. 8 des Places.

[54] Vgl. Amelius bei Eusebius: *Praeparatio evangelica* 11,19,1.

[55] Ein wesentlicher Beitrag von Kelsos, Porphyrios und Julian bestand in der Bereitstellung von Argumenten, die auch exegetischen Diskussionen über die Bibel, ihre Authentizität und ihre Hermeneutik dienen, vgl. Borret (1984); Fiedrowicz (2005), 215–217.

[56] Vgl. Origenes: *Contra Celsum* 4,49.

freilich nicht richtig verstanden.[57] Insgesamt sei die Bibel voller Missverständnisse alter, auch griechischer Geschichten, eben weil Mose kein ‚reiner Geist' gewesen sei, der Wahrheit vermitteln könne. Alleine Platon als ‚reine Seele' – so wird also insinuiert – habe das alte Wissen angemessen rezipieren und in seinen Dialogen verarbeiten können. Deshalb kommt nach Ansicht der Platoniker Platons Dialogen zu Recht große Autorität und ein geradezu religiöser Charakter zu.

5.3 System

Um dies zu unterstreichen, entwickelten die Platoniker eine positive Argumentationsstrategie, welche das Altersargument – was ist älter, Platons Lehre oder die jüdische Lehre? Und was stellt deshalb die größere Autorität dar: Platons Schriften oder die Bibel? – gleichsam aushebelte. In diesem Zusammenhang spielte jener Anspruch eine entscheidende Rolle, wonach die Dialoge trotz ihrer dialogischen Form einen systematischen Inhalt zu bieten hätten. Was die Mittelplatoniker mittels einer eigenen Hermeneutik zu beweisen suchten, wird bei Platonikern wie Kelsos und dann z. B. Proklos zu einem Argument im Streit über den Autoritätsvorrang von den Dialogen oder der Bibel. Bei allem generellen Respekt vor dem gottgegebenen Wissen der Weisen des Altertums macht Kelsos nämlich einen Unterschied zwischen den Barbaren und den Griechen. Demnach verdanken nämlich die weisen Männer und Völker der Barbaren und der Griechen ihre Weisheit zwar göttlicher Inspiration, weil sie infolge ihres unverdorbenen Charakters intuitiver Erkenntnis zugänglich waren. Jedoch war Kelsos überzeugt, dass nur die Griechen darüber hinaus diese traditionelle Weisheit in systematischer

[57] Vgl. Dörrie (1976), 229–262.

Weise behandeln und richtige Meinung zu Wissen formen konnten. Nur die Griechen konnten demnach die zunächst intuitiv erfasste Wahrheit durch rationale Begründung zu Wissen machen.[58]

In diesem Zusammenhang kommt nun Platon eine zentrale Rolle zu. Zwar verdankt auch er sein Wissen den Weisen des Altertums. Auch Kelsos behauptet keineswegs, dass Platon mit seiner Lehre etwas Neues entdeckt habe. Kelsos rechnet Platon sogar hoch an, dass er nicht von sich selbst behauptet, er habe etwas Neues entdeckt oder sei vom Himmel herabgekommen, um es zu verkünden, sondern dass er offen bekenne, dass er diese Lehren von weisen Menschen habe. Die eigentliche Leistung Platons bestehe vielmehr darin, diese alte Weisheit mit Hilfe einer guten Begründung zu eigentlichem Wissen gemacht zu haben – eben das aber mache den Unterschied zwischen einem Propheten und einem Philosophen aus.[59] Damit greift Kelsos auf, was Platon selbst in den Dialogen durch seinen Protagonisten Sokrates andeuten lässt. Betrachtet man nämlich jene Stellen in den Dialogen, an denen Sokrates bei seiner Argumentation altes Wissen ins Spiel bringt, dann fällt auf, dass dieser Umgang immer von großem Respekt gekennzeichnet ist, dass Sokrates aber dennoch dieses alte Wissen nicht einfach akzeptiert und mit ihm weiterarbeitet, obgleich es nach seinen Worten bisweilen von

[58] Schon der Titel „Wahre Lehre" von Kelsos' Schrift ist als Polemik und als Programm zu verstehen (Borret [1976]; Origenes: *Contra Celsum* 5,24–28) vor dem Hintergrund der Diskussion um jene ‚alte Wahrheit' (vgl. Wifstrand [1941/42], bes. 396 ff.), die nach Überzeugung vieler von den alten Völkern wie z. B. den Ägyptern, Assyrern, Chaldäern, Indern u. Persern oder von griechischen Weisen wie Homer, Orpheus, Pherekydes v. Syros oder Pythagoras, von den einen auf angemessene Weise (Fiedrowicz [2004], 356), von den anderen – den Christen – auf unangemessene Weise bewahrt werde.

[59] Vgl. Frede (1994), 5198.

den Göttern stammen soll, sondern dass er immer nachfragt und verlangt, dass dieses alte Wissen trotz seiner Autorität geprüft werden soll.[60] Im Dialog *Menon* will Sokrates die Lehre von der Unsterblichkeit der Seele von weisen Männern und Frauen gehört haben und lässt keinen Zweifel daran, dass er diese Lehre für wahr hält. Dennoch übernimmt Sokrates diese Lehre der weisen Männer nicht einfach, sondern ruft dazu auf zu überprüfen, ob die Alten wirklich Wahres zu sagen scheinen – der Automatismus ‚alte Lehre gleich Wahrheit' besteht für Sokrates nicht. Wiederholt finden wir dieses Motiv in den Dialogen.[61] Diese von Sokrates verlangte Überprüfung alter Weisheit, die diese Weisheit zu Wissen machen sollte, griffen Kelsos und andere Platoniker auf und machten sie zu einem Argument für die Autorität Platons und seiner Dialoge und gegen die konkurrierenden Christen. In einem zentralen Kapitel seiner *Theologia Platonica* argumentiert Proklos für die Autorität Platons und seiner Dialoge. Auch Proklos erkennt an, dass Platon sein Wissen den Weisen des Altertums verdankt. Doch spricht er Platon darüber hinaus den Rang eines Philosophen und Theologen zu, weil er auf besondere Weise dieses ererbte Wissen zu begründen, zu systematisieren und auf diese Weise recht eigentlich erst zu erwerben vermochte. Er bestätigt damit nicht nur, dass platonische Theologie nicht neben platonischer Philosophie, sondern als ihr entscheidender Bestandteil existiert. Wir erkennen auch, dass und wie wieder das Altersargument ausgehebelt wird. Es ist gleich, ob sich Platon oder z. B. Mose auf älteres Wissen beruft. Entscheidend ist, dass allein Platon diese alte Weisheit systematisieren und rational begründen konnte. Durch ebendieses rationale Fundament wird seine Theologie zu Phi-

[60] Vgl. Erler (2003), 317.
[61] Vgl. Platon: *Menon* 81a–b; *Philebos* 16c–d.

losophie und unterscheidet sich von der religiösen Tradition der Weisen des Altertums. Für Proklos liegt Platons Verdienst in der Verwissenschaftlichung der theologischen Tradition.[62] Denn Platon allein praktiziere eine wissenschaftliche Methode in der Theologie, indem er systematisiere, ordne und auf Differenzen und Eigentümlichkeiten achte. Durch rationale Analyse befreie er den Mythos von seinem tragischen Aspekt. Ausdrücklich hält Proklos fest, Platon folge mit seiner theologischen Philosophie den Grundsätzen der alten, weisen Theologen des Altertums. Schließlich hätten alle Weisen vor Platon dank göttlicher Inspiration Teilhabe an der Wahrheit. Platon jedoch komme auch hier eine zentrale Rolle zu. Denn er führe diese alte theologische Weisheit auf philosophische Grundlagen zurück. Platon erscheint damit nicht nur als Protophilosoph, sondern auch als Prototheologe, der altes Wissen prüft.[63] Platon wird also gepriesen als Vertreter alter Weisheit, die er zuerst systematisiert und zu einer wirklichen Theologie geformt hat. Was in den Dialogen Platons als Sokrates' Umgang mit altem Wissen illustriert wird, wird demnach zu einer Argumentationsfigur im Streit darüber, ob Platons Dialogen oder der Bibel höhere Autorität infolge höheren Alters zukommt. Platon gewinnt den Streit, nicht weil sein Wissen älter ist, sondern weil er alte Weisheit erst zu Wissen macht. Dies hielten Platoniker Christen entgegen, wenn diese sich auf den Offenbarungscharakter der christlichen Wahrheit beriefen. Dieser Umstand verleiht Platons Dialogen in den Augen der Platoniker ihre alle anderen Weisheitszeugnisse überragende Autorität und rechtfertigte es, ihnen eine anagogische Hilfestellung für den Leser zuzusprechen. Denn

[62] Vgl. Proklos: *Theologia Platonica* 1,4 (20,6 ff. Saffrey/Westerink).

[63] Vgl. Proklos: *Theologia Platonica* 1,4 f. (22,22 ff.; 26,18 ff. Saffrey/Westerink).

in ihnen mischt sich Weisheit infolge göttlicher Belehrung mit systematisierender Begründung durch den Philosophen Platon. Wenn also Athenagoras beklagt, dass antike Philosophen nicht von Gott über Gott, sondern nur von sich selbst lernen wollen,[64] so ist dies für Platon und seine Dialoge nur zur Hälfte richtig. Zwar hat er nach Ansicht der Platoniker seine Weisheit von den Göttern; doch trägt Platon selbst jene Systematisierung dieses traditionellen Wissens bei, welche die Weisheit zu Wissen und die Dialoge zu jenen autoritativen Texten macht, als welche sie im Platonismus angesehen wurden.

Bibliographie

Abbate, Michele: „L'interpretazione di Platone e la fondazione della teologia nel tardo Neoplatonismo". In: Ada Neschke-Hentschke (Hg.): *Argumenta in Dialogos Platonis.* Teil 1. Basel 2010, 183–196.

Asmis, Elizabeth: „Philodemus's Poetic Theory and On the Good King According to Homer". In: *Classical Antiquity* 10 (1991), 1–45.

Baltes, Matthias: „Der Platonismus und die Weisheit der Barbaren". In: John J. Cleary (Hg.): *Traditions of Platonism. Essays in Honour of John Dillon.* Aldershot 1999, 115–138.

Baltes, Matthias: *Epinoemata*, hg. von Marie-Luise Lakmann. München / Leipzig 2005.

Borret, Marcel: „L'Ecriture d'après le païen Celse". In: Claude Mondésert (Hg.): *Le monde grec ancien et la Bible. Bible de tous les temps* 1. Paris 1984, 171–194.

Brisson, Luc: „Plato's Timaeus and the Chaldean Oracles". In: Gretchen Reydams-Schils (Hg.): *Plato's Timaeus as Cultural Icon.* Notre Dame IN 2003, 111–132.

Coulter, James A.: *The Literary Microcosm. Theories of Interpretation of the Later Neoplatonists.* Leiden 1976.

---

[64] Vgl. Athenagoras: *Legatio pro Christianis* 7,2.

Donini, Pierluigi: „Medioplatonismo e filosofi medioplatonici. Una raccolta di studi“. In: *Elenchos* 11 (1990), 79–93.

Donini, Pierluigi: *Le scuole, l'anima, l'impero: la filosofia antica da Antioco a Plotino*. Turin ²1993.

Donini, Pierluigi: „Testi e commenti, manuali e insegnamento: la forma sistematica e i metodi della filosofia in età postellenistica“. In: Wolfgang Haase (Hg.): *Aufstieg und Niedergang der römischen Welt*, Bd. II 36.7. Berlin / New York 1994, 5027–5100.

Dörrie, Heinrich: *Platonica Minora*. München 1976.

Erler, Michael: *Der Sinn der Aporien in den Dialogen Platons. Übungsstücke zur Anleitung im philosophischen Denken*. Berlin / New York 1987 (= 1987a).

Erler, Michael: „Interpretieren als Gottesdienst. Proklos' Hymnen vor dem Hintergrund seines Kratylos-Kommentars“. In: Gilbert Boss / Gerhard Seel (Hgg.): *Proclus et son influence. Actes du Colloque de Neuchâtel*. Zürich 1987, 179–217 (= 1987b).

Erler, Michael: „Legitimation und Projektion: Die ‚Weisheit der Alten‘ im Platonismus der Spätantike“. In: Dieter Kuhn / Helga Stahl (Hgg.): *Die Gegenwart des Altertums. Formen und Funktionen des Altertumsbezugs in den Hochkulturen der Alten Welt*. Heidelberg 2001, 313–326 (= 2001a).

Erler, Michael: „Selbstfindung im Gebet. Integration eines Elementes epikureischer Theologie in den Platonismus der Spätantike“. In: Thomas A. Szlezák / Karl-Heinz Stanzel (Hgg.): *Platonisches Philosophieren. Zehn Vorträge zu Ehren von Hans Joachim Krämer*. Hildesheim u. a. 2001, 155–171 (= 2001b).

Erler, Michael: „Hilfe der Götter und Erkenntnis des Selbst. Sokrates als Göttergeschenk bei Platon und den Platonikern“. In: Theo Kobusch / Michael Erler (Hgg.): *Metaphysik und Religion. Zur Signatur des spätantiken Denkens*. München / Leipzig 2002, 387–414.

Erler, Michael: „To Hear the Right Thing and to Miss the Point. Plato's Implicit Poetics“. In: Ann N. Michelini (Hg.): *Plato as Author. The Rhetoric of Philosophy. Acts of the Sample Symposium of the Cincinnati Classics Department 1999*. Leiden / Boston / Köln 2003, 153–173.

Erler, Michael: „Interpretatio medicans. Zur epikureischen Rückgewinnung der Literatur im philosophischen Kontext“. In: Marcel van Ackeren / Jörn Müller (Hgg.): *Antike Philosophie verstehen.* Darmstadt 2006, 243–256.

Erler, Michael: „Aphormen labein. Rhetoric and Epicurean Exegesis of Plato". In: Emidio Spinelli u. a. (Hgg.): *Questioni epicuree.* Sankt Augustin 2015a (im Druck).

Erler, Michael: „‚Von hier nach dort' (Phaed. 117c). Aphormai und anagogische Lektüre im Platonismus der Kaiserzeit". In: Tobias Dangel / Jens Halfwassen / Carl S. O'Brien (Hgg.): *Seele und Materie im Neuplatonismus. Soul and Matter in Neoplatonism.* Heidelberg 2015b (im Druck).

Ferrari, Franco: „Esegesi, commento e sistema nel medioplatonismo". In: Ada Neschke-Hentschke (Hg.): *Argumenta in Dialogos Platonis. Teil 1.* Basel 2010, 51–76.

Ferrari, Franco: „Quando, come e perché nacque il platonismo". In: *Athenaeum* 100, 1–2 (2012), 71–92.

Fiedrowicz, Michael: *Apologie im frühen Christentum. Die Kontroverse um den christlichen Wahrheitsanspruch in den ersten Jahrhunderten.* Paderborn ³2005.

Fiedrowicz, Michael (Hg.): *Christen und Heiden. Quellentexte zu ihrer Auseinandersetzung in der Antike.* Darmstadt 2004.

Frede, Michael: „Celsus philosophus Platonicus". In: Wolfgang Haase (Hg.): *Aufstieg und Niedergang der römischen Welt*, Bd. II 36.7. Berlin / New York 1994, 5183–5213.

Frede, Michael: „Epilogue". In: Keimpe Algra u. a. (Hgg.): *The Cambridge History of Hellenistic Philosophy.* Cambridge 1999, 771–797.

Gerson, Lloyd P.: *From Plato to Platonism.* Ithaca 2013.

Hadot, Pierre: „Hellenismus (Philosophie)". In: *Historisches Wörterbuch der Philosophie* 7 (1989), 592–607.

Hoffmann, Philippe: „Bibliothèques et formes du livre à la fin de l'antiquité. Le témoignage de la littérature néoplatonicienne des Ve et VIe siècles". In: Giancarlo Prato (Hg.): *I manoscritti greci tra riflessione e dibattito*, Bd. 2. Florenz 2000, 601–632.

Hoffmann, Philippe: „Catégories et langage selon Simplicius – La question du ‚skopos' du traité aristotélicien des ‚Catégories'". In: Ilsetraut Hadot (Hg.): *Simplicius. Sa vie, son oeuvre, sa survie.* Berlin / New York 1987, 61–90.

Hunter, Richard / Russell, Donald (Hgg.): *Plutarch. How to study Poetry (De audiendis poetis)*. Cambridge 2011.
Konstan, David: „‘The Birth of the Reader’. Plutarch as a Literary Critic“. In: *Scholia* 13 (2004), 3–27.
Neschke-Hentschke, Ada: „Übersicht über die Auslegungsgeschichte der Platonischen Dialoge in der Antike (1. Jh. v. Chr. bis 6. Jh. n. Chr.)“. In: Dies. (Hg.): *Argumenta in Dialogos Platonis. Teil 1*. Basel 2010, 23–50.
O’Meara, Dominic J.: *Pythagoras Revived. Mathematics and Philosophy in Late Antiquity*. Oxford 1989.
Pilhofer, Peter: *Presbyteron Kreitton. Der Altersbeweis der jüdischen und christlichen Apologeten und seine Vorgeschichte*. Tübingen 1990.
Tanaseanu-Döbler, Ilinca: *Theurgy in Late Antiquity. The Invention of a Ritual Tradition*. Göttingen 2013.
Wifstrand, Albert: „Die wahre Lehre des Kelsos“. In: *Bulletin de la Société Royale des Lettres de Lund* (1941/42), 391–431.
Wyrwa, Dietmar: *Die christliche Platonaneignung in den Stromateis des Clemens von Alexandrien*. Berlin / New York 1983.

Exegese als Lebensform

Christliche Paideia und Psychagogie bei Origenes*

Alfons Fürst

1. Philosophie und Christentum als Lebensform

Seit den Arbeiten von Pierre Hadot gehört es zum Allgemeingut unserer Sicht auf die antike Philosophie, dass diese zuerst und vor allem eine Lebenshaltung und eine Lebensweise gewesen ist, die in „geistigen Übungen“ ihren Ausdruck fand.[1] Vor allem mit Blick darauf verstanden die antiken christlichen Theologen das Christentum als Philosophie und konnten später das mönchische Leben als „wahre Philosophie“ oder als „philosophische Lebensform“ bezeichnen. Philon von Alexandria hatte schon dasselbe getan, wenn er die jüdische Überlieferung als die Philosophie des jüdischen Volkes darstellte.[2]

In den platonischen Schulen der römischen Kaiserzeit stand am Anfang der Lektüre Platons *Alkibiades maior*, in dem es um Selbsterkenntnis und „Sorge für sich selbst“ geht.[3]

---

* Der folgende Beitrag beruht im Wesentlichen auf dem Unterkapitel zur „Exegese als Lebensform“ in meinem Buch (2011), 100–114; es wurde in Details bearbeitet und inhaltlich ergänzt, die Hinweise auf Quellen und Literatur wurden jedoch auf das Nötigste beschränkt.

[1] Siehe Hadot (2005).

[2] Siehe dafür Hadot (2005), 50 f.; Kobusch (2006), 34–40.

[3] Platon: *Alkibiades maior* 127d9–135e8.

Insofern die Seele der Mensch ist, geht es um die Erkenntnis der eigenen Seele und die „Sorge für die Seele".[4] Das ist ein Grundgedanke des sokratischen Philosophierens, der in vielen Dialogen Platons zum Ausdruck kommt. Das Christentum hat diese Sorge der Seele um sich selbst uneingeschränkt übernommen.[5] Alle antiken christlichen Theologen betonten den Vorrang der Praxis vor der Theorie. Die Selbsterkenntnis, zu der das delphische „Erkenne dich selbst!" aufruft, besteht, so als erster Origenes, in einer theoretischen Erkenntnis des Wesens der eigenen Seele, dann aber und vor allem in einer praktischen Erkenntnis ihrer Haltungen und Neigungen und in einer Prüfung des Verhaltens.[6] Das war keineswegs als Rückzug in die Innerlichkeit gemeint, sondern als Anleitung zu einer Philosophie des Lebens. Die Wahrheit, die christlich propagiert wurde, war eine Wahrheit des Lebens: „Ich könnte wohl sagen, dass diejenigen Wahres sagen, die in der Lage sind, die Zuhörer in den Zustand zu versetzen, dass sie dem Gesagten entsprechend leben", meinte Origenes einmal.[7]

In der von der Ethik und damit von Vernunft und Wille sowie von Freiheit her konstruierten christlichen Metaphysik des Origenes bedingen und befördern sich Selbsterkenntnis als Schau Gottes und ethisch-soziales Handeln gegenseitig: Einerseits ist die ethische Praxis als Reinigung von falschen Empfindungen und Vorstellungen nicht nur Vorstufe zur Gottesschau, sondern ihrerseits bereits Schau Gottes, und zwar des Sohnes, dessen zentralen „Aspekte" Weisheit, Wahrheit und Gerechtigkeit die Seele nachahmt und dadurch real an ihnen teilhat, andererseits ergibt sich aus dieser Schau Gottes wiederum eine intensivierte Praxis. In dieser „zirkulä-

---

[4] Ebd. 132c1 f.

[5] Zahlreiche Belege bei Kobusch (2006), 161–163 Anm. 24–27.

[6] Origenes: *Hoheliedkommentar* 2,5,1–15.

[7] Origenes: *Contra Celsum* 8,48. Übers.: Kobusch (2006), 163 Anm. 31.

ren Einheit von Theorie und Praxis“[8] kommt der praktischen Liebe, ohne die auch jede Gottesschau ihren Wert verliert, prinzipiell Priorität zu. Origenes hat sein durchaus überweltliches Vollkommenheitsideal konsequent mit der Pflicht zu einer sittlichen, und zwar nicht nur individuellen, sondern auch sozialen Praxis zusammengedacht und die Angleichung an Gott via Nachahmung Christi gerade in der Erfüllung der universalen Liebespflicht gesehen. Zur Sorge um sich selbst und die eigene Seele, die aufgrund der Gottesebenbildlichkeit des Menschen den göttlichen Grund in ihrem Bewusstsein erkennt und sich ihm angleicht, kommt „in eben solchem Maße ein Habitus der Sorge um den Mitmenschen“,[9] den zu eben dieser Erkenntnis seines Selbst anzuleiten die oberste Pflicht des christlichen Seelenführers, konkret: des exegetischen Lehrers ist: „Derjenige ist befähigt und verpflichtet, andere zu lehren, der zuvor praktiziert hat, was er lehrt.“[10] Das ist der metaphysisch-ethische Rahmen, in dem auch die theoretische wie praktische Erkenntnis steht, die durch Auslegung der Bibel gewonnen wird und durch die der Exeget sowohl zu seiner eigenen Erkenntnis und Entwicklung beiträgt als auch zu der seiner Mitchristen, indem er den Text schriftlich in Kommentaren und mündlich beim Predigen erklärt.

2. Philosophie und Exegese

Die Basis für die christliche Philosophie bildete die Bibel. Origenes hat sie ihrerseits als eine Art Philosophie verstanden.

---

[8] Schockenhoff (1990), 283.
[9] Hengstermann (2013), 453.
[10] Origenes: *Numerihomilien* 12,2.

Er griff die Dreiteilung der kaiserzeitlichen Philosophie in Ethik, Physik und Epoptik, das heißt „Betrachtung" oder „Schau", wie der dritte Teil in der römischen Kaiserzeit genannt wurde,[11] auf und entdeckte sie „an vielen Stellen in den heiligen Schriften", wie er sagt, zum Beispiel an Abraham, Isaak und Jakob: Abraham stehe für die Ethik, weil er ein Leben des Gehorsams führte, Isaak für die Physik, weil er tiefe Brunnen grub, sich also tief in die natürlichen Dinge versenkte, und Jakob mit seiner Vision der Himmelsleiter für die Mystik.[12] Ein anderes Beispiel: Abimelech verkörpere die Ethik, seine Frau die Naturphilosophie und seine Mägde „die verschiedenen und dem Wesen der einzelnen Schulen entsprechenden mannigfaltigen Spielarten der Dialektik",[13] wobei Dialektik im platonischen Sinn als erste Disziplin verstanden ist, die Plutarch mit aristotelischer Metaphysik und Theologie gleichgesetzt hatte.[14] Auch in den beiden Gefährten Abimelechs, Ahusat und Pichol, entdeckte Origenes durch etymologische Ausdeutung ihrer Namen diese drei Teile:

> „Die Vernunftlehre bekennt Gott als den Vater aller Dinge; sie wird von Abimelech versinnbildlicht. Die Naturphilosophie ist unveränderlich und umfasst alles; sie gründet gleichsam auf den Kräften der Natur selbst. Ahusat bekennt sie, den man ‚umfassend' nennt. Die Moralphilosophie ist in aller Munde und geht alle an; dank der Ähnlichkeit der gängigen Lehren findet sie sich in aller Munde. Pichol stellt sie dar, der übersetzt ‚Mund aller' heißt."[15]

Die bekannteste und wirkmächtigste Übertragung dieser philosophischen ‚Fächer' auf die Bibel besteht darin, die Ab-

[11] Zu Herkunft und Entwicklung dieser Einteilung siehe Hadot (1979); ders. (1989).

[12] Origenes: *Hoheliedkommentar* prol. 3,17–21.

[13] Origenes: *Genesishomilien* 6,2 f. Übers.: Habermehl (2011), 145.

[14] Vgl. Plutarch: *De Iside et Osiride* 77, 382D.

[15] Origenes: *Genesishomilien* 14,3. Übers.: Habermehl (2011), 257.

folge der salomonischen Bücher Sprichwörter, Kohelet und Hoheslied mittels der drei „allgemeinen Disziplinen, durch die man zur Erkenntnis der Dinge gelangt", nämlich Ethik, Physik und Epoptik, zu erklären.[16] Den letzten Teil bezeichnete Origenes auch als Dogmatik, Mystik und als Kontemplation oder Schau der Gottheit.[17] Damit habe Salomo die „Grundlagen der wahren Philosophie" gelegt und zugleich die Reihenfolge der einzelnen Disziplinen sowie des Unterrichts in ihnen geschaffen.[18] In diesem Gedanken vorangegangen war Origenes Clemens von Alexandria, der die Teile der Philosophie mit dem Pentateuch korreliert hatte: Die historischen und legislativen Texte entsprechen der Ethik, die liturgischen und priesterlichen der Physik und die theologischen der Epoptik.[19] Vermutlich hat Origenes sich von dieser Idee des Clemens inspirieren lassen, wie aus einem Fragment seiner Psalmenauslegung hervorgeht:

> „Die mosaische Philosophie wird in vier Formen aufgeteilt, in die geschichtliche und in die vor allem so genannte gesetzgeberische, die der ethischen Pragmatie zugehören, ferner in die der äußeren Zeremonien, die die Sache der physischen Betrachtung ist, und viertens in die allem überlegene theologische Form."[20]

Origenes ging freilich weit über die singuläre Bemerkung des Clemens hinaus, indem er diesen Gedanken zu einer systematischen Analogie zwischen Bibel und Philosophie ausbaute und zur hermeneutischen Basis seiner Schriftauslegung machte.

---

[16] Origenes: *Hoheliedkommentar* prol. 3,1. Siehe dazu Kirchmeyer (1970); Harl (1987), 250–254.

[17] Origenes: *Hoheliedkommentar* prol. 3,5–7.14–16.

[18] Origenes: *Hoheliedkommentar* prol. 3,8.

[19] Clemens von Alexandria: *Stromateis* 1,176,1–3.

[20] Origenes: *Selecta in Psalmos* 76,21 (ed. Pitra, Bd. III, 109). Übers.: Kobusch (2006), 173 Anm. 4.

Die strukturelle Parallelisierung von Bibel und Philosophie ist von weitreichender wissenschaftstheoretischer Bedeutung. Die Teile der antiken Philosophie fungierten als Strukturprinzip der philosophischen Exegese des Origenes und als hermeneutisches Fundament seiner Theologie, die er als „die wahre Philosophie Christi" bezeichnete.[21] Origenes postulierte eine grundlegende Analogie zwischen der Selbstoffenbarung Gottes in der Schrift und in der Natur:[22] Der Schöpfer der Welt ist (durch Inspiration) auch der Schöpfer der Schrift, weswegen sich Analogien zwischen beiden ziehen lassen. Beide beruhen auf demselben belebenden und bewahrenden Prinzip der Rationalität (dem Logos), das sowohl die kreatürliche Welt bis hinab zu den kleinsten Lebewesen und Pflanzen als auch die biblischen Texte bis in den einzelnen Buchstaben hinein durchdringt, wie er in einem bemerkenswerten Fragment aus der Psalmenkommentierung sagt, das in der *Philokalie* überliefert ist, trotz seiner Bedeutsamkeit in der Origenesforschung aber kaum wahrgenommen wird.[23] Dieses gemeinsame Prinzip, die Rationalität, begründet und ermöglicht die grundsätzliche Verstehbarkeit der Welt und der Schrift mit den Mitteln der menschlichen Vernunft. Die Deutung der Schrift auf der einen und die Deutung der Schöpfung auf der anderen Seite bilden die beiden großen Unternehmungen, um die Welt und den Menschen zu verstehen. Deshalb lassen sich Erkenntnisse aus dem einen Bereich auf den anderen übertragen und erklären sich beide wechselseitig. Daher ist es auch möglich, das gesamte Wissen der Welt und ihre wissenschaftlichen Verfahren heranzuziehen, um die Bibel zu verstehen, wie Origenes das in großem

---

[21] Origenes: *Genesishomilien* 11,2.
[22] Vgl. Trigg (1998), 69.
[23] Origenes: *Philocalia* 2,4f.

Stil getan hat, indem er die philologischen Methoden der alexandrinischen Homerexegese für die Bibelauslegung benutzte.[24] Er hat gerade nicht „die Bibel aus der Bibel erklärt", wie man in Anlehnung an die Formel „Homer aus Homer erklären"[25] immer wieder behauptet – obgleich er natürlich zur Erhellung einer Stelle die biblischen Parallelstellen heranzieht –, sondern die Bibel im Horizont des verfügbaren außerbiblischen Wissens auf dem höchsten denkerischen Niveau der Zeit zu verstehen gesucht. Die Verknüpfung von Weltdeutung und Schriftdeutung bildet das grundlegende Prinzip der christlichen Wissenschaft, wie Origenes sie geschaffen hat, und ist die epistemologische Grundlage für eine christliche Kultur.

3. Kommentieren als spirituelle Übung

Aufgrund dieser Zusammenhänge bekam die Exegese in der christlichen Philosophie einen zentralen Stellenwert. Auch darin stand die praktische Dimension im Vordergrund, und zwar nicht nur in dem Sinn, dass die Bibelstellen moralisch gedeutet und auf das Leben der Christen gleichsam angewendet wurden, sondern auch und nicht zuletzt in dem Sinn, dass der christliche Bibelkommentar selbst zu einer spirituellen Übung für den Exegeten wurde.[26]

---

[24] Siehe dazu Fürst (2011), 86–93; Martens (2012), 41–66.

[25] Porphyrios: *Quaestiones Homericae* Z 201. Näheres dazu bei Neuschäfer (1987), 276 f.

[26] Das ist das Hauptthema des Buches von Martens (2012), in dem die philosophischen Hintergründe und Aspekte der Exegese des Origenes allerdings weitgehend ausgeblendet bleiben, weswegen z. B. die fundamentale Analogie zwischen Bibel und Kosmos nicht in sein Blickfeld kommt (vgl. ebd. 198).

In der nichtchristlichen spätantiken Philosophie ist eine parallele Entwicklung zu beobachten. Für neuplatonische Autoren war das Schreiben eines Kommentars ein Gottesdienst und der Kommentar selbst ein Hymnus an Gott.[27] So verstand beispielsweise Hierokles seinen Kommentar zum *Goldenen Gedicht* der Pythagoreer und Simplikios den seinen zum *Enchiridion* Epiktets als geistige Übung.[28] Simplikios verfasste Gebete, aus denen diese Spiritualität hervorgeht,[29] und brachte seinen Kommentar über Aristoteles' *De caelo* in einem abschließenden Gebet dem Schöpfer des Alls als Hymnus dar:

> Diese Ausführungen bringe ich dir, o Herr und Schöpfer des gesamten Universums und der in ihm enthaltenen einfachen Körper und den von dir Geschaffenen als Hymnus dar, ich, der ich sehnlichst gewünscht habe, die Größe deiner Werke zu erschauen und sie denen zu offenbaren, die dessen wert sind, auf dass wir, nichts Niedriges und Menschliches über dich denkend, dich entsprechend deiner Transzendenz, die du allem von dir Geschaffenen gegenüber besitzt, ehrfürchtig anbeten.[30]

Das Nachdenken über einen Text beim Erklären wurde als Kontemplation heiliger Worte angesehen und galt als Weg zur Erkenntnis der Welt und Gottes, vor allem aber als Weg der eigenen inneren Verwandlung, des intellektuellen und seelischen Fortschritts.

Origenes gehörte mit seiner Selbststilisierung als Autor in diese Tradition. Im Prolog zum Johanneskommentar beschrieb er sein ganzes Leben und seine wissenschaftliche

---

[27] Siehe Saffrey (1984), 169–179; Hadot (1987), 23–26.
[28] Siehe Hadot (2002), 195–199.
[29] Siehe Hoffmann (1987), 203–210.
[30] Simplikios: *In Caelum* (731,25–29 Heiberg). Übers.: Hadot (2002), 198.

Arbeit als Gott geweiht.[31] Er gab sich ganz Gott hin und verfolgte seine exegetischen Bemühungen im Vertrauen auf Gott.[32] Um den Sinn des Evangeliums zu verstehen, strebte er danach, ein wahrer Schüler, ein Abbild Christi zu werden.[33] Dementsprechend beendete er das Vorwort zum ersten Buch mit der traditionellen Bitte um Unterstützung und Anrufung Gottes, indem er ihn bat, ihm durch Christus im Heiligen Geist zu helfen, den mystischen Sinn in den Worten des Evangeliums aufzudecken.[34] Philon war ihm darin in gewisser Weise vorausgegangen: Der jüdische Platoniker sah seine Bibelauslegung als inspiriert an und verstand sein erkennendes Eindringen in den Text, für das eine geistige Begabung erforderlich sei, als Initiation in Geheimnisse.[35] Die Auslegung des Johannesevangeliums war für Origenes Ausdruck seiner eigenen Gottgeweihtheit und seines Strebens nach geistigem und geistlichem Fortschritt. Die einzelnen Bücher des Kommentars bildeten gleichsam die Etappen auf diesem Weg zu Gott.[36] Die beständige Beschäftigung mit den Schriften soll, so später Basilius von Caesarea, „das Ehrwürdige und Mystische der göttlichen Worte der Seele einprägen" und so „zur Reinheit des Lebens" beitragen.[37] Die Tätigkeit des Kommentierens erhielt dadurch einen regelrecht sakralen Charakter, Exegese wurde zur spirituellen Übung und das Dasein als Exeget zu einer religiösen Lebensform.

---

[31] Origenes: *Johanneskommentar* 1,1,1–1,4,26, bes. 1,2,12.

[32] Origenes: *Johanneskommentar* 10,1,2 und 6,2,7.

[33] Origenes: *Johanneskommentar* 1,4,23 f.

[34] Origenes: *Johanneskommentar* 1,15,89. Ähnliche Gebete begegnen ebd. 6,2,10; 20,1,1; 28,1,6; 32,1,2.

[35] Vgl. Grant (1957), 34.

[36] Siehe Skeb (2007), 159–168.

[37] (Pseudo-?) Basilius von Caesarea: *Jesajakommentar* praef. 6.

4. Bibel und Seelenbildung

Die Bibel rückte damit in das Zentrum des christlichen Lebens. Sie verlieh dem Leben Sinn und Richtung und erklärte zugleich die ganze Welt, denn aufgrund der Symbolstruktur aller Wirklichkeit galt Schriftdeutung immer zugleich als Weltdeutung und als Deutung der eigenen Existenz. Sein ganzes Leben soll man der Meditation der göttlichen Worte widmen, meinte Basilius, wobei er an eine mönchische Lebensweise dachte.[38] Wie der Logos im Konzept des Origenes schöpferisches und bewahrend-erlösendes Prinzip aller Dinge ist, ist er auch innerstes Lebensprinzip aller Vernunftwesen. Die Analogie zwischen Kosmos und Schrift ist daher zu erweitern zu einer Analogie zwischen Welt, Buch und Seele. Schriftauslegung war nicht nur zugleich Kosmologie, sondern auch Anthropologie und Psychologie, ja Psychagogie. Das Verstehen, nach dem Origenes bei der Auslegung der Bibel strebte, war gemäß dem delphischen „Erkenne dich selbst!" auf das Sich-Verstehen ausgerichtet. Ziel seiner Bibelauslegung war es, den existentiellen und ethischen Sinn des biblischen Textes zu erhellen, so dass die gewonnene Erkenntnis eine verändernde Wirkung auf das eigene Leben ausübte. Der existenzauslegende Charakter der Bibeldeutung des Origenes ging einher mit einer Aufforderung zum Handeln.[39]

Ein Paradebeispiel für die Verknüpfung von Weltdeutung und Existenzauslegung in der Bibelexegese des Origenes ist seine Auslegung des Schöpfungsberichts in der ersten Genesishomilie. Entsprechend der antiken Analogie vom Menschen als Mikrokosmos im Makrokosmos deutete Origenes das All

---

[38] (Pseudo-?) Basilius von Caesarea: *Jesajakommentar* praef. 6; vgl. Skeb (2007), 356 f.

[39] Zum ethischen Impuls der Schriftauslegung des Origenes siehe Schockenhoff (1990), 23–94, bes. 23–37.

als Gleichnis für den Menschen. „Durch die Figur der Allegorie" bezog er „all das, was zu sehen ist, als es auf Gottes Geheiß durch sein Wort erschaffen und diese gewaltige sichtbare Welt eingerichtet wurde, zugleich auf die Dinge, die die kleinere Welt zu schmücken vermögen, nämlich den Menschen."[40] „Daher ist" – um nur ein Beispiel für dieses Verfahren anzuführen – „der erste Himmel, den wir geistig genannt haben, unser Bewusstsein, das ja selbst Geist ist, das heißt unser geistiger Mensch, der Gott schaut und erkennt. Jener körperliche Himmel aber, der Gewölbe heißt, ist unser äußerer Mensch, der körperlich wahrnimmt."[41] Das menschliche Leben stand im Zentrum aller Bibelauslegung. Konsequenterweise mündete die Exegese beständig in einen ethischen Impuls, so anlässlich der Aussage in Gen 1,7 f. über das Gewölbe, das die Wasser oberhalb von denen unterhalb scheidet:

„Ein jeder von euch", forderte Origenes seine Gemeinde auf, „trachte also danach, dass er zur Scheidelinie werde zwischen dem Wasser, das oben ist, und dem, das unten ist, damit er dadurch Einsicht und Anteil erlange am geistigen Wasser, das über dem Gewölbe ist, und ‚aus seinem Bauch Ströme' (Joh 7,38) ‚lebendigen Wassers' (Gen 26,19) fließen lasse, ‚das ins ewige Leben sprudelt' (Joh 4,14) – zweifelsohne geschieden und getrennt von dem Wasser, das unten ist, das heißt vom Wasser des Abgrunds, in dem, wie es heißt, die Finsternis liegt, in dem … ‚der Fürst dieser Welt' (Joh 12,31) und der Widersacher, der Drache und seine Engel (vgl. Offb 12,7), hausen. Durch seine Teilhabe an jenem oberen Wasser also, das, wie es heißt, über den Himmeln liegt, wird jeder Gläubige zum Himmlischen – wenn er seinen Sinn im Hohen und Erhabenen bewegt, nicht ans Irdische, sondern ganz ans Himmlische denkt und nach dem sucht, was oben ist, wo Christus zur Rechten des Vaters weilt (vgl. Kol 3,1). Dann nämlich wird Gott auch ihn des Lobes für würdig erachten, das

[40] Origenes: *Genesishomilien* 1,11. Übers. nach Habermehl (2011), 49.
[41] Origenes: *Genesishomilien* 1,2. Übers.: Habermehl (2011), 29–31.

hier geschrieben steht, wenn es heißt: ‚Und Gott sah, dass es gut ist' (Gen 1,8).[42]

Mit einem seiner Lieblingsbilder beschrieb Origenes die Bibel als Brunnen.[43] Die Brunnen stehen einerseits für die Heilige Schrift, andererseits für die Seele, die sich der Heiligen Schrift mit Hingabe widmet.[44] Diese beiden Gedanken waren bei Origenes fest miteinander verbunden: Beide, Bibel und Seele, leben ein geistiges Leben, das auf Gott zurückgeht; sie besitzen, wie Henri de Lubac dies beschrieben hat, „dieselbe Struktur, vielmehr dieselbe ‚Inspiration'", insofern „das gleiche Gottesantlitz auf dem Grund beider leuchtet, in beiden das gleiche ewige Wort widerhallt. Je tiefer ich in den Sinn der Schrift eindringe, desto mehr verstehe ich den verborgenen Sinn meines Daseins."[45] Schon Philon hatte die Brunnen, von denen in der Bibel die Rede ist, als Symbol für Bildung und Wissenschaft gedeutet.[46] In Anlehnung an die Erzählung im Buch Genesis, in der Rebekka täglich zum Brunnen kommt, um Wasser zu schöpfen (vgl. Gen 24,11.15), erklärte Origenes die Bibel als Brunnen, aus dem täglich zu schöpfen ist:

Eine Unterweisung für die Seelen ist das, eine geistige Lehre, die dich anhält und lehrt, jeden Tag zum Brunnen der Schriften zu kommen,

---

[42] Origenes: *Genesishomilien* 1,2. Übers.: Habermehl (2011), 31.

[43] Vgl. Origenes: *Genesishomilien* 7,5 f., dazu Origenes: *Johanneskommentar* 13,1,3 f.; *Genesishomilien* 11–13 *passim*; *Hoheliedkommentar* prol. 4,6 f.; *Jeremiahomilien* 18,4. Einen Höhepunkt findet das Thema in den *Numerihomilien* 12,1–3.

[44] Vgl. Origenes: *Genesishomilien* 13,3 f.; *Numerihomilien* 12,2. „Die Quelle der Brunnen" ist die Trinität, wie Origenes: *Numerihomilien* 12,1, ausführlich erläutert.

[45] De Lubac (1968), 406. Vgl. zur Analogie von Schrift und Seele ebd. 405–409 und zur Analogie zwischen Schrift, Seele und Welt ebd. 404–415.

[46] Philon: *Quaestiones in Genesim* 4,191; *De plantatione* 79 f.; *De fuga et inventione* 200, wo er die Brunnen als „tiefgründige Wissenschaften, aus denen trinkbare Gedanken sprudeln", charakterisiert.

zu den Wassern des Heiligen Geistes, und allezeit zu schöpfen und ein volles Gefäß nach Hause zu tragen …[47]

Bibellektüre und Bibelauslegung sind eine geistige Übung zur Bildung der Seele *(animarum eruditio et spiritalis doctrina).* Die Lektüre und Kommentierung heiliger Texte wird zur Seelenführung, die die Seele zu Gott geleitet:

Es steht aber fest, dass diese Vereinigung der Seele mit dem Wort nicht anders geschehen kann als durch die Unterweisung durch die göttlichen Bücher, die bildlich Brunnen genannt werden. Wenn einer zu ihnen kommt und Wasser aus ihnen schöpft, das heißt durch sein Nachdenken tiefere Bedeutung und Erkenntnis in ihnen findet, wird ihm eine Hochzeit zuteil werden, die Gottes würdig ist; denn seine Seele wird mit Gott vermählt.[48]

Anlässlich der Auslegung der Arche Noah kleidete Origenes die Bedeutung der Bibel für die Seele und das Leben des Bibellesers noch in ein anderes Bild, nämlich dem einer Bibliothek im Herzen:

Wenn es jemanden gibt, der sich inmitten wachsender Übel und überströmender Laster von den flüchtigen und vergänglichen und hinfälligen Dingen abzuwenden und das Wort Gottes und die himmlischen Gebote zu hören vermag, der baut in seinem Herzen die Arche des Heils und weiht in sich sozusagen die Bibliothek des göttlichen Wortes. … Doch diese Bibliothek errichtet er nicht aus den Werken weltlicher Autoren, sondern aus den prophetischen und apostolischen Büchern. Sie (sc. ihre Verfasser) nämlich sind es, die in vielfältigen Versuchungen bewährt und deren Laster alle getilgt und ausgemerzt sind und die ein … in jeder Hinsicht ausgewogenes Leben in sich bergen.[49]

---

[47] Origenes: *Genesishomilien* 10,2. Übers.: Habermehl (2011), 199.
[48] Origenes: *Genesishomilien* 10,5. Übers.: Habermehl (2011), 207.
[49] Origenes: *Genesishomilien* 2,6. Übers.: Habermehl (2011), 87. Vgl. de Lubac (1968), 405. – Siehe auch Origenes: *Exodushomilien* 9,4: Jeder „soll im Innersten seines Herzens … die Bundeslade mit den Gesetzes-

Hinter dieser Vorstellung stand der „in die Seele geschriebene“ Logos bei Platon.[50] Sie vermochte den Stellenwert der Bibel als Basis christlichen Lebens und den Gedanken von Bibellektüre und Bibelauslegung als Lebensform treffend zum Ausdruck zu bringen.[51]

Die zentrale Funktion der Bibel im antiken Christentum war die Schaffung eines christlichen *way of life* im Kontext der antiken Welt.[52] Das ganze exegetische Bemühen des Origenes war darauf ausgerichtet, die Bedeutung der biblischen Texte für das Leben herauszufinden und zu vermitteln. Die durch Exegese zu gewinnende Erkenntnis war epistemologisch und ethisch zugleich. Sie zielte auf intellektuellen Fortschritt wie auf moralische Besserung als Hinführung zur Gotteserkenntnis.[53] Die Aufgabe des Exegeten besteht nach Origenes darin, die Bibel als pädagogisches Hilfsmittel für die Reise der Seele zu Gott zu erschließen. Der dreifache Sinngehalt der Schrift in Analogie zu Körper, Seele und Geist des Menschen,[54] der fast durchweg als methodische Anweisung auf einen (angeblichen) dreifachen Sinn der Schrift hin missinterpretiert

tafeln haben, um Tag und Nacht über die Weisung Gottes nachzusinnen (vgl. Ps 1,2) und sein Gedächtnis zu einer Truhe und Bibliothek der Bücher Gottes zu machen, weil auch der Prophet diejenigen selig nennt, die seine (sc. Gottes) Anweisungen im Gedächtnis bewahren, um sie zu tun (vgl. Ps 105,3; Ez 37,24).“

[50] Platon: *Phaidros* 276a5 f.8 f.; 278a3.

[51] Vgl. noch Origenes: *Jeremiahomilien* 4,6: „Die wahrhaftige Bekehrung also besteht darin, die alten Bücher (sc. das Alte Testament) zu lesen, um die Gerechtfertigten zu erkennen und sie nachzuahmen, jene zu lesen, um die Getadelten zu sehen und sich davor zu hüten, jenen Vorwürfen zu verfallen, die Bücher des Neuen Bundes zu lesen, die Worte der Apostel, um sich nach dem Lesen all dies ins Herz zu schreiben und danach zu leben …“ Vgl. Origenes: *Jeremiahomilien* 2,3: Wir sollen „die Worte der Schriften … in unserem Herzen aufbewahren und nach ihnen leben“.

[52] Vgl. Young (1997), 215; Martens (2012), 243.

[53] Vgl. Trigg (1998), 11 f.

[54] Vgl. Origenes: *De principiis* 4,2,4.

wird,[55] entspricht den verschiedenen Etappen dieses Weges, der von der Reinigung von Affekten und falschen Handlungen über die stufenweise Erkenntnis des Logos zur Vollkommenheit im beständigen Verlangen nach der Gottesschau führt.[56] Am Ende des Prologs zum Hoheliedkommentar verband Origenes die Sequenz der salomonischen Bücher mit diesem Weg des Fortschritts und Aufstiegs und erklärte den Sinn dieser Abfolge so:

Wer durch die Läuterung seines Charakters und das Halten der Gebote, auf die in den Sprichwörtern hingewiesen wird, die erste Stufe erreicht hat, danach aber dadurch, dass er (sc. in Kohelet) die Nichtigkeit der Welt begreift und die Hinfälligkeit der vergänglichen Dinge erkennt, an den Punkt kommt, dass er der Welt und allen Dingen in ihr entsagt, der gelangt schließlich auch (sc. im Hohelied) dahin, das, ‚was nicht gesehen werden kann und ewig ist' (vgl. 1 Kor 4,18), zu betrachten und zu ersehnen.[57]

Im selben Sinne erklärte Origenes in einer berühmten Numerihomilie die Namen der 42 Lagerplätze der Israeliten auf dem Zug durch die Wüste: Die ersten zwölf stehen für die Überwindung der Laster und Leidenschaften, die nächsten 29 (nach dem Sinai) für ein beständiges Fortschreiten in der Erkenntnis des Göttlichen und die letzte (nur die letzte) für

---

[55] Repräsentativ von de Lubac (1968), 169–200, der den Bezug zur Seele zwar zur Sprache bringt (ebd. 173; 179 f.), ihn aber nicht eigens thematisiert. Vgl. ferner Grant (1957), 94 f.; Hanson (1959), 235–258; Martens (2012), 197 f.

[56] So vor allem Torjesen (1986), 40–43. Torjesen aufgreifend, verbindet Dively Lauro (2005) beide Deutungen („categories of doctrine or teaching" mit „senses of meaning": ebd. 36) und versucht zu zeigen, dass die Verknüpfung des psychischen mit dem pneumatischen Sinn der Schlüssel für die Führung des Hörers zum Heil ist (vgl. ebd. 14; 36; 238).

[57] Origenes: *Hoheliedkommentar* prol. 3,22. Zur Verschränkung von Physik und Ethik in der Auslegung des Buches Kohelet durch Origenes siehe Fürst (2014b).

die Stufe unmittelbar vor dem Eintauchen in die Erkenntnis Gottes.[58] Diese Reise der Seele, die zugleich der Prozess ihrer Heilung ist, ist das zentrale Prinzip der Bibelauslegung des Origenes.[59] Die Bibel wurde geschrieben „zur Heilung (Therapie) der Seele",[60] „überall in den göttlichen Schriften" sind „Heilmittel für die Seele ausgesät",[61] allein schon das Hören der Worte der Schrift vertreibt wie ein Heiltrank das Gift schädlicher Kräfte,[62] die Propheten und die Lehrer sind „Ärzte der Seelen".[63] Seelenbildung ist Sinn und Zweck der Schrift wie ihrer Auslegung: Exegese ist Psychagogie.

5. Bibel und Kultur

Ende des 2. Jahrhunderts war die Bibel als neues Corpus literarischer Klassiker christlich etabliert und trat im christlichen Diskurs an die Stelle der antiken Klassiker. Diesem neuen Kanon autoritativer und heiliger Texte wurde die Offenbarung der Wahrheit zugeschrieben. Die Bibel lieferte fortan die Vorbilder, Zitate und Anspielungen, die nicht einfach nur der Ausschmückung von wörtlichen und schriftlichen Äußerungen dienten, sondern eine fundierende Bedeutung für die Argumentation besaßen.[64] Dieser Vorgang bedeutete eine Herausforderung und Infragestellung der literarischen

---

[58] Origenes: *Numerihomilien* 27,9–12.

[59] Bahnbrechend: Völker (1931). Siehe ferner de Lubac (1968), 214–232; Torjesen (1986), 70–107; Young (1997), 217–284; Martens (2012), 212–216.

[60] Origenes: *Johanneskommentar* 10,28,174.

[61] Origenes: *Psalmenhomilien* 37,1,1.

[62] Origenes: *Philokalie* 12,2. Vgl. ferner Origenes: *Josuahomilien* 20,2; *Jeremiahomilien* 2,1 f.; 3,7; 20,3.

[63] Origenes: *Jeremiahomilien* 14,1; *Psalmenhomilien* 37,1,1. Vgl. Martens (2012), 193; Fürst (2014a), 23 f.

[64] Siehe Young (1997), 49–75; 97–116; 130.

Kultur, von der die antike Welt geformt wurde: Auf der Basis der Bibel schufen die Christen eine alternative *Paideia*.

Origenes hat die Erschließung dieses neuen Kanons klassischer Texte in Angriff genommen und ihn für die christliche Lebensführung fruchtbar gemacht. Indem er die antike Gelehrsamkeit in die Bibelauslegung einführte, verknüpfte er die neue christliche *Paideia* mit der antiken Kultur. Auf der Basis wissenschaftlicher philologischer Methoden und philosophischer Hermeneutik interpretierte er die Texte der Bibel als Einführung in ein tieferes Wirklichkeitsverständnis. Das Ziel der Exegese des Origenes war eine neue Deutung der gesamten Wirklichkeit auf der Basis der Bibel. Entsprechend seiner Hermeneutik bedingen und befruchten sich Bibel- und Weltdeutung gegenseitig: Die Welt des Textes erklärt die Welt außerhalb des Textes, und umgekehrt ermöglicht die Welt außerhalb des Textes das Verstehen der Welt des Textes. Diese Verknüpfung ist notwendig, wenn ein religiöses Dokument wie die biblischen Schriften kulturelle Wirksamkeit entfalten soll. Ein autoritativer Text ist darauf angewiesen, sich auf die Welt zu beziehen, in der die Menschen leben, und seine Akzeptanz hängt von den Plausibilitätsstrukturen der Kultur ab, in deren Kontext er gelesen wird.[65] Eben diese Verknüpfung hat Origenes, wie oben beschrieben, geleistet.

Die christliche Kultur, die auf diese Weise grundgelegt wurde, war zu einem beträchtlichen Teil ein Spiegel der antiken Kultur. Indem Origenes die Bibel im Kontext antiker Methodik und Hermeneutik las und eng mit der Philosophie verknüpfte, schuf er ein Amalgam aus antiken und biblischen Traditionen, das nicht aufgelöst werden kann, ohne dabei zerstört zu werden.[66] Das bedeutet keineswegs, dass

---

[65] Vgl. Young (1997), 139.
[66] Vgl. de Lubac (1968), 383.

antike und christliche Kultur letztlich dasselbe gewesen oder dass biblische Traditionen, die ja ihrerseits aus der antiken Kultur- und Religionsgeschichte erwachsen sind, nur mit antiker Kultur verknüpfbar wären. Es bleiben Unterschiede inhaltlicher Art – die sich, was Origenes im Gegenüber zum Platonismus angeht, an den Stichworten ‚Inkarnation' und ‚Heilsuniversalismus' festmachen lassen –, so dass die Bibel mit verschiedenen Kulturen in unterschiedlichen Formen verknüpft werden kann und die von Origenes und den antiken Theologen geschaffene Verbindung das erste, aber nicht einzig mögliche Paradigma für eine solche Kombination darstellt. Origenes jedenfalls hat Gemeinsamkeiten und Unterschiede differenziert beschrieben. Auffällig daran ist, wie weit er die inhaltlichen Gemeinsamkeiten gerade im Gottesbild und in der Ethik fasste:

> Denn weder steht die Philosophie in jeder Hinsicht im Widerspruch zum Gesetz Gottes, noch stimmt sie in jeder Hinsicht mit ihm überein. Denn viele Philosophen schreiben, es gebe einen einzigen Gott, der alles erschaffen habe. Darin stimmen sie mit dem Gesetz Gottes überein. Einige haben noch hinzugefügt, dass Gott durch sein Wort alles erschaffen habe und lenke und dass es das Wort Gottes sei, durch das alles geleitet werde. Damit schreiben sie Dinge, die nicht allein mit dem Gesetz, sondern mit den Evangelien übereinstimmen. Die sogenannte Ethik und Naturlehre aber teilt praktisch in jeder Hinsicht unsere Standpunkte. Doch sie steht in Widerspruch zu uns, wenn sie behauptet, die Materie sei ebenso ewig wie Gott. … Doch es gibt noch zahllose andere Punkte, in denen sie mit uns in Widerspruch stehen oder übereinstimmen.[67]

Der formale Hauptunterschied bestand darin, dass im christlichen Diskurs an erster Stelle (nicht ausschließlich) auf ein anderes Set an Texten und Geschichten Bezug genommen

---

[67] Origenes: *Genesishomilien* 14,3. Übers.: Habermehl (2011), 255–257. Vgl. Origenes: *De principiis* 1,3,1; 2,1,4.

wurde (die Bibel) als in der antiken Kultur (Homer bzw. Vergil und die übrigen literarischen Klassiker). In der zugehörigen christlichen Rhetorik wurde die antike Kultur der Bibel gewiss untergeordnet, in der diskursiven Praxis lief es auf christlicher Seite freilich eher auf eine gegenseitige Durchdringung hinaus.[68] Umgekehrt wurde die Bibel auch nicht einfach nur als Rechtfertigung für die Übernahme philosophischer Grundsätze herangezogen,[69] sondern spiegelt sich in entsprechenden Kombinationen die kulturelle Dominanz der Bibel als Grundlage auch für Ansichten oder Praktiken, die nicht ursprünglich aus der Bibel stammten.

Mit dem Akzent auf Paränese und Pädagogik, den gerade Origenes in seiner Bibelauslegung setzte, hat das antike Christentum weniger den Charakter eines Kultes angenommen als regelrecht den einer Schule, einer „Schule der Seelen" *(schola animarum)*, ja sogar eines „Hörsaals" *(auditorium)*, als den Origenes das Paradies beschrieb.[70] Am stärksten war die Prägung der christlichen Lebensführung durch die Bibel im Mönchtum, in der diese (besonders die Psalmen) die Basis für die geistigen Übungen abgaben und das alltägliche Leben bis ins kleinste Detail formten.[71] Über die Liturgie wurden allerdings auch die vielen einfachen Christen erreicht. Allein durch das Lesen umfangreicher Abschnitte aus der Bibel wurden das Geschichtsbild und generell die Bilderwelt der Hörer geformt, und in den Homilien versuchten die Prediger

---

[68] Young (1997), 68 stellt das zu einfach dar.

[69] So jedoch Hadot (2005), 63 f., mit Bezug auf geistige Übungen aus der antiken Philosophie im christlichen Mönchtum.

[70] Diese Begriffe gebrauchte Origenes: *De principiis* 2,11,6, für das Paradies als den Ort, an dem die Seelen nach dem Tod zur weiteren Erziehung verweilen. Vgl. Young (1997), 244; Martens (2012), 236–239 mit vielen weiteren Stellen, ebd. 237 Anm. 47, an denen Origenes das Leben im Jenseits mit Erziehung verbindet.

[71] Siehe Hadot (2005), 51–63.

gezielt, das Denken und das Leben der Christinnen und Christen zu beeinflussen. Gewiss muss man einerseits eine Distanz zwischen gepredigten Idealen und gelebter Realität annehmen, doch kann man andererseits auch davon ausgehen, dass der durchschnittliche Christ zur Zeit des Origenes über eine relativ breite Bibelkenntnis verfügte und die Bibel eine wichtige Rolle in der alltäglichen Lebensgestaltung spielte.[72] Mit der Emphase auf Ethik und Lebensführung und mit den dogmatischen Erläuterungen zu christlichen Lehrmeinungen haben gerade die Prediger, die sämtlich Exegeten waren und meist über Bibeltexte predigten, auf lange Sicht wesentlich zur Schaffung einer christlichen Kultur im Sinne einer Gesamtdeutung der Welt und des Lebens beigetragen.[73]

Origenes schuf mit seiner Methodik und Hermeneutik der Bibel, mit seinen riesigen Kommentaren und seinen zahlreichen Predigten die systematischen Grundlagen für diese Entwicklung. In diesem Sinne kann er als Schöpfer christlicher Wissenschaft und Kultur apostrophiert werden. Für den Bibelausleger selbst war die Exegese dabei Lebensform, insofern er mit seiner eigenen Existenz paradigmatisch vorlebte, was eine auf die Bibel gegründete christliche Kultur konkret bedeutete. Origenes hat dazu ein fundamentales Konzept mit höchst weitreichenden Konsequenzen vorgelegt und vorgelebt.[74] Gegen Dualismen jedweder Art, zu Origenes' Zeiten besonders die diversen gnostischen Systeme, insistierte Origenes auf der Rationalität der Vielheit der Phänomene und konzentrierte er seine Theologie-Philosophie darauf, das Universum als verstehbare Einheit zu denken. ‚Wahrheit' (und also ‚Orthodoxie') war für Origenes dieser Blick auf die

---

[72] So Hanson (1959), 360 f.
[73] Siehe Young (1997), 221–264.
[74] Siehe Williams (1998).

Wirklichkeit, ‚falsch' (und also ‚häretisch') war es in seinen Augen, Unterscheidungen als Lösungen zu präsentieren und damit Dualismen festzuschreiben, die deterministisch sind und die Freiheit zerstören, ja von vorneherein unmöglich machen, statt Unterscheidungen als heuristisches Mittel zur Erfassung der Einheit und Gesamtheit der Wirklichkeit vorzunehmen. Als Fundament der Einheit betrachtete Origenes die Bibel. Die zentrale Aufgabe des Exegeten bestand deshalb darin, die Einheit der Schrift darzulegen:

> An die Schrift in ihrer Gesamtheit muss man wie an einen einheitlichen Leib herangehen und darf die in der Harmonie ihrer Gesamtkomposition so straffen und festen Zusammenhänge nicht zerbrechen oder zerreißen, wie es die getan haben, die die alle Schriften umfassende Einheit des Geistes nach Kräften zerbrechen.[75]

Nur wenn das gelingt, kann die Bibel als Fundament für Lehre und Leben der Kirche fungieren. Der Exeget stand damit vor einer überaus bedeutsamen und verantwortungsvollen Aufgabe: Seine exegetische Tätigkeit war Mitarbeit an der Konstituierung der Einheit der christlichen Lehre – die für Origenes durchaus unterschiedliche Denkwege und Gedankenexperimente implizierte – und der Einheit der Kirche.[76] Das Leben und die Arbeit des spirituellen Exegeten waren deshalb fundierend und unverzichtbar: Er deckte die Einheitlichkeiten auf, die in den vielfältigen Buchstaben des Textes verborgen sind. Wenn er das zu leisten vermochte, zeigte er, dass diese Einheit möglich ist, und gab so ein Beispiel für die anderen Christinnen und Christen, die aufgerufen waren, das in Freiheit ihrerseits zu leisten. In diesem Sinne bot der Exeget den anderen ein Lebensmodell an, dem

---

[75] Origenes: *Johanneskommentar* 10,18,107. Vgl. ebd. 5,5–8; 6,1 f.; 20,6,43 f.

[76] Vgl. Williams (1998), 54 f.

sie folgen konnten[77] und das für jede Christin und jeden Christen von existentieller Bedeutung war: Indem die Exegese die Präsenz Christi, des Logos, in der Schrift aufzeigte, setzte sie die Pädagogik der Inkarnation fort und brachte das Werk der Erlösung gleichsam in jede einzelne Seele hinein, die dadurch ihrerseits aufgerufen wurde, an diesem Werk der ‚Erbauung' der christlichen Gemeinschaft mitzuwirken.[78] Die von ihm geliebte Symbolik des Brunnens hat Origenes gezielt in diesem Sinne auf jeden einzelnen Zuhörer und jede einzelne Zuhörerin seiner Predigten angewandt:

> Versuche also auch du, lieber Zuhörer, einen eigenen Brunnen und eine eigene Quelle zu haben (vgl. Spr 5,15.18), damit auch du, wenn du ein Buch der heiligen Schriften in die Hände genommen hast, aus eigener Ansicht irgendeine Einsicht vorzutragen beginnst.[79]

Dieses Konzept geriet vom 4. Jahrhundert an in die Krise, als institutionelle Strukturen als Garanten von Einheit (Bischofsamt, Glaubensbekenntnisse mit festem Wortlaut) mächtiger wurden, als sie es zur Zeit des Origenes waren. Im Zuge dieser spätantiken Entwicklung wurde Origenes, der *vere Christianus* und *vere Platonicus*, eben aufgrund dieser Verknüpfung zum *Origenes haereticus*. Gleichwohl bildete sein Konzept auch in dieser Zeit die bleibende Basis für eine christliche Kultur. Christentum im Sinne des Origenes ist „der *beständige* Prozess der Suche nach einheitlichen Auslegungen für Schrift und Welt".[80] Christliche Kultur nach Origenes ist Bibelauslegung als meditative Übung im Dialog mit den geistigen Errungenschaften der jeweiligen Gegenwart und in geistiger

---

[77] Vgl. Williams (1998), 57.

[78] So das Fazit von Torjesen (1986), 147; vgl. ebd. 136; 138.

[79] Origenes: *Genesishomilien* 12,5. Vgl. de Lubac (1968), 408 f. – Origenes: *Numerihomilien* 12,1 betont, dass „jeder von uns in sich selbst einen Brunnen hat".

[80] Williams (1998), 58 (kursiv im Original).

Freiheit. Ziel der spirituellen Übungen ist es, Vertrauen in die Einheit des Kosmos zu gewinnen, der in allem vom Logos, dem kosmischen Christus,[81] durchwaltet ist.

6. Der Eros der Exegese

Anders als von Ängsten gesteuerte Christen hat Origenes dieses Vertrauen aufgebracht und ständig investiert. „Eine erfrischende Brise der Freiheit von Angst durchweht die Bibelauslegung des Origenes", schrieb Richard Hanson.[82] Platons Eros der Philosophie wurde bei Origenes zum Eros der Exegese.[83] Durch ständige Beschäftigung mit dem Wort Gottes in den Worten der Bibel ist der Ausleger sowohl kognitiv als auch affektiv Gott nahe. Bibelauslegung ist in diesem Sinne ‚erotisch',[84] der Text übt eine ‚erotische' Wirkung auf den Leser oder die Leserin aus und zieht sie unwiderstehlich an. Die Küsse des Bräutigams, der Christus ist, meinte Origenes im Hoheliedkommentar angeregt von Hld 1,2, sind Einblicke in die tiefere Bedeutung der oft schwer verständlichen und rätselhaften Schrift:

> Solange die Seele nämlich unfähig war, die reine und feste Lehre des Wortes Gottes selbst zu erfassen, empfing sie notwendigerweise Küsse, das heißt Gedanken, durch den Mund von Lehrern. Sobald sie aber anfängt, von sich aus die verborgenen Lehren einzusehen, die verworrenen Dinge zu entwirren, die schwer verständlichen Lehren aufzulösen, die Parabeln und Rätsel und die Aussprüche der Weisen durch angemessene Gedankenlinien zu erläutern, dann soll sie glau-

---

[81] Siehe dazu Lyons (1982).

[82] Hanson (1959), 365.

[83] Für die philosophisch-platonischen Aspekte von Origenes' Eros-Begriff siehe Rist (1964), 195–212.

[84] Trigg (1998), 49. Siehe dazu Cox Miller (1986).

ben, dass sie nunmehr die Küsse ihres Bräutigams selbst, das heißt des Wortes Gottes, empfangen hat.[85]

Der Ausleger hört „die Stimme des Geliebten“ (Hld 2,8a), der zur Braut – zum Exegeten – kommt,[86] und „die jungen Frauen, die sie hören, entbrennen mehr und mehr in Zuneigung und Liebe zum Bräutigam“.[87] Und „nur wer das Wort Gottes mit ungeteilter Hingabe in seinem Herzen und mit aller Liebe umfängt, der allein wird den Duft seines Wohlgeruchs und seiner Lieblichkeit verkosten können“.[88] Umgekehrt „liebt der Bräutigam, das Wort Gottes, die Braut, die Seele, die in der Blüte überhimmlischer und überirdischer Schönheit steht“.[89] Statt eher abstrakt an das Wort Gottes konnte Origenes solche ‚erotische‘ Zuneigung auch direkter an Jesus adressieren:

> Wenn jemand die Welt verlassen, wenn jemand aus dem Gefängnis und aus dem Gefangenenhaus freikommen will, dann nehme er Jesus in seine Hände, dann umschlinge er ihn mit seinen Armen, dann drücke er ihn gegen seine Brust. Vor Freude jubelnd wird er gehen können, wohin er will.[90]

In solcher Innigkeit und Zärtlichkeit, in der sich die mittelalterliche Jesusmystik von ferne ankündigt, dürfte der Kern

[85] Origenes: *Hoheliedkommentar* 1,1,11.

[86] Origenes: *Hoheliedkommentar* 3,11,1–3.

[87] Origenes: *Hoheliedkommentar* 2,11,3. Vgl. ebd. prol. 2,46: „Die vorliegende Schrift (sc. das Hohelied) redet also von der Liebe, in der die beglückte Seele zum Wort Gottes entbrennt und entflammt wird.“

[88] Origenes: *Hoheliedkommentar* 2,10,11.

[89] Origenes: *De oratione* 17,2. Übers.: von Stritzky (2014), 167. Zur Logosmystik des Origenes siehe Völker (1931), 98–116, bes. ebd. 104–107 mit vielen Belegen für die gefühlsbetonte und leidenschaftliche Sprache, in der Origenes das Verhältnis zwischen Seele und Logos beschreibt.

[90] Origenes: *Lukashomilien* 15,2. Übers.: Sieben (1991), 178–180. Zur sehr persönlichen Jesus-Frömmigkeit des Origenes siehe de Lubac (1968), 75–79; Hausherr (1960), 43–52; zum Vollkommenheitsideal des Origenes als Nachfolge Christi siehe Völker (1931), 215–228.

von Origenes' Leben und seines unermüdlichen exegetischen Schaffens liegen. „Daher auch", schrieb Henri de Lubac, „der ergreifende und unvergängliche Reiz so vieler Seiten, die sich sonst weder durch wissenschaftliche Schärfe, noch durch Glanz der Bilder oder des Stils auszeichnen. Die Heilige Schrift ist seine Freude und sein Trost. ... Sie ist der erfrischende Quell, in dem sich seine Seele erneuert. Sie ist der weite Raum, in dem er Gott erkundet."[91] Oder wie Origenes selbst das beschrieben hat:

> Bricht Drangsal über uns herein, erfasst uns die Angst der Welt, erdrücken uns die Bedürfnisse des Leibes, so suchen wir die Weite der Weisheit und des Wissens Gottes, in der sich die Welt nicht beengt finden kann. Ich kehre zurück zu den unermesslichen Ebenen der göttlichen Schriften; auf ihnen suche ich den geistigen Sinn des Wortes Gottes, und keine Angst wird mich hier mehr bedrücken. Ich galoppiere durch die riesigen Räume der mystischen Einsicht.[92]

Nicht zuletzt aus dieser nicht bloß intellektuellen, sondern auch emotionalen und daher umfassend menschlichen Tiefe erklären sich wohl die Faszination und der tiefgehende Einfluss, den Origenes sowohl zu seinen Lebzeiten mit seiner Persönlichkeit und als Lehrer der Theologie als auch später mit seinen Texten ausgeübt hat.

7. Exegese als Lebensform für die Ewigkeit

Als Abschluss dieser das Thema aus verschiedenen Perspektiven umkreisenden Überlegungen passt eine wunderbare Stelle in den neu entdeckten Münchner Psalmenhomilien.

---

[91] De Lubac (1968), 96.

[92] Origenes: *Römerbriefkommentar* 7,9,2. Übers.: de Lubac (1968), 97 (vgl. ebd. 381).

„Ich aber will verkünden für die Ewigkeit und lobsingen dem Gott Jakobs“, lautet die Stelle, die Origenes auslegt (Ps 74,10). Er erklärt dazu:

> Unser Lehrer und Herr verfügt über so viele Wissenschaften, dass er nicht etwa für zehn Jahre verkünden kann wie der Grammatiker, der dann nicht mehr weiß, was er lehren wird, oder auch wie der Philosoph, der seine Überlieferung verkündet und nichts Neues mehr zu sagen hat. Dagegen sind die Wissenschaften Christi so viele, dass er für die ganze Ewigkeit verkünden wird.[93]

Der Verkünder im zitierten Text ist Christus selbst, der Theologie im wahren Sinn des Wortes treibt, der von Gott redet, besser: von Gott kündet. Das hört er natürlich nie auf, sondern tut es immerzu. Gleichwohl dürfte die Notiz autobiographisch zu verstehen sein: Vom Beruf des Grammatikers, den er in seiner Jugend ausübte, um den Unterhalt der vaterlos gewordenen Familie zu sichern, hat Origenes sich rasch abgewandt, Philosoph im professionellen Sinne wollte er nie sein. Die Wissenschaften Christi könnte man als ‚Theologie‘ bezeichnen. Doch meint dieser Begriff in der Antike wörtlich die Rede von Gott und findet sich bei Philosophen genauso. Ich würde sagen, es ist die Exegese. Die Wissenschaft Christi ist die Wissenschaft des Logos, des Wortes Gottes. Das Wort Gottes steht in der Bibel, der Logos offenbart sich in den Worten der Bibel. Sein ganzes Leben hat Origenes der Erforschung dieser Worte gewidmet, getreu dem von ihm gern zitierten Aufruf aus Joh 5,39: „Erforscht die Schriften!“,[94] und als Exeget hat er sich vor allem verstanden, das heißt: als See-

---

[93] Origenes: *Psalmenhomilien* 74,1,6 (*Codex Monacensis graecus* 314, fol. 161). Übers.: Perrone (2013), 214.

[94] Origenes: *De principiis* 4,3,5; *Johanneskommentar* 5,6; 6,20,109; 6,59,303; *Johanneskommentar. Fragmente* 37. 48; *Contra Celsum* 3,33; 5,16; 6,7; 6,37; *Römerbriefkommentar* 3,4,9; 7,15,2. In den Jesajahomilien 2,2 sagt Origenes dazu: „Täten wir doch alle, was geschrieben steht!“ Zu den

lenarzt.[95] Was Origenes in dieser Psalmenpredigt formuliert, ist Exegese als Lebensform im nicht mehr überbietbaren Sinn, nämlich nicht nur als Lebensform für das Diesseits, sondern als Lebensform, die über das Dasein in dieser Welt hinausreicht. Die Beschäftigung mit den Logoi Christi und darin mit dem Logos Christus wird nie ein Ende nehmen. Die Angleichung des Menschen an Gott, die darin vollzogen wird – das alte antike Programm in christlicher Version –, ist ein nie endendes Projekt. Das meint Origenes gewiss nicht negativ in dem Sinne, dass es aussichtslos wäre, das Ziel zu erreichen. Es ist vielmehr eine Lebensform, die dauert, derer man nicht überdrüssig wird, die unbegrenzt, ewig hält:

> Denn es gibt kein Ende – denn was könnte der Weisheit Gottes eine Grenze setzen? Je weiter einer darin fortschreitet, desto tiefere Geheimnisse wird er entdecken, und je mehr einer erforscht hat, umso mehr wird er es als unaussprechlich und unbegreiflich erkennen; unbegreiflich und unerschöpflich ist nämlich Gottes Weisheit, weswegen die, die auf dem Weg der Weisheit Gottes wandeln, ... unaufhörlich unterwegs sind und unaufhörlich voranschreiten, und je mehr sie voranschreiten, umso weiter öffnet sich ihnen der Weg zum Voranschreiten und erstreckt sich ins Unendliche.[96]

Bei aller Angleichung an den Logos und an Gott bleibt immer der Abstand des Geschöpfes vom Schöpfer, der nie überwunden wird, weshalb die Strebensrichtung des Geschaffenen auf den Urgrund des Seins hin immer zu seiner essentiellen Dynamik gehört. Die ewige Angleichung an Gott wird aufgrund von Gottes Unendlichkeit und Unerschöpflichkeit nie ein Ende finden, sondern immer neue Entdeckungen machen und daher nie langweilig werden. Das wird den erneuten

---

einzelnen Aspekten der damit einhergehenden Disposition des Exegeten siehe Martens (2012), 168–178.

[95] Siehe Fürst (2014a), 13–30.

[96] Origenes: *Numerihomilien* 17,4. Vgl. Völker (1931), 91.

Abfall von Gott aus Überdruss, Nachlässigkeit oder Trägheit, der die Vernunftwesen anfangs in ihre jetzige Situation gebracht hat, verhindern. Die exegetischen Tugenden, die Origenes propagiert, als da wären Interesse, Aufmerksamkeit und Einsatz, sind das Gegenteil dieser Fehler, die zum Fall geführt haben. Sie ermöglichen somit die Umkehrung des Falles durch Versenkung in die Worte Gottes und garantieren über die exegetischen Anstrengungen in diesem Leben hinaus die bleibende Kontemplation des Wortes Gottes und darin Gottes selbst.[97] Origenes unterrichtete Grammatik, er studierte Philosophie, aber sein Leben lang war er Künder des Wortes Gottes, und zwar als Exeget – Exeget, der er immer war, ob er Kommentare schrieb, ob er predigte oder ob er philosophisch disputierte. Der Himmel des Origenes ist voller Bibelleser und Exegeten.

Bibliographie

Quellen in deutscher Übersetzung

Origenes: *Die Homilien zum Buch Genesis.* Übers. von Peter Habermehl. Berlin u. a. 2011.

Origenes: *Die Homilien zum Ersten Buch Samuel.* Übers. von Alfons Fürst. Berlin u. a. 2014.

Origenes: *Psalmenhomilien.* Übers. von Lorenzo Perrone: „Origenes alt und neu. Die Psalmenhomilien in der neuentdeckten Münchner Handschrift“. In: *Zeitschrift für antikes Christentum* 17 (2013), 193–214.

Origenes: *Homilien zum Lukasevangelium.* Übers. von Hermann-Josef Sieben. Freiburg u. a. 1991.

Origenes: *Über das Gebet.* Übers. von Maria-Barbara von Stritzky. Berlin u. a. 2014.

[97] Siehe Martens (2012), 227–242, bes. 234; 242.

Literatur

Cox Miller, Patricia: „‚Pleasure of the Text, Text of Pleasure'. Eros and Language in Origen's *Commentary on the Song of Songs*". In: *Journal of the American Academy of Religion* 54 (1986), 241–253.

Dively Lauro, Elizabeth Ann: *The Soul and Spirit of Scripture within Origen's Exegesis*. Leiden / Boston 2005.

Fürst, Alfons: *Von Origenes und Hieronymus zu Augustinus. Studien zur antiken Theologiegeschichte*. Berlin / Boston 2011.

Fürst, Alfons: „Einleitung". In: Origenes: *Die Homilien zum Ersten Buch Samuel*. Übers. von Alfons Fürst. Berlin u. a. 2014, 3–114 (= 2014a).

Fürst, Alfons: „Der Anthropokosmismus des Origenes im Koheletkommentar des Hieronymus". In: Elisabeth Birnbaum / Ludger Schwienhorst-Schönberger (Hgg.): *Hieronymus als Exeget und Theologe. Interdisziplinäre Zugänge zum Koheletkommentar des Hieronymus*. Leuven / Paris / Walpole MA 2014, 43–86 (= 2014b).

Grant, Robert M.: *The Letter and the Spirit*. New York 1957 (Nachdruck: Eugene 2009).

Hadot, Ilsetraut: „Der fortlaufende philosophische Kommentar". In: Wilhelm Geerlings / Christian Schulze (Hgg.): *Der Kommentar in Antike und Mittelalter. Beiträge zu seiner Erforschung*. Leiden / Boston / Köln 2002, 183–199.

Hadot, Pierre: „Les divisions des parties de la philosophie dans l'Antiquité". In: *Museum Helveticum* 36 (1979), 218–231.

Hadot, Pierre: „Théologie, exégèse, révélation, écriture, dans la philosophie grecque". In: Michel Tardieu (Hg.): *Les règles de l'interprétation*. Paris 1987, 13–34.

Hadot, Pierre: „Philosophie I. Antike F. Die Einteilung der Philosophie in der Antike". In: *Historisches Wörterbuch der Philosophie* 7 (1989), 599–607.

Hadot, Pierre: *Philosophie als Lebensform. Antike und moderne Exerzitien der Weisheit*. Frankfurt a. M. ²2005.

Hanson, Richard P. C.: *Allegory and Event. A Study of the Sources and Significance of Origen's Interpretation of Scripture*. Richmond 1959 (Nachdruck mit einer Einführung von Joseph Wilson Trigg. Louisville / London 2002).

Harl, Marguérite: „Les trois livres de *Salomon* et les trois parties de la philosophie dans les Prologues des Commentaires sur le *Cantique des Cantiques* (d'Origène aux Chaînes exégétiques grecques)". In: Jürgen Dummer (Hg.): *Texte und Textkritik. Eine Aufsatzsammlung*. Berlin 1987, 249–269.

Hausherr, Irénée: *Noms du Christ et voies d'oraison*. Rom 1960.

Hengstermann, Christian: „Leben des Einen. Der Tugendbegriff des Origenes". In: Friedrich W. Horn / Ulrich Volp / Ruben Zimmermann (Hgg.): *Ethische Normen des frühen Christentums. Gut – Leben – Leib – Tugend*. Tübingen 2013, 433–453.

Hoffmann, Philippe: „Sur quelques aspects de la polémique de Simplicius contre Jean Philopon. De l'invective à la réaffirmation de la transcendance du ciel". In: Ilsetraut Hadot (Hg.): *Simplicius. Sa vie, son œuvre, sa survie*. Berlin / New York 1987, 183–221.

Kirchmeyer, Jean: „Origène, Commentaire sur le Cantique, prol. (GCS Origenes 8, Baehrens, p. 75, ligne 8)". In: *Studia Patristica X*. Berlin 1970, 230–235.

Kobusch, Theo: *Christliche Philosophie. Die Entdeckung der Subjektivität*. Darmstadt 2006.

De Lubac, Henri: *Geist aus der Geschichte. Das Schriftverständnis des Origenes*. Einsiedeln 1968.

Lyons, James A.: *The Cosmic Christ in Origen and Teilhard de Chardin. A Comparative Study*. Oxford 1982.

Martens, Peter W.: *Origen and Scripture. The Contours of the Exegetical Life*. Oxford 2012.

Neuschäfer, Bernhard: *Origenes als Philologe*. Bde. 1–2. Basel 1987.

Rist, John M.: *Eros and Psyche. Studies in Plato, Plotinus, and Origen*. Toronto 1964.

Saffrey, Henri Dominique: „Quelques aspects da la spiritualité des philosophes néoplatoniciens de Jamblique à Proclus et Damascius". In: *Revue des Sciences Philosophiques et Théologiques* 68 (1984), 169–182.

Schockenhoff, Eberhard: *Zum Fest der Freiheit. Theologie des christlichen Handelns bei Origenes*. Mainz 1990.

Skeb, Matthias: *Exegese und Lebensform. Die Proömien der antiken griechischen Bibelkommentare*. Leiden / Boston 2007.

Torjesen, Karen Jo: *Hermeneutical Procedure and Theological Method in Origen's Exegesis*. Berlin / New York 1986.
Trigg, Joseph Wilson: *Origen*. London / New York 1998.
Völker, Walther: *Das Vollkommenheitsideal des Origenes. Eine Untersuchung zur Geschichte der Frömmigkeit und zu den Anfängen christlicher Mystik*. Tübingen 1931.
Williams, Rowan D.: „Origenes – ein Kirchenvater zwischen Orthodoxie und Häresie". In: *Zeitschrift für antikes Christentum* 2 (1998) 49–64.
Young, Frances M.: *Biblical Exegesis and the Formation of Christian Culture*. Cambridge 1997.

Flickenteppich und pagane Bibel

Vergilverehrung in der Spätantike

Ulrike Egelhaaf-Gaiser

1. Vergil im kaiserlichen Brautgemach

Mutmaßlich im Jahr 374 n. Chr. feiert der Thronfolger Gratian im römischen Gallien seine Hochzeit mit Constantia. Zu diesem Anlass wird ihm von seinem Erzieher Ausonius ein aus heutiger Sicht einigermaßen überraschendes Geschenk überreicht: Es handelt sich um einen ‚Flickenteppich', ein sogenanntes *Cento*, das Gratians Vater, der Kaiser Valentian, bei Ausonius bestellt hatte.[1] Der Begriff des Flickenteppichs ist mitnichten despektierlich gemeint. Wörtlich übersetzt bezeichnet *Cento* nämlich ebendies, sprich: ein literarisches Patchwork, in dem aus dem Kontext gerissene Verse berühmter Dichter – in unserem Fall von Vergil – zu einem neuen Sinnzusammenhang, hier zu einem das Fest beschreibenden Hochzeitsgedicht, verbunden werden.[2]

Wie die Technik funktioniert, sei anhand des Eintritts des Brautpaars ins Schlafgemach vorgeführt. Die Zitatfugen sind jeweils hervorgehoben, die verarbeiteten Originalstellen am lateinischen Versende notiert:

---

[1] Zur literarischen Tradition des spätantiken Hochzeitsgedichts Horstmann (2004).

[2] Grundlegend zu den spätantiken Vergilcentos McGill (2005).

Postquam est in thalami pendentia pumice tecta (*Georg.* 4,374)
Nachdem man unter das hängende Bimssteindach der Hochzeitskammer

perventum, | licito tandem sermone fruuntur. (*Georg.* 4,375; *Aen.* 8,468)
gelangt ist, | genießen sie endlich erlaubtes Gespräch.

Congressi iungunt dextras | stratisque reponunt. (*Aen.* 8,467; *Aen.* 4,392)
Zusammengekommen reichen sie sich die Rechte | und lagern sich auf den Decken.

At Cytherea novas artes | et pronuba Iuno (*Aen.* 1,657; *Aen.* 4,166)
Jedoch Kytherea erregt neue Künste | auch die Heiratsbegünsterin Iuno,

sollicitat suadetque ignota lacessere bella. (*Aen.* 11,254)
und rät dazu, (bislang) unbekannte Kriege zu reizen.[3]

Bereits der kleine Ausschnitt gibt Einblick, wie originale Inhalte (Wohnung der Nymphe Cyrene in *Georg.* 4, diplomatische Verhandlungen in *Aen.* 8, Kriege zwischen Trojanern und Latinern in *Aen.* 11) auf die neue Situation hin (Ehegemach, Bekräftigung des Ehebunds durch Handreichung, erotische Kriege im Hochzeitsbett) umgedeutet werden. Neu verbunden werden hierzu wahlweise zwei halbe Verse, ein ganzer oder auch eineinhalb und ein halber Vers. Damit bestätigt sich in der Praxis der literarische Anspruch, den Ausonius in einem vorangestellten Widmungsbrief formuliert hat:

> Lies auch dies, wenn es die Mühe lohnt, ein geschmack- und wertloses Werkchen, das weder die Anstrengung geschmiedet noch die Sorgfalt gefeilt hat, ohne Scharfsinn der Veranlagung und die in der Verzögerung liegende Reife. Cento nennen es diejenigen, die als Erste mit dieser Zusammenfügung gespielt haben. Es ist allein Sache des Gedächtnisses, Verstreutes zu sammeln und Zerrissenes zu vereinigen, was du mehr verlachen als loben könntest. …

[3] Ausonius: *Cento nuptialis* 80–84. Übersetzung nach Dräger (2011).

Nimm also dieses kleine Werk entgegen, aus Unverbundenem zusammenhängend, aus Verschiedenem ein Einziges, aus Ernstem spielerisch, aus Fremdem unseres … . Und wenn du es zulässt, dass ich, der ich doch selbst der Belehrung bedarf, selbst belehre, will ich erklären, was ein Cento ist. Aus mannigfachen Stellen und verschiedenem Sinn wird ein gewisser Bau eines Gesanges gefestigt, derart, dass entweder zwei zerschnittene Verse in einen oder einer und der folgende halbe mit einem anderen halben zusammengehen. Denn zwei zusammenhängende Verse hinzusetzen ist närrisch, und drei in einer einzigen Reihe reine Possen. Gespalten werden sie jedoch durch alle Zäsuren, die der heroische Vers zulässt. … Aber die Zusammenfügung durch Kundige ist ein Wunder, die Verbindung durch Unkundige lächerlich.[4]

Ausonius gibt hier grundsätzliche Hinweise zur erwünschten Rezeption seines Cento:

Als formale Prämisse für die gelungene Abfassung eines solchen Patchworks wird die Virtuosität betont: So kann dem Cento-Dichter ein bewundernswertes Raffinement nur dann zu Recht zugesprochen werden, wenn er sich einerseits nicht auf die allzu einfache Addition von Verspaaren begnügt und andererseits eine allzu kleinteilige Verfugung vermeidet.

Im Gattungskontext wird das Cento der Kategorie der Versspielereien zugeordnet. In kokettierender Unterteibung präsentiert Ausonius sein Geschenk als leichtfertiges Kleinwerk *(frivolum opusculum)*, das trotz seiner geschwinden Improvisation eben nicht zur ‚reinen Posse' abgleitet.

Den Neuheitsanspruch seines Komposits wertet Ausonius von einer ‚bloßen Gedächtnisaufgabe' zur schöpferischen Eigenleistung auf: Immerhin werden in seinem Cento nicht nur fragmentierte Vergilverse schematisch rekapituliert, sondern

[4] Ausonius: *Cento nuptialis* praef. 1–3.12–15.20.

auch mit anderem Inhalt gefüllt. Wenn dabei ein vollständig neues und in sich zusammenhängendes Gedicht entsteht, so setzt dies eine intensive Form der Intertextualität voraus. Denn das literarische Vorbild wird ja nicht nur punktuell, sondern durch ein vielfältiges und dichtes Netz von Bezügen aufgerufen.

Uns sollen nun allerdings weniger technische und metrische Feinheiten interessieren als Ausonius' Umgang mit dem großen Vorbild Vergil: Soll man das Cento als respektvolle Ehrung des großen Dichters verstehen? Oder wird Vergil durch das frivole Scherzgedicht von seinem Sockel geholt, ja geradezu ‚entheiligt'? Lassen sich vielleicht auch beide Tendenzen im Text feststellen, so dass die beiden Pole in Spannung treten?

Bevor wir uns um eine textnahe Beantwortung dieser Frage bemühen, soll der Blick auf Vergils allgemeine Bedeutung im spätantiken Literatur- und Bildungsbetrieb geweitet werden, um das Cento besser in die Konventionen seiner Zeit einordnen zu können: Waren doch Vergils Schriften in der spätantiken Literatur fast allgegenwärtig. Vor dem literaturgeschichtlichen Zeithintergrund werden wir dann erneut zu Ausonius' Hochzeitsdichtung zurückkehren, um den Text auf mögliche Indizien einer überhöhenden Sakralisierung und einer provokanten ‚Entweihung' Vergils zu überprüfen. In einem letzten Schritt sollen dann Ausonius' Hochzeitsgedicht die *Saturnalien* des Macrobius gegenübergestellt werden, die ganz ähnliche Fragestellungen erlauben. Denn obwohl Macrobius sein Bildungskompendium bereits mit dessen Titel demonstrativ in der ausgelassen Festkultur des winterlichen Saturnalienfests verortet, zeugen die dort imaginierten Literaturdiskussionen von einer ernsthaften, ja quasi sakralen Form der Vergilverehrung. Wie bei Ausonius sind diese Spannungen auffällig und erklärungsbedürftig.

2. Vergil im spätantiken Bildungsbetrieb

Um Vergils Stellung im spätantiken Bildungsbetrieb zu beschreiben, bietet die Cento-Dichtung einen guten Ausgangspunkt:[5] So kann es kaum ein Zufall sein, dass es sich bei den insgesamt 16 uns bekannten Centos durchweg um Vergil-Patchworks handelt, deren Ursprung sich wiederum auf das homerische Cento zurückführen lässt. Die proklamierte Gleichrangigkeit von Vergil und Homer ist integrativer Bestandteil eines jahrhundertelangen literarischen Wettstreits zwischen Rom und Griechenland. Die Kür von Homer und Vergil zu *den* beiden großen, als vorbildlich empfundenen Autoren beflügelt ihrerseits die Cento-Dichter. Denn je höher der Rang, die Bekanntheit und die metrische Perfektion des zitierten Prätexts sind, desto größere Wirkung konnte das Patchwork erzielen.

Zugleich ist die Cento-Dichtung nur ein kleiner Teil der literarischen Praxis, die in ganz unterschiedlicher Weise auf Vergils kanonische Werke zugreift und vergilische Versatzstücke neu verarbeitet. Einen ganz maßgeblichen Anteil hat dabei der Schulunterricht.[6] Denn anhand von Vergil lernten Schüler ja nicht nur Lesen und Schreiben; vielmehr wurde ihnen Vergil durch wiederholte Lektüre in verschiedenen

---

[5] Zum Folgenden McGill (2005), xv–xxv.

[6] Auch jenseits der Schule und medienübergreifend dokumentiert sich die Allgegenwart Vergils, so etwa in spätantiken Grabinschriften des Papstes Damasus, die sich einzelne Versatzstücke seiner Schriften einverleiben. Auf den hohen Status Vergils weisen auch die reich bebilderten Prachtkodizes wie der in der Vatikansbibliothek aufbewahrte Vergilkodex aus dem sechsten Jahrhundert: *Vergilius Vaticanus. Vollständige Faksimile-Ausgabe* (Graz 1980–1984). Selbst nordafrikanische Mosaikbilder erweisen Vergil ihre Reverenz, indem sie den Dichter im Kreis der Musen zeigen: vgl. das Mosaik aus Hadrumetum (Tunesien, 3./4. Jh. n. Chr.) im Musée National du Bardo, Tunis.

Ausbildungsstufen geradezu ins Gedächtnis gebrannt. Vergil wurde damit zum Bildungsgut und ‚Zitatspender' *par excellence*.[7] Auch in den Rhetorikunterricht wurde vergilisches Material in großem Stil eingespeist: Neben der Analyse von Reden aus der *Aeneis*, der Anfertigung von Paraphrasen und der Nachdichtung vergilischer Textpassagen übten Schüler in der sogenannten Ethopoiie die Abfassung einer Rede aus der Sicht einer mythologischen Figur; oder es wurden in schulischen Deklamationsreden die in einer bestimmten vergilischen Situation möglichen Entscheidungsoptionen erörtert. Für die Schule waren wohl auch die Vergilviten gedacht, die im Dienste der Texterschließung Vergils Werken vorangestellt wurden und die Annäherung an den klassischen Dichter zu erleichtern suchten.

Einen ähnlichen Zweck erfüllten miniaturhafte Zusammenfassungen der *Aeneis* in hexametrischen Merkversen. So fasst ein anonymes Epigramm Vergils Gesamtwerk in 11 Versen zusammen, indem es den Inhalt auf minimal ein Schlagwort pro Buch komprimiert :

Hirten, Ceres, Bacchus, Vieh und die Güter des Honigs,	= *Eclogae* + 4 Bücher *Georgica*
Schiffbruch, Flammen, Irrfahrten, Wunden, Spiele,	= *Aeneis* Bücher 1–5
Unterwelt, danach Latium, so Kriege schnaubenden Teukrer,	= *Aeneis* Bücher 6–8
Ascanius, für die feindlichen Rutuler im Lager zurückgelassen,	= *Aeneis* Buch 9
Gefechte nach der Rückkehr, die von Mars besiegte Camilla,	= *Aeneis* Bücher 10–11
und Turnus, der dem Flüchtling seine Ehe zugesteht.	= *Aeneis* Buch 12

[7] Zu den im Folgenden skizzierten Aspekten hilfreich Cancik (2010).
[8] *Anthologia Latina* 717, ed. Riese.

Textexzerpt, didaktische Reduktion und literarisches Patchwork sind hier auf die Spitze getrieben. Das Versepigramm dient nicht nur der mnemotechnischen Stoffaneignung, sondern ermöglicht zugleich den spielerischen Ausweis hexametrischen Könnens. Nicht zuletzt verweist das Epigramm auf sich selbst: Stellt doch sein Verfasser mit den darin realisierten Idealen der Kürze, der zugespitzten Pointierung und der unterhaltsamen Belehrung unter Beweis, dass er die epigrammtypischen Merkmale nicht nur kennt, sondern auch in eigener Versdichtung anwenden kann.

Ein zweites Lerngedicht fasst die zwölf Bücher der *Aeneis* in je vier Versen zusammen, wobei die jeweilige Bucheröffnung wörtlich zitiert wird (kursiv gesetzt). Exemplarisch sei die Darstellung der ersten zwei Bücher vorgeführt:

Waffen und Mann besing-t er, den durch wunderbare Tugend mächtigen,
und die durch Iunos Hass auf dem Meer zerstreuten Schiffe,
die Gastfreundschaft der Dido, die Flotte und die wieder aufgenommenen Gefährten,
und wie die Königin beim Mahl die Schicksalsschläge erfragt.

Es schwiegen alle. Un-sagbare Mühen lehrt jener
und das durch Listen getäuschte Troia und der Heimat Einsturz
und das Schicksal des Priamus und die brennenden Königreiche,
den mitten aus den Feuern und vom Feind entrissenen Vater.[9]

Die Gleichsetzung von Buchbeginn und Strophenansatz zielt nicht nur auf Inhaltsvermittlung und bedient Prinzipien des Patchworks, sondern unterstützt auch die Orientierung in einem umfangreichen Kodex. Dessen Buchanfänge waren zudem oft farbig hervorgehoben. Bei den (ebenfalls immer noch üblichen) Papyrusrollen bediente man sich am Rollstab befestigter Schildchen, auf denen der Werktitel und die ersten

[9] *Anthologia Latina* 654,5–11, ed. Riese.

Worte des Buchs Auskunft über dessen Inhalt gaben. Wer sich daher die Buchanfänge eingeprägt hatte, gewann dadurch auch schnelleren Zugang zum gesuchten Text.

Auf schulische Bedürfnisse zugeschnitten sind schließlich die spätantiken Vergilkommentare, die ein breites Spektrum von Gegenständen behandeln: Neben Sprache, Metrik und Rhetorik treten Realien, Antiquitäten, Historisches und Mythologie sowie Literaturkritik. Wie Vergil den Kommentatoren als ‚Schatzkammer des Wissens' gilt, so werden die Kommentare selbst zu aus Vergil genährten Wissenskompendien. Ein anschauliches Beispiel bietet der Kommentator Servius in seiner Eröffnung zum 6. Buch der *Aeneis*:

> Der ganze Vergil ist voll von Wissenschaft, in welcher dieses Buch den ersten Platz einnimmt, dessen aus Homer entlehnter Teil größer ist. Und es werden einige Dinge in einfacher Weise gesagt, vieles (aber stammt) aus der Geschichte, vieles aus dem tiefen Wissen der Philosophen, der Theologen, der Aegypter (= Astrologen?), so dass sehr viele über diese Einzelheiten dieses Buchs ganze Abhandlungen geschrieben haben.[10]

Mit Interesse und Sachkunde erklären die Kommentare kulturelle und religiöse Praktiken, die Vergil meist nur kurz andeutet. Da schon die Leser des 1./2. Jahrhunderts n. Chr. archaisierende Wörter, zeitgeschichtliche Anspielungen und gelehrte Aitien nicht mehr kannten, mussten diese erläutert werden. In Buch vier etwa formuliert Servius:

> „Unsere Vorfahren führten alles unter Auspizien aus; dieser Brauch herrschte nämlich bei den Alten; die Alten pflegten auf Feueraltären zu opfern."[11]

Der zweifache Verweis auf ‚die Alten' verleiht den Ritualen Würde und gesteigerte Autorität; die Gleichsetzung ‚der Al-

[10] Servius: *Aeneis* prol. 6.
[11] Servius: *Aeneis* 4,340.

ten' mit ‚unseren Vorfahren' zielt zudem auf die Stärkung einer gemeinsamen Identität und postuliert eine Kontinuität, die immer noch Bestand hat. Dass allerdings *de facto* die gelehrt erklärten Kulte und Riten zur Zeit der Kommentare so nicht mehr stattfinden, lässt sich im zitierten Kurzeintrag aus der Verwendung von Vergangenheitsformen ableiten.

Auch die *Saturnalien* des Macrobius knüpfen in vielerlei Hinsicht an die skizzierten Techniken der Vergilfragmentierung und -kommentierung an. Es handelt sich dabei um ein mutmaßlich im 5. Jahrhundert verfasstes Kompendium, das der Autor für seinen Sohn aus verschiedenen Quellen zur Lektüre erstellt hat. Im Dienste einer szenisch geschlossenen und lebendigen Stoffvermittlung wird das kompilierte Wissen in mehreren Tages- und Abendgesprächen präsentiert, die sich in einem exklusiven Gelehrtenkreis beim Saturnalienfest entfalten. Ausonius' Hochzeitsgedicht vergleichbar ist das Bildungshandbuch insofern, als auch hier das Oeuvre Vergils nach passenden Versatzstücken geplündert und in einem neuen argumentativen Zusammenhang wiederverwendet wird. In einem programmatischen Vorwort gibt Macrobius über seine Kompilationstechnik Auskunft. Dabei ergeben sich teils frappierende Überschneidungen zu Ausonius. Zugleich gewinnt die doch recht anders gelagerte Wirkungsabsicht eines Wissenskompendiums auf der Folie der scherzhaften Cento-Dichtung schärfere Konturen:

Doch habe ich diese wissenswerten Dinge nicht ohne Ordnung sozusagen aufgehäuft; nein, ich habe alle möglichen Nachrichten aus mancherlei Autoren und ganz verschiedenen Zeiten so in einen lebendigen Zusammenhang gebracht, dass sich meine ungeordneten und vermischten Notizen wie zu einem organischen Körper zusammenfügten. Auch darfst du mir nicht vorwerfen, dass ich die aus vielfältiger Lektüre entlehnten Nachrichten oft mit eben den Worten wiedergebe, mit denen die Autoren selbst sie vortrugen. Das vorliegende Werk soll ja nicht dem Wortprunk dienen, sondern eine Sammlung von Wissenswertem bieten. … So sei das vorliegende Werk beschaffen: Es soll viele Wissenschaften und viele Vorschriften enthalten, dazu Beispiele aus vielen Zeitaltern, doch soll alles eine Einheit bilden. Wenn du darin weder das verschmähst, was du schon kennst, noch dem ausweichst, was du nicht weißt, wirst du sehr vieles finden, was dir entweder bei der Lektüre Freude macht oder deiner Bildung zu Gute kommt oder nützlich zu merken ist.[12]

Mit Ausonius gemeinsam ist Macrobius sein selbstbewusster Anspruch auf eine innovative Kompositkunst. Allerdings greift Macrobius auf ein pluralistisches Textcorpus zu. In diesem umfassenden Literaturkanon wird Vergil zwar eine besondere Autorität zugesprochen. Doch bleibt seine Sonderstellung nicht unangefochten: Wird doch Vergils emphatische Überhöhung zum ‚Allroundgenie' von einem der Teilnehmer prompt mit Hohn und Spott quittiert (siehe unten).

Im Hochzeitsgedicht des Ausonius wie im Bildungshandbuch des Macrobius scheinen demnach Tendenzen der Sakralisierung wie der Entweihung Vergils präsent zu sein, wenn auch mit unterschiedlichem Gewicht. Damit kehre ich zunächst wieder zu Ausonius zurück.

3. Ein entweihter Vergil?
Gesittete und voyeuristische Leser bei Ausonius

Ausonius nimmt selbst auf die Überhöhung des Klassikers Vergil mehrfach Bezug: So lässt er bereits im Vorwort mögliche Kritiker seines Gedichts zu Wort kommen, die darüber verärgert sind, dass er „die Würde von Vergils Gedicht mit so einem scherzhaften Thema entehrt habe *(dehonestasse)*."

---

[12] Macrobius: *Saturnalia* praef. 3–4.10. Übers. nach Schönberger/Schönberger (2008).

Ausonius reagiert auf diesen Einwand zunächst mit dem entschuldigenden Verweis auf die Autorität des auftraggebenden Kaisers: Wie könne er sich widersetzen, wenn ihn doch Valentian persönlich nicht nur mit der Abfassung eines Hochzeitsgedichts betraut habe, sondern auch selbst ein eben solches produziert habe, mit dem Ausonius nun konkurrieren solle?

Der fingierte Lesereinwurf wirft zwei grundsätzliche Fragen auf:

1. Wie soll ein professioneller Gelegenheitsdichter generell mit hohen Respektspersonen umgehen? Welche Autorität hat Vorrang – die literarische Größe Vergils oder das politische Amt des Kaisers? Wie lässt sich eine Balance zwischen ‚Geist' und ‚Macht' herstellen?

2. Wie weit dürfen Scherze mit derart ehrwürdigen Schriften getrieben werden? Gibt es bei einem zunächst ganz harmlosen Versspiel eine Grenze des guten Geschmacks? Und welche Qualitäten wiegen dann schwerer – der ästhetische Genuss oder die Moral?

Den ersten Punkt handelt Ausonius im Vorwort ab – nicht ohne sich selbst zu rühmen, wie souverän er die delikate Situation eines Dichterwettkampfs mit dem Kaiser gemeistert habe. Auf das Dilemma der zweiten Frage kommt Ausonius dagegen an einer Scharnierstelle in seinem Cento erneut zurück: Nach dem Festmahl, dem Auszug des Brautpaars, der Geschenkübergabe und dem rituellen Hochzeitslied endet der formelle Teil der geschilderten Festlichkeit mit dem Eintritt des frisch vermählten Paars in das Brautgemach. Just in dieser Schwellensituation bricht nun aber Ausonius demonstrativ mit der literarischen Tradition der Hochzeitsdichtung: Statt, wie üblich, nur noch andeutungsweise auf den nächtlichen Vollzug der Ehe zu verweisen, macht er in einem geradezu pornographischen Zusatz die gewaltsame Entjungferung der Braut in drastischen Bildern publik. Die Grenzwertigkeit dieses Experiments wird in einem durch den Wechsel in Prosa bereits formal hervorgehobenen Einschub zur Sprache gebracht:

Soweit habe ich für keusche Ohren das Anhören des Hochzeitmysteriums durch das Herum- und Umhergehen im Reden verhüllt. Aber weil ja sowohl die Hochzeitsfeier die Feszenninen liebt als auch das durch alte Einrichtung bekannte Spiel Dreistigkeit in Worten zulässt, werden auch die übrigen Geheimnisse des Schlafzimmers und Bettes preisgegeben werden, die aus demselben Gewährsmann zusammengetragen worden sind, so dass wir zweimal erröten, die wir ja sogar Vergil schamlos machen. Setzt ihr, wenn ihr wollt, schon hier ein Maß für die Lektüre; das Übrige überlasst den Neugierigen![13]

Indem der auktoriale Sprecher insgeheime Einblicke in die Intimsphäre des kaiserlichen Brautpaars verheißt, kitzelt er gezielt die Sinne des Lesers. Im Verweis auf den Brauch der Feszenninen[14] sucht er zwar seinen Tabubruch zu einem literarischen Pendant der rituell erlaubten Spottpraxis zu adeln. Einwände gegen diese Rechtfertigungstaktik werden vom Sprecher umschifft, indem er den Ball der Verantwortung seinem Leser zuspielt: Wer sich über die Frivolität seiner Dichtung entrüste, könne sich ja der Fortsetzung der Lektüre verweigern; wer freilich trotz aller Warnungen weiterlese, werde damit unweigerlich selbst zum Voyeur, der mit der Textlektüre ein geradezu erotisches Begehren befriedige. Hat er sich allerdings erst einmal der Mitwisserschaft schuldig gemacht, so befindet sich der Leser nicht mehr in der Position, mit dem moralischen Zeigefinger auf den Dichter zu weisen.

Was hat es nun aber mit dem zweimaligen Erröten des Verfassers auf sich, der „sogar Vergil schamlos mache“? Der eine Grund liegt im pornographischen Charakter der Liebesszene,

---

[13] Ausonius: *Cento nuptialis* parecbasis.

[14] Es handelt sich dabei um improvisierte Verse obszöner Färbung und apotropäischer Funktion, die bei Hochzeiten gesungen wurden.

die weit über alle Lizenzen der Feszenninen hinausgeht. Den zweiten Anlass gibt die Tatsache, dass sich Ausonius für sein anzügliches Spiel ausgerechnet des großen Vergils bedient und diesen somit gleichsam zur Prostitution nötigt.

Auf die Doppelmoral der ‚Spießbürger' kommt Ausonius im Nachwort erneut zurück: Auf das Gebaren scheinheiliger Sittenwächter kontert Ausonius mit einem Katalog von Literaten, die sich ungeachtet ihrer ausgelassenen Verse durch eine höchst sittsame Lebensführung ausgezeichnet hätten. Die lange Reihe respektabler Dichter findet in Vergil ihren krönenden Höhepunkt:

Was soll ich sprechen von Vergil, der der ‚Jungfräuliche' *(Parthenies)* genannt wurde wegen seiner Schamhaftigkeit? Dieser mischte nämlich im achten Buch der *Aeneis*, als er das Zusammenkommen der Venus und des Vulcanus beschrieb, geziemend ‚schändliche Erhabenheit' ein. Was weiter? Hat er etwa nicht im dritten Buch der *Georgica* über die Stiere, die man zur Herdenzucht verwendet, die schmutzige Bedeutung mit ehrenhafter Übertragung der Worte verhüllt? Und wenn die bemäntelte Strenge irgendwelcher Menschen etwas an unserem Scherz verurteilt, soll sie wissen, dass es aus Vergil geholt ist! Wem folglich dieses unser Spiel nicht gefällt, soll es nicht lesen, oder wenn er es gelesen hat, soll er es vergessen, oder – ohne es vergessen zu haben – soll er verzeihen! Denn es ist eine Erzählung *(fabula)* über die Hochzeit und, ob er will oder nicht, anders können diese heiligen Handlungen nicht bestehen.[15]

Statt sich als bloßer Nachahmer Vergils aus der Affäre zu ziehen, schlägt Ausonius hier die fiktiven Moralisten mit ihren eigenen Waffen: Nicht die moralische Integrität und literarische Autorität des großen Vergil werde durch sein allzu frivoles Hochzeitsgedicht herabgesetzt und beschmutzt; im Gegenteil diene gerade der intensive Bezug auf den meisterhaften Erotiker Vergil als literarisches Mittel, um auch und gerade sexuell

[15] Ausonius: *Cento nuptialis* epilogus 7–11.

pikante Szenen aus den Niederungen der unkontrollierten Lust zu einer ungeahnten Erhabenheit emporzuführen und in einen diskreten Wortmantel zu kleiden. „Jungfräulich" ist Vergil demnach in doppelter Weise, nämlich dank seiner integren Lebensführung und seiner ‚unbefleckten' Dichtung.

Der Vergilkenner muss Ausonius Recht geben. Denn beide genannten Szenen (die olympische Liebesnacht wie die Brunftzeit der Stiere) sind zwar in hohem Maße sexuell aufgeladen. Doch begnügt sich Vergil mit dezenten Andeutungen des Geschehens. Für seine eigene Beschreibung des Ehevollzugs muss Ausonius daher ersatzweise auf Textfragmente aus ausnahmslos unerotischen Zusammenhängen zurückgreifen und sich einer konsequent metaphorischen Sprache befleißigen. Demonstrieren soll dies ein besonders pikanter Abschnitt der Hochzeitsnacht.[16] Die Gegenstände, auf die das vergilische Original Bezug nimmt, werden jeweils in Fußnoten angeführt:

… Den Ast, der im Gewand verborgen war,[17]
durch blutige Beeren des Holunders und Mennige rötlich,[18]
mit entblößtem Haupt, | und mit wechselseitig verschlungenen Füßen,[19]
das schaurige Scheusal, ungestalt, riesig, dem das Licht genommen war,[20]
reißt er vom Schenkel und bedrängt die Zitternde glühend.[21]

Der erotischen Szene liegen mit dem Ast, der roten Farbe, dem monströsen Kyklopen und dem Schwert ganz verschiedene,

[16] Ausonius: *Cento nuptialis* imminutio 105–109.

[17] Vergil: *Aeneis* 6,406: der goldene Zweig.

[18] Vergil: *Ecloga* 10,27: der rote Hirtengott Pan.

[19] Vergil: *Aeneis* 12,312: Aeneas im Kampf; Vergil: *Aeneis* 7,66: ein Bienenschwarm.

[20] Vergil: *Aeneis* 3,658: der geblendete Kyklop Polyphem.

[21] Vergil: *Aeneis* 10,788: Aeneas zückt sein Schwert im Kampf.

aber in ihrer jeweiligen Form doch ausgesprochen passgenaue Gegenstände und Bilder zugrunde. Der volle Lektüregenuss bleibt dabei einem echten Vergilkenner vorbehalten. Denn nur wenn ein Leser unter der Textoberfläche des Cento die ursprünglichen Kontexte identifiziert und konsequent mitdenkt, kann er den ausgesprochen witzigen Bildtransfer nachvollziehen und sich über dessen obszöne Färbung amüsieren. Besonders deutlich wird die Entsakralisierung Vergils im Bild des ersten zitierten Verses: Ist hier doch nicht nur ganz allgemein ein verhüllter Ast, sondern ausgerechnet der goldene Zweig gemeint, den Aeneas auf das Geheiß der Sibylle suchen muss, um sich damit den Zugang zur eigentlich hermetisch verschlossenen Unterwelt zu eröffnen. Es handelt sich dabei um einen quasi sakralen Gegenstand, der hier anzüglich umgedeutet wird.

Jedoch überweist Ausonius dabei erneut die moralische Verantwortung an den Leser. Denn die Pornographie wird ja gerade nicht auf dem Papier, sondern im Kopf des Lesers erzeugt. Nur wenn sich der Leser für ein sexuelles Verständnis der Bilder entscheidet, entsteht eine anstößige Szene.

Mit der verhüllten Rede und der Verantwortung des Lesers als Exegeten sind gleich zwei rezeptionssteuernde Motive genannt, die auch bei Macrobius eine zentrale Rolle spielen. Diesem Text möchte ich mich nun in einem letzten Schritt zuwenden.

4. Bildungsgut oder pagane Bibel? ‚Gelehrtenreligion' bei Macrobius

Die *Saturnalien* des Macrobius sind, um mit Hubert Cancik zu sprechen, „das letzte Dokument der antiken Vergilphilologie: eine kolossale, zeitentrückte Gelehrsamkeit in anspruchsvoller Convivialtradition".[22] Im szenischen Vorwort wird Platons Symposion als Mastertext der Symposialliteratur aufgerufen und durch Kombination mit Ciceros philosophischen Dialogen zu einem hybriden ‚Superdialog' erhoben. Dieser vereint nicht nur Lesefrüchte der griechischen und römischen Literatur, sondern auch ernsthafte Tagesdiskussionen mit scherzhaften Tischgesprächen. Der umfassende Wissens- und Bildungsanspruch, der die ehrwürdige Vergangenheit für sich zu vereinnahmen sucht, strahlt bis auf die unorthodoxe Zahl der Festgäste zurück. Denn diese beschränkt sich nicht auf die sprichwörtlich gesetzten Grenzen einer idealen Tafelrunde „zwischen den Grazien und den Musen"[23], d. h. zwischen drei und neun; vielmehr addiert sie beide Gruppen zu einer Zwölferrunde von hochgelehrten Bildungsexperten. Die Festgespräche der *Saturnalien* können demnach Anspruch auf den Charme der Grazien *und* auf die Gedächtniskunst der allwissenden Musen erheben.

Angesichts des von Macrobius verfolgten Bildungsziels ist es nur folgerichtig, wenn Vergils Werke in den *Saturnalien* zwar eine maßgebliche Rolle spielen, aber ihre eigentliche Bedeutung erst durch die gelehrte Auslegung erreichen. Da hierzu zahlreiche und oft denkbar entlegene Quellen der antiquarischen Literatur und Fachschriftstellerei, aber auch Dichterzitate herangezogen werden, kann im Ganzen eine echt interdisziplinäre ‚Schatzkammer des Wissens' entstehen. Dabei nehmen die mit Vergil verknüpften Themen zwar den Mittel- und Hauptteil der *Saturnalien* ein und bilden damit innerhalb der überbordenden Wissensfülle der aneinandergereihten Exzerpte einen roten Leitfaden. Jedoch erhalten die ernsthaften, durchweg um Vergil kreisenden Tagesgespräche

---

[22] Cancik (2010), 234.
[23] Varro bei Gellius: *Noctes Atticae* 13,11,2.

in drei geselligen Abendrunden ein Gegengewicht: Zu Gehör kommen dort Witze und unterhaltsame Problemlösungen.

Auf den ersten Blick könnte man daher meinen, dass zumindest abends die Saturnalien als inszenierter Gesprächsrahmen zu ihrem Recht kämen. Denn die Saturnalien trugen einen karnevalesken Charakter: Während dieser Tage befand sich Rom im Ausnahmezustand. Das ansonsten verbotene Würfelspiel war erlaubt, und die übliche Rangordnung zwischen Herrn und Sklaven wurde im vorübergehenden Rollentausch auf den Kopf gestellt. Ein solcher Festcharakter scheint allerdings mit dem sittenstrengen Habitus der Gelehrten unvereinbar: In aller Deutlichkeit weist Praetextatus denn auch zu Beginn des ersten Abends jede Form der lockenden Schauspielkunst als einer so ernsten Gesellschaft unangemessen aus seinem Haus.[24] Den Wünschen ihres Gastgebers leisten die Gäste beflissen Folge: Wie Christa Frateantonio zu Recht festgestellt hat, „ist alles, was für die Saturnalien üblich oder typisch ist …, auf die jeweiligen Gespräche nach Tisch begrenzt, oder besser …: Nichts davon wird getan. Man scherzt oder lacht nicht, sondern disputiert gelehrt darüber; man sieht sich keine Tanzaufführungen an, reißt keine Possen, man gibt sich nicht der Schlemmerei oder Völlerei hin, noch wird in irgend einer Weise maßlos getrunken – man redet lediglich darüber, wiederum sehr gelehrt und belehrend."[25]

Entsprechend entscheiden sich die Gelehrten denn auch an ihrem ersten Saturnalienabend für eine moralisch unverfängliche und respektable Form der Unterhaltung, nämlich für das gemeinsame Sammeln von Witzen[26], die dann aber ebenfalls nicht unmittelbar erzählt, sondern ausschließlich als

---

[24] Macrobius: *Saturnalia* 3,1,7.
[25] Frateantonio (2007), 368.
[26] Macrobius: *Saturnalia* 3,1,8–10.

Bildungszitate präsentiert werden. Einzig die Belesenheit in leichter Literatur scheint demnach den Gelehrten als Kompensation für den aus dem Symposion verbannten Karneval erlaubt. Die explizite Thematisierung dieser Strategie erinnert an Ausonius' programmatisches Nachwort zu seinem Hochzeitsgedicht.

Die Vergildiskussion wird bei Macrobius bemerkenswerterweise nicht durch den respektablen Gastgeber Praetextatus, sondern durch den notorischen ‚Störenfried' Euangelus motiviert. Dieser äußert nämlich Zweifel, ob Vergil als unstrittige Autorität für theologische Fragen bemüht werden könne, wie es Praetextatus gerade getan habe. Da Euangelus auch dann nicht klein beigibt, als Symmachus dem Gastgeber beispringt, beschließen die versammelten Gäste, Vergils umfassenden Wissensfundus zu beweisen: In sechs Reden sollen an den drei folgenden Tagen die Themenfelder des Pontifikal- und Auguralrechts, der Philosophie, der Rhetorik und Dichtung sowie der Grammatik und des Wortschatzes abgearbeitet werden.

In der solchermaßen getroffenen Übereinkunft wird nun aber nicht nur das inhaltliche Programm der folgenden Bücher formuliert. Denn Symmachus gibt darüber hinaus dem Leser einen interpretatorischen Schlüssel in die Hand, mit dem er sich den ‚richtigen' Zugang zu Vergil eröffnen kann:

Zu diesen Worten Vergils passt die Fülle der Sachbelehrung, die aber so ziemlich alle Kritiker, plump und dumm wie sie sind, beiseitelassen, ganz als ob ein Grammatiker nichts beherrschen dürfte, was über die Worterklärung hinausgeht. Diese feinen Herren haben sich feste Grenzen des Wissens und sozusagen Mauern und heilige Bezirke aufgerichtet; wagt es einer, diese zu überschreiten, glaubt man von ihm, er habe in den Tempel der Göttin gespäht, der für Männer als verboten gilt. Wir jedoch, für die jene plumpe Gelehrsamkeit unpassend ist, wollen nicht zulassen, dass die Mysterien des heiligen Gedichts versiegelt bleiben; wir wollen den Zugang zum geheimen

Sinn auffinden und das erschlossene Heiligtum der Verehrung der Gelehrten übergeben.[27]

Vergils Schriften sind demnach – und hier spricht Symmachus seinen Kollegen durchaus aus dem Herzen – voller Geheimnisse *(arcanum)*. Ihr tiefgründiges Wissen *(profunditas)* ist sorgsam verborgen (*recondita)* und verdeckt *(operta)* und lässt sich daher nur durch eine eminente Gelehrsamkeit und intensives Buchstudium enthüllen. Der Grad und Umfang der Geheimhaltung geht sowohl über das Schweigegebot der Mysterien als auch, wie Symmachus am Beispiel der Grammatiker aufzeigt, über das Expertenwissen von Fachspezialisten hinaus. Die kanonischen Werke Vergils werden damit zum ‚heiligen Gedicht' *(sacrum poema)*, an dessen Wissensfülle freilich jeder ‚Durchschnittsleser' vorbeigeht, da er den eigentlichen Sinn der nur knapp angedeuteten Aussagen nicht erkennt.

Das zitierte Statement verweist auf ein allegorisches Textverständnis. In der Tat wird insbesondere der Redner Praetextatus in verschiedenen Vergilzitaten gezielte Anspielungen auf sakralrechtliche Fachbegriffe und heilige Texte, auf Ritualformeln und Gebete nachweisen. Auf diese Weise avanciert nicht nur Aeneas zum proto-römischen *pontifex*, da er bereits die Schriften und Archive dieses Priesterkollegiums kennt[28]; vielmehr kann auch Vergil, analog zu seinem ‚heiligen Gedicht', aufgrund seiner Kenntnis des Sakralrechts zum *pontifex maximus* werden.[29] Euangelus, der notorische Skeptiker, stellt diese sakrale Gelehrsamkeit Vergils prompt ironisch in Frage:

---

[27] Macrobius: *Saturnalia* 1,24,12 f.
[28] Macrobius: *Saturnalia* 3,2,17.
[29] Macrobius: *Saturnalia* 1,24,6: *Vergilius noster pontifex maximus.*

Man sieht: Dein Priester weiß nicht, was man bei den einzelnen Altären opfert, während dies ja schon die Tempelhüter wissen und unsere sorgsamen Ahnen es ebenso vermelden.[30]

Allerdings kann Praetextatus im folgenden Schlagabtausch die Einwände seines Gegners durch die kommentierende Auslegung weiterer *Aeneis*-Stellen widerlegen. Euangelus nimmt damit in der Gelehrtenrunde die Rolle eines Impuls- und Stichwortgebers ein, der mit seinen provokanten Sticheleien die Diskussion immer wieder neu initiiert und vorantreibt.

Was ist nun aber genau unter Symmachus' Würdigung der *Aeneis* als ‚heiliges Gedicht' (*sacrum poema*) zu verstehen? Ist den Stimmen der Forschung Recht zu geben, die aus diesem Zitat ableiten, dass Vergils Epos bei Macrobius den Rang einer ‚paganen Bibel' erhalte? Mit dieser Frage hat sich neuerdings Matthias Gerth auseinandergesetzt und sich mit guten Gründen gegen eine solche Gleichsetzung ausgesprochen:[31] Zwar lassen sich durchaus Aspekte finden, die Vergil in den Rang einer Bibel erheben könnten: Handelt es sich doch inbesondere bei der *Aeneis* wie bei der Bibel ganz zweifellos um einen normativen Leittext von höchster Autorität. Des Weiteren belehrt die *Aeneis* den Leser nicht nur über Götter und Mythen sowie Kulte und Riten, sondern vermittelt ihm durchaus auch ethische Handlungsrichtlinien. Ihre identitätsstiftende Qualität ist daher kaum zu überschätzen – ebenso wie ihr sprachlicher Vorbildcharakter, von dem ja bereits vielfach die Rede war.

Dennoch fehlen Vergil zentrale Kriterien für eine Gleichsetzung mit der Bibel: Zum einen kann Vergil eben doch nicht völlig uneingeschränkt als höchstrangige und einzige Kapazität gelten: Insbesondere im Direktvergleich mit Homer

---

[30] Macrobius: *Saturnalia* 3,11,3.

[31] Gerth (2013), 46–54.

schneidet Vergil bald besser, bald gleich, aber bisweilen auch schlechter ab. Zum anderen mag Vergil zwar Mitgliedern der spätantiken Bildungsschicht, wie sie von dem Gelehrtenzirkel in Macrobius' *Saturnalien* exemplarisch repräsentiert werden, als ein hochverehrtes, ja geradezu heiliges Vorbild dienen. Doch handelt es sich dabei um eine soziale Gruppe und keine religiöse Gemeinschaft, die sich über ein ‚Glaubensbekenntnis zu Vergil' definieren würde: So wenig sich ein Christ der Vergillektüre zwingend verweigern muss, lässt sich umgekehrt ein Anhänger der römisch-paganen Kulte anhand seiner Vergilkenntnis sicher identifizieren. Die Grenzlinie, die sich mit Hilfe einer mehr oder minder umfassenden Vergilkenntnis ziehen lässt, verläuft demnach nicht zwischen den Religionen, sondern zwischen den Bildungsschichten.

Ein drittes Argument sei den von Gerth geäußerten Bedenken hinzugefügt: Die römisch-pagane Religionspraxis, wie sie aus Vergilzitaten (re)konstruiert wird, gehört unwiderruflich der Vergangenheit an. Zwar wird in den *Saturnalien* des Macrobius ein breites Sortiment aus dem antiquarisch-religiösen Fachwissen und der Kultpraxis ‚der Alten' abgedeckt: Das Spektrum reicht von rituellen Beschreibungen (wie Opfern, Gebeten und Techniken der Divination) über sakralrechtliche Vorschriften und Fachbegriffe bis zur korrekten Benennung verschiedener heiliger Orte und zur Kenntnis obskurer Lokalkulte.

Jedoch ist dabei stets zu bedenken, dass der Druck der staatlichen Verbote gegenüber der römischen Religion seit Konstantin Wirkung zeigt und damit auch den Umgang mit dem normativen Schulautor Vergil und den in seinen Werken enthaltenen Kultrealia gravierend beeinflusst. In der Tat bleibt die Bedeutung all dieser Formen altrömischer Religion, die in Macrobius *Saturnalien* ebenso detailliert wie hochbelesen auskommentiert werden, auch auf eben dieses Gelehrtenwissen beschränkt: Sie werden zwar erinnert, imaginiert, analysiert und gelehrt beredet, aber eben gerade nicht – oder vielmehr: nicht mehr – praktiziert. Wenn Praetextatus Vergil zum *pontifex maximus* erhebt, schreibt er ihm damit einen Titel zu, den Kaiser Gratian just in demselben Jahr, in dem der fiktive Dialog stattfindet (382 n. Chr.), formell abgelegt hatte.

Die Sakralisierung Vergils, die Erhebung der *Aeneis* zum ‚heiligen Gedicht' und die Stilisierung der forschenden Gelehrten zu seinen Verehrern (*cultores*) ist somit vor dem zeitgeschichtlichen Hintergrund des offiziellen Verbots jeglicher paganen Religionsausübung zu lesen. Es scheint mir angesichts dieses eklatanten Kontrasts nicht unattraktiv, mit Hubert Cancik auch und gerade die betonte Sakralisierung Vergils und seiner Dichtung als Kompensationsstrategie für eine nicht mehr praktizierbare Kultpraxis zu deuten:[32] Nur im Medium des Buchs kann die alte Religion konserviert werden.

Paradoxerweise geht die konsequente Überführung der altrömischen Kultpraxis in eine rein literarische Gelehrtenreligion, die sich nur noch in der Lektüre und Erforschung antiquarischer Texte vollzieht, nicht nur mit einer Überhöhung, sondern umgekehrt auch mit einer Entheiligung Vergils einher. Denn die *Aeneis* wird dabei zum literarischen Denkmal, das zwar pädagogisch und moralisch wertvoll und nützlich ist, aber seine Bedeutung als Reflex einer aktuell praktizierten Religion endgültig verloren hat.

5. Fazit

Auf den ersten Blick könnten die beiden exemplarisch besprochenen Werke nicht verschiedener sein: Zwischen dem

---

[32] Cancik (2010), 227. 238.

kleinen, wenn auch feinen Hochzeitsgedicht des Ausonius, das sich durch spielerische Leichtigkeit und kecke Anzüglichkeit auszeichnet, und dem sprachlich eher spröde wirkenden Handbuch, das sein kumulatives Sachwissen in ernsthaft-gravitätischem Ton vorträgt, scheinen Welten zu liegen. Wie Ausonius und Macrobius in der Wahl ihrer literarischen Form, ihrer Sprechhaltung und Selbstinszenierung gegensätzliche Wege beschreiten, so ist auch ihre Exzerptpraxis und Zitation kaum zu vergleichen. Denn Ausonius flicht seinen poetischen Flickenteppich ja ganz ausschließlich aus vergilischen Versatzstücken. Für Macrobius bildet dagegen das Oeuvre Vergils nur einen, wenn auch einen besonders wichtigen Fundus neben vielen anderen literarischen Steinbrüchen.

Dennoch ließen sich bei beiden Autoren, wenn auch in gegensätzlicher Akzentsetzung, sowohl Tendenzen zur literarischen Überhöhung als auch zur respektlosen Desakralisierung feststellen, und zwar in einem direkten Nebeneinander, ja einer engen Verflechtung: So wird ausgerechnet die pornographische Schilderung der Entjungferung als der frivol-obszöne Höhepunkt durch eine unmittelbar vorangestellte Selbstaussage des Autors wirkungsvoll hinausgezögert und poetologisch aufgewertet. Bei Macrobius wird dagegen gerade die bedeutsame Rede des unstrittigen Sakralexperten Praetextatus von dem Provokateur Euangelus spöttisch in Zweifel gezogen und unterminiert. Auch andernorts changieren die *Saturnalien* zwischen einer gezielt herabsetzenden Vergilkritik und einer erneuten Erhöhung.

Auch in einem zweiten Punkt lässt sich eine Schnittmenge zwischen Ausonius und Macrobius feststellen: In beiden Fällen muss die Verehrung Vergils zumindest im Nachhinein auf ihren ‚Sitz im Leben' überprüft werden. Für Macrobius wurde ja bereits im letzten Kapitel dahin argumentiert, dass seine literarische Erhöhung Vergils zum höchstrangigen Priester im römischen Kult mit dem faktischem Verbot jeglicher paganen Religionspraxis einhergeht, ja dieses voraussetzt: Nur die literarische Welt des Buchs kann der römischen Religion, Mythologie und Theologie noch eine Zuflucht bieten, nachdem sie aus der Alltagswelt des 5. Jahrhunderts verbannt sind.

Anders als Macrobius, der sich (soweit wir das aus den erhaltenen Werkteilen schließen können) werkintern nicht explizit zum Verhältnis von ‚Literatur' und ‚Realität' äußert, nimmt Ausonius im letzten Satz seines prosaischen Nachspanns hierzu Stellung – oder auch nicht. Statt eine klare Antwort zu geben, stellt sein auktorialer Sprecher nämlich dem Leser die Gretchenfrage, ob er das frivole Hochzeitsgedicht lieber für ‚Lüge' oder ‚Wahrheit' hält. Subtil versteckt wird diese entscheidende Frage in einer ebenso programmatischen wie provokanten Bezeichnung des präsentierten Gelegenheitsgedichts als *fabula*. Dieser Begriff ist nun aber seinerseits schillernd und alles anders als eindeutig: Er kann sowohl auf eine rein fiktionale (= unwahre / erfundene) als auch auf eine mythische Erzählung verweisen,[33] die zugleich ‚traditionell' (vergilisch) ist und neu aktualisiert wird (in Form des Cento).[34] Wenn Ausonius zudem hervorhebt, dass „diese heiligen Handlungen anders nicht bestehen könnten", so lässt er dabei offen, ob er sein *cento nuptialis* damit wirklich nur zu einem unterhaltsamen, ganz der Gelegenheit geschuldeten Produkt dichterischer Freiheit herunterspielt, wie man zunächst annehmen möchte. Denn vielleicht meint er ja auch, dass er das flüchtige Festmoment der kaiserlichen Hochzeit einem literarischen ‚Vergilmythos' eingeschrieben und ihm damit eine (nahezu) ewige Dauer verliehen hat.

---

[33] Siehe den *Thesaurus linguae Latinae* VI.1, 26f. Für den Hinweis danke ich Christian Zgoll.

[34] Zur Definition von Mythos Graf (2001), 7–14.

Bibliographie

Quellen in Übersetzung

Decimus Magnus Ausonius: *Sämtliche Werke*. Übers. von Paul Dräger. Bd. 2. Trier 2011.

Ambrosius Theodosius Macrobius: *Tischgespräche am Saturnalienfest*. Übers. von Otto und Eva Schönberger. Würzburg 2008.

Literatur

Cancik, Hubert: „Römische Religion in spätantiken Vergil-Kommentaren". In: Christa Frateantonio / Helmut Krasser (Hgg): *Religion und Bildung. Medien und Funktionen religiösen Wissens in der Kaiserzeit*. Stuttgart 2010, 223–239.

Frateantonio, Christa: „Praetextatus, Verteidiger des römischen Glaubens? Zur gesellschaftlichen Neuinszenierung römischer Religion in Macrobius' Saturnalien". In: *Zeitschrift für antikes Christentum* 11 (2007), 360–377.

Fritz Graf: *Griechische Mythologie. Eine Einführung*. Düsseldorf 2001.

Gerth, Matthias: *Bildungsvorstellungen im 5. Jahrhundert n. Chr. Macrobius, Martianus Capella und Sidonius Apollinaris*. Berlin / Boston 2013.

Horstmann, Sabine: *Das Epithalamium in der lateinischen Literatur der Spätantike*. München 2004.

McGill, Scott: *Virgil Recomposed. The Mythological and Secular Centos in Antiquity*. Oxford 2005.

Die Bibel im koptischen Mönchtum der Spätantike*

Heike Behlmer

Als Alexander der Große 332 v. Chr. Ägypten eroberte, legte er die Grundlage für einen tausendjährigen Kultur- und Sprachkontakt zwischen der griechischen und der ägyptischen Sprache, zwischen der hellenistischen und der ägyptischen Kultur.[1] Es hatte auch schon vor Alexander Griechen in Ägypten gegeben, als Söldner und vor allem im griechischen Handelsstützpunkt Naukratis im Westdelta. Aber erst unter den Nachfolgern Alexanders, der Dynastie der Ptolemäer, wurde das Griechische zur Regierungssprache und Ägypten Teil des griechischsprachigen Ostmittelmeerraumes. Die einheimische ägyptische Sprache und Schrift lebte außer als Verständigungsmittel für die ägyptische Bevölkerung unter-

---

* Teile dieses am 9. Dezember 2013 gehaltenen Vortrags sind seither andernorts veröffentlicht worden, in: „Die Kopten: Geschichte und Gegenwart einer alten Kirche" im *Jahrbuch der Göttinger Akademie der Wissenschaften* 2014, 80–95, und „The Use of the Psalms in Shenoute's Tractate *He Who Sits Upon His Throne*" in einer Festschrift (im Druck). Im Gegenzug ist diese Fassung gegenüber der Vortragsversion um ein weiteres Beispiel zur Psalmenrezeption im könobitischen Mönchtum vermehrt worden (s. dazu unten mit Anm. 13 und 50). In der vorliegenden Fassung ist der Vortragsstil weitgehend beibehalten worden.

[1] Unter den zahlreichen Darstellungen der Geschichte und Kultur des griechisch-römischen Ägypten möchte ich drei hervorheben: für die ptolemäische Zeit Hölbl (1994), für die römische Zeit Lembke (2004) und mit einem kultur- und alltagsgeschichtlichen Fokus Hoffmann (2000).

einander insbesondere auf zwei Gebieten weiter: Die Priester der Tempel benutzten die Hieroglyphenschrift in immer komplexeren Formen und mit einer Vervielfachung von Zeichen als Vehikel für religiöse Inschriften, und der ägyptische Bevölkerungsteil hatte die Möglichkeit, Rechtsurkunden und andere Texte des Alltagslebens weiterhin in einer stark kursiven Form der Hieroglyphen zu verfertigen, dem Demotischen, das etwa seit 700 v. Chr. in Gebrauch war.[2]

Als der spätere römische Kaiser Augustus 30 v. Chr. Ägypten von der letzten Ptolemäerkönigin Kleopatra eroberte, sollte noch einmal eine Veränderung eintreten: In der frühen Römerzeit wurde das Demotische zurückgedrängt, und es zog sich in die Tempel als letzte Bastion traditioneller Gelehrsamkeit zurück, wo es zum Schreiben literarischer Handschriften noch einige Jahrhunderte weiter Verwendung fand. Die breite Bevölkerung dagegen musste ihren Schriftverkehr auf Griechisch verfertigen, was zur Folge hatte, dass es für die einheimische ägyptische Bevölkerung außerhalb der religiösen Sphäre bis zur Mitte des 3. Jahrhunderts kaum eine Möglichkeit gab, ihre Sprache auch zu schreiben.[3] Dies sollte sich mit dem ausgehenden 3. Jahrhundert ändern.

Es hatte bereits ab dem 1. und 2. Jahrhundert n. Chr. Versuche gegeben, die ägyptische Sprache mit dem griechischen Alphabet zu schreiben. Diese Experimente mit einer Alphabetschrift werden als *Altkoptisch* bezeichnet. Hier handelt es sich um heidnische magische und astrologische Texte, die bis in das 4. (möglicherweise auch bis ins 5.) Jahrhundert belegt sind.[4] Das griechische Alphabet hat nicht nur den Vorteil, leichter erlernbar zu sein als die Hieroglyphen der ptolemäi-

---

[2] Eine rezente Kurzdarstellung findet sich bei Ross (2012).
[3] Lewis (1993); Torallas Tovar (2010).
[4] Satzinger (1991).

schen und römischen Tempelinschriften oder das Demotische. Es schreibt zudem im Gegensatz zu den ägyptischen Schriften nicht nur Konsonanten, sondern auch Vokale. Diese Eigenschaft wurde besonders für solche Texte geschätzt, in denen die genaue Lautung eines Wortes von Bedeutung war, wie etwa Beschwörungen. Diese Verwendung des griechischen Alphabets hat sich nicht flächendeckend durchgesetzt, aber Ägypten sollte dennoch eine Alphabetschrift erhalten: Ab dem späten 3. und verstärkt im 4. Jahrhundert finden wir Texte in einem standardisierten Alphabet von 30 oder 31 Buchstaben in mehreren regional unterschiedlichen Formen der ägyptischen Sprache. Einer dieser Dialekte war das Sahidische, das sich überregional im 4. bis 9. Jahrhundert als Literatursprache durchsetzte. Es hatte die 24 Buchstaben des klassischen griechischen Alphabets entlehnt, 6 (in manchen koptischen Dialekten 7) weitere Buchstaben stammen aus dem Demotischen (im sahidischen Dialekt sind dies: ϣ /ʃ/, ϥ /f/, ϩ /h/, ϫ /c/, ϭ /k^{j}/, ϯ /t/+/i/). Diese neue Schrift und die dadurch dokumentierte Sprachstufe nennt man „Koptisch". Verbunden ist die Durchsetzung des Koptischen mit der Verbreitung der Bibelübersetzung in die ägyptische Sprache und einem für das Ägypten der Spätantike zentralen religiösen Phänomen, dem christlichen Mönchtum.[5]

Das Christentum ist nach der Überlieferung der ägyptischen Kirche Mitte des 1. Jahrhunderts nach Alexandria gekommen, der von Alexander dem Großen gegründeten Hauptstadt am Mittelmeer. Es wurde nach einer Tradition, die der Kirchenvater Eusebius Anfang des 4. Jahrhunderts bezeugt, vom Evangelisten Markus nach Ägypten gebracht.[6]

---

[5] S. die ausgezeichnete Darstellung des Forschungsstandes von Choat (2012).

[6] Davis (2003), 6–9.

Über die ersten beiden Jahrhunderte des Christentums in Ägypten wissen wir wenig: erst am Ende des 2. Jahrhunderts tritt die ägyptische Kirche deutlich an das Licht der Geschichte, jetzt aber schon mit einer erkennbaren hierarchischen Struktur. Gleichzeitig finden wir in Alexandria die berühmte Katechetenschule, nicht nur Unterrichtsstätte für die, die zum Christentum konvertieren möchten, sondern theologische Forschungsanstalt ersten Ranges, insbesondere unter der Leitung des 254 gestorbenen Origenes, des Begründers der Textkritik und produktivsten Autors seiner Zeit.[7]

Das 4. Jahrhundert, mit dem diese geschichtliche Skizze auch schließen wird, sieht einschneidende Veränderungen im ägyptischen Christentum.[8] Der Beginn des Jahrhunderts war noch von den vom römischen Kaiser Diokletian im Jahre 303 initiierten Christenverfolgungen geprägt. Das Erinnern an die Verfolgungen war und ist für die koptisch-orthodoxe Kirche Ägyptens – insbesondere unter dem Druck einer andersreligiösen Mehrheit in Ägypten seit dem Mittelalter – ein wichtiger Faktor für den inneren Zusammenhalt der Gemeinschaft. So datieren die Kopten seit der frühislamischen Zeit ihre Jahreszählung nach dem Regierungsantritt Diokletians. Kurz nach dem Ende dieser letzten Christenverfolgungen brachen innerchristliche Debatten auf, die das gesamte 4. Jahrhundert prägen sollten, vor allem der als Debatte über den „Arianismus" bekannte Streit, benannt nach der Position des alexandrinischen Presbyters Arius, dass Jesus Christus eine zwar vollkommene, aber nachgeschaffene und nachgeordnete Kreatur des Vaters sei. Ägyptischer Pro-

[7] Van den Hoek (1997) und knapp dies. (2012).

[8] Die beste zusammenfassende Darstellung der ägyptischen Kirchengeschichte bis zum 7. Jh. ist Davis (2004), hier insbesondere 47–63. Die Geschichte, Kultur- und Wirtschaftsgeschichte des 4. Jh. steht im Fokus des Standardwerks von Bagnall (1993).

tagonist und letztlich historischer Sieger in dieser Debatte war der alexandrinische Patriarch Athanasius, der während seiner langen Amtszeit von 328 bis 373 mehrfach von proarianischen (besser: homöischen) Kaisern ins Exil gesandt wurde.[9] Einen Teil dieser Exilszeit verbrachte er dabei bei den Mönchen Oberägyptens, die um 350 schon eine etablierte Größe darstellten. Als einer der Gründe, warum sich Athanasius trotz kaiserlicher Opposition an der Spitze der ägyptischen Kirche behaupten konnte, wird gerade auch sein Rückhalt im ägyptischen Mönchtum gesehen.[10] Mit Athanasius und der von ihm verfassten Lebensbeschreibung des heiligen Antonius, die Antonius eine eindeutige Positionsnahme gegen arianische Christen und andere schismatische Bewegungen innerhalb der Kirche zuschreibt, sind wir auch schon mitten in der hier vorzustellenden Welt des ägyptisch-koptischen Mönchtums.[11]

Formen von Askese und Weltabgewandtheit gibt es in Ägypten wie andernorts im Christentum schon sehr früh, seien es Menschen, die in häuslicher Askese leben, seien es Gruppen, die sich um einen geistlichen Lehrer scharen. Monastische Zentren gibt es in der Spätantike über ganz Ägypten verteilt, wobei unterschiedliche Lebensformen unabhängig voneinander, aber auch neben- oder miteinander am gleichen Ort existieren konnten. Ich werde im Folgenden zunächst zwei der Formen asketischen Lebens in Ägypten vorstellen, die (semi-) anachoretische Lebensweise der Zentren Unterägyptens und das könobitische Mönchtum Ober-

[9] Die verschiedensten Aspekte der Person, des Werkes und der Rezeption des Athanasius werden umfassend behandelt in Gemeinhardt (2011). Eine handliche neuere Einführung ist Gwynn (2012).

[10] Sheridan (2014), 35–44, hier 41 f. Ausführlich hierzu Brakke (1995).

[11] Eine neuere englische Übersetzung der Vita Antonii findet sich bei Vivian / Athanassakis (2003).

ägyptens. Letzteres ist sehr stark in die Übersetzung und das Kopieren der Bibel auf Koptisch involviert, und darauf werde ich anschließend kurz eingehen. Schließlich werde ich einige Bemerkungen zu Stellenwert und Verwendung der Bibel im ägyptischen Mönchtum machen und dabei zum einen die Rolle der Heiligen Schrift bei den Anachoreten kurz in den Blick nehmen, zum anderen am Beispiel eines Exzerptes aus dem Psalter in den Werken des Abtes Besa ihre Rolle im könobitischen Mönchtum beleuchten.

In Europa ist das ägyptische Mönchtum vor allem mit den Namen Antonius und Pachom verbunden. Der eine, Antonius, gestorben 356, ist das Modell der anachoretischen Lebensweise[12], der andere, Pachom, zehn Jahre früher, aber in viel jüngerem Alter gestorben, gilt als Begründer des könobitischen Mönchtums. Das anachoretische Mönchtum hat als Kern einen Mönchsvater, oft mit einem oder mehreren Schülern, die entweder für sich oder in kleinen, lose organisierten Gruppen leben.[13] Die Unterweisung der Schüler erfolgt durch das Wort und das Vorbild des geistlichen Vaters. Sie lernen von ihm die praktischen und geistlichen Notwendigkeiten des asketischen Daseins, wie das Korbflechten und das dieses begleitende Psalmensingen. Die Gruppen treffen sich zum Gottesdienst und Liebesmahl, die spirituelle Autorität beruht auf Charisma und geistlicher Vervollkommnung.[14] Ein charakteristisches Beispiel dafür sind die ca. 85 km südlich von Alexandria gelegenen Kellia, eine Gründung aus der Zeit um 330 n. Chr., deren bekannteste Vertreter Makarius

[12] Zu Leben und Bedeutung des Antonius s. jetzt Gemeinhardt (2013).

[13] Die folgende Kurzcharakteristik des anachoretischen und könobitischen Mönchtums (mit Anm. 13–26) findet sich auch – allerdings in einem unterschiedlichen Kontext – in meinem Beitrag „Die Kopten: Geschichte und Gegenwart einer alten Kirche“ (s. Anm. 1).

[14] Harmless (2004), 167–308.

von Alexandria und Evagrius Ponticus sind. Die ca. 1500 bekannten Wohneinheiten aus dem 4. bis 8. Jahrhundert haben neben den Wohnräumen für den Mönchsvater und den oder die Schüler sowie Funktionsräumen wie Küchen als zentrales Element ein Oratorium mit Gebetsnischen[15]. Aus dem Milieu des anachoretischen Mönchtums stammen unter vielen anderen Schriften zum asketischen Leben, die als Apophthegmata Patrum („Weisungen der Väter") in vielen Sprachen (Griechisch, Latein, Koptisch u. a.) überlieferte Literatur, die in Anekdoten und Aussprüchen die christlich-asketische Lebensweise verkörpern und vermitteln.[16] Diese Lebensweise sieht sich als bibelbasiert, als das Vorbild der Bibel umsetzend, wie im Folgenden einige ausgewählte Beispiele der Psalmenrezeption illustrieren sollen.

Doch zunächst zum könobitischen Mönchtum eines Pachom und seiner Nachfolger. Dies ist das Mönchtum des *koinos bios*, des gemeinsamen Lebens. Pachom und Gleichgesinnte im frühen 4. Jahrhundert waren der Auffassung, dass das Heil leichter in einer strukturierten Gemeinschaft zu erreichen sei. Das Koinobion ist das Kloster, wie wir es heute gemeinhin kennen: ein ummauerter Raum mit Zugangskontrollen, in dem Mönche und auch Nonnen unter Leitung eines Abtes oder einer Äbtissin einer Lebensweise folgen, die detailliert von Regeln oder Anweisungen der Oberen geordnet ist. Von Pachoms Hauptkloster Pbow in Oberägypten ist heute nicht mehr viel erhalten, die Bauphasen der großen Basilika des 5. Jahrhunderts konnten jedoch durch archäologische Ausgrabungen rekonstruiert werden. Dagegen sind Werke Pachoms und seiner Nachfolger Horsiese und Theodor nicht nur auf Griechisch und Koptisch, den beiden Sprachen

[15] *Les Kellia* (1989).

[16] Harmless (2004), 167–274.

Ägyptens im 4. Jahrhundert, überliefert, sondern fanden große Beachtung auch in Europa, insbesondere durch die Übersetzung des Regelwerks der pachomianischen Tradition ins Lateinische durch den Kirchenvater Hieronymus Anfang des 5. Jahrhunderts.[17]

Archäologisch viel besser informiert als über die Pachomianer, die der Überlieferung nach beim Tode des Gründers 346 oder 347 über neun Männer- und zwei Frauenklöster in Oberägypten verfügten, sind wir über eine etwas spätere monastische Föderation, die sich Pachoms System zum Vorbild nahm. Dies sind die drei Klöster nahe Sohag, die unauflöslich mit dem Namen ihres dritten Abtes, des 465 gestorbenen Schenute, verbunden sind. Schenute wird das Verdienst zugesprochen, das Koptische zu einer wirklichen Literatursprache gemacht zu haben, nachdem bereits die Pachomianer auf Koptisch zu schreiben begonnen hatten. Seine Hauptwerke sind 9 Bände *Kanones* und 8 Bände *Logoi*, die einen hauptsächlich mit Fragen der Regelung des Mönchslebens befasst, die anderen mehrheitlich Reden vor einem gemischten Publikum von Mönchen und Laien.[18] Viele von diesen scheinen von weither gekommen zu sein, um den großen Prediger zu hören. In Schenutes Werken finden wir die Prinzipien des Klosterlebens unter seiner Ägide: Er sieht das Kloster als privilegierten Weg zur Erlösung und sich selbst, den alttestamentlichen Propheten gleich, als Wegweiser auf diesem Weg. Der Gehorsam gegenüber der inspirierten Leitung und den Klosterregeln, die ebenfalls von Gott gegeben sind, ist der sicherste Schutz gegen die Anschläge des Teufels. Um dies praktisch umzusetzen, gibt es ein Kontroll- und ein

[17] Veilleux (1980–1983).

[18] Zu Schenute Leben und Werk s. zusammenfassend Emmel (2008), zur Struktur seines literarischen Werkes grundlegend Emmel (2004).

Strafsystem. Andere asketische Tugenden wie Fasten, Nachtwachen und Enthaltsamkeit sind eine Folge der Umsetzung des Gehorsamsgebots, nicht unabhängig davon.[19]

Schenutes Föderation bestand aus zwei Männerklöstern, heute als Weißes und Rotes Kloster bekannt, und einem Frauenkloster, das in einem altägyptischen Dorftempel angesiedelt war. Dieser Klosterverband ist durch die Klosterkirchen bekannt: Die des Weißen Klosters, die um 440 erbaut, sollte Vorbild für andere Kirchenbauten werden.[20] Die Kirche des Roten Klosters dokumentiert eindrucksvoll gerade auch nach einer kürzlich erfolgten Restaurierung mit seiner Apsismalerei von biblischen Gestalten und Mönchsheiligen die architektonische und bildliche Umsetzung der monastischen Genealogie und Ideologie des Schenute-Klosters.[21] Das Weiße Kloster besaß ursprünglich eine Bibliothek von vielleicht 1000 Bänden, deren Reste im 18. und 19. Jahrhundert komplett zerstreut wurden und sich heute in Museen und Sammlungen weltweit befinden.[22] Sie lagerte wohl bereits seit dem Mittelalter, als das Koptische durch das Arabische ersetzt worden war, in einem Abstellraum, von wo aus sie von Händlern und Reisenden in Fragmenten, Einzelblättern oder Textblöcken

---

[19] S. Krawiec (2002) und jetzt Layton (2014) zur Ordnung des Mönchslebens im Schenute-Kloster.

[20] Ausführliche Informationen finden sich auf der Webseite des Yale Egyptological Institute in Egypt *White Monastery Project* (http://www.yale.edu/egyptology/ae_white.htm, zuletzt besucht am 30.06.2015), das seit ca. 10 Jahren archäologische Ausgrabungen im Schenute-Kloster und eine Dokumentation der Klosterkirche durchführt.

[21] S. Bolman (2009) mit weiterer Literatur. Eine monographische Darstellung wird erscheinen als Bolman (2016).

[22] Schon seit den 30er Jahren des 20. Jh. gibt es Bestrebungen, diese wichtige Quelle der koptischen Literatur zu erschließen und virtuell wieder zusammenzuführen, zunächst in Photos, seit den 70er Jahren im „Corpus dei Manoscritti Copti Letterari/Corpus of Coptic Literary Manuscripts“: http://www.cmcl.it; vgl. Emmel (2004), 34f.

abtransportiert wurde.[23] Unter den erhaltenen Kodizes gibt es etwa 100 mit Werken des Namensgebers Schenute, keiner von ihnen ist vollständig. Insgesamt ist weniger als ein Sechstel seiner literarischen Hinterlassenschaft überliefert, die zur Zeit in einem von Stephen Emmel geleiteten internationalen Großprojekt erstmalig systematisch ediert wird.

Auch die vom Anachoretentum so unterschiedliche Organisation des könobitischen Mönchtums eines Schenute erhebt den Anspruch, vollkommen bibelbasiert zu sein. Bevor ich dies an Beispielen vorstelle, sind noch einige Bemerkungen zur koptischen Bibelübersetzung und den Bibelhandschriften geboten, für die die Bibliothek des Schenute-Klosters mit dem angeschlossenen Skriptorium ein wichtiges Zentrum war. So enthielt die Bibliothek des Klosters neben den über 100 Kodizes mit den Werken des Schenute fast die gleiche Anzahl von Handschriften der sahidisch-koptischen Bibel.[24] Die Mönche und Nonnen kamen im Kloster aber auch dann, wenn sie keine Kopisten und Redakteure waren, auf vielfältige Weise mit dem Bibeltext in Berührung – durch eine verbreitete Alphabetisierung, wie sie in den Klöstern der pachomianischen Tradition gefordert wurde[25], durch Schriftlesungen im Gottesdienst und bei den Mahlzeiten, private Rezitation und natürlich die Auslegung der Heiligen Schrift in den Predigten, Briefen und Katechesen des Schenute und seiner Nachfolger.

Die koptische Bibel war im 3. Jahrhundert entstanden, als sich das Christentum unter den koptischsprachigen Ägyptern verbreitete. Übersetzt wurden Altes und Neues Testament aus dem Griechischen, der *lingua franca* des Ostmittelmeerrau-

---

[23] Louis (2008).

[24] Orlandi (2002); Takla (2005).

[25] *Praecepta* 139 und 140. Übers.: Veilleux (1980–1983), Bd. 2, 166.

mes; das Alte Testament ist damit eine Tochterübersetzung der Septuaginta. Auch wenn die Datierung koptischer Handschriften bekanntermaßen schwierig ist, so lassen sich doch eine nicht unbedeutende Zahl sicher in das 4. und einige andere bereits in das 3. Jahrhundert datieren.[26] Es lässt sich folgendes Gesamtbild zur frühen koptischen Bibel entwerfen: Eine vollständige Bibelübersetzung auf Koptisch gab es nur auf Sahidisch. Allerdings leidet auch die Bibelüberlieferung unter der Zerstreuung der koptischen literarischen Handschriften, insbesondere der des Schenute-Klosters. So sind etwa von den Büchern des sahidisch-koptischen Alten Testaments überhaupt nur ein Drittel vollständig überliefert.[27] Die Übersetzung ist im 4. Jahrhundert weitgehend abgeschlossen, und die Übersetzungs- und Kopiertätigkeit ist nach experimentell zu nennenden Anfängen vor allem mit dem Aufstieg des könobitischen Mönchtums eines Pachom und Schenute verbunden. Es war das Mönchtum, das aus dem Koptischen eine Literatursprache machte, während die kirchliche Hierarchie noch bis in das 6. Jahrhundert theologische Werke auf Griechisch verfasste.

Ich werde jetzt aus dem weiten Feld möglicher Annäherungen einige Bemerkungen zum Stellenwert der Bibel, insbesondere der Psalmen bei den Anachoreten Unterägyptens machen, und zum Abschluss ein Beispiel der Psalmenrezeption aus dem Werk des Besa, des Nachfolgers des Schenute († nach 474), vorstellen.

---

[26] Zur koptischen Bibelübersetzung s. Feder (2002), 1–26, zu den frühen Handschriften ebd. 2 f., und Feder (2007).

[27] Ein neues Vorhaben an der Göttinger Akademie der Wissenschaften widmet sich seit dem 01.01.2015 der Rekonstruktion und digitalen Edition des koptischen Alten Testaments, s. http://coptot.manuscriptroom.com.

Die Rolle der Heiligen Schrift bei den ägyptischen Anachoreten ist gut erforscht[28], und ich möchte sie hier nur kurz anhand der Psalmen skizzieren. In seiner Darstellung des täglichen Lebens der Wüstenväter legt Lucien Regnault die verschiedenen Möglichkeiten dar, die die Einsiedler hatten, um – neben dem gemeinsamen Gottesdienst am Wochenende – mit der Heiligen Schrift in Kontakt zu kommen.[29] Während täglicher Arbeiten wie Korbflechten oder Seildrehen wurden Bibelverse, insbesondere Psalmen rezitiert (der Fachbegriff ist auch im Koptischen das griechischstämmige ⲙⲉⲗⲉⲧⲏ). Dabei konnten Abschnitte ad infinitum wiederholt oder verschiedene Verse aneinandergereiht werden.[30] Es wird betont, dass viele Asketen große Teile der Bibel auswendig konnten, flächendeckend ist dies für den Psalter anzunehmen. Physischer Kontakt mit Büchern war häufig, z. B. durch Kopiertätigkeit, bei der in der Regel der Text laut vorgelesen wurde. Hier tat sich etwa Evagrius Ponticus hervor; es sind aber auch andere Kopisten bekannt. Auch der Besitz von Büchern war nicht selten, so soll Serapion einen Psalter und eine Kopie von den paulinischen Briefen besessen haben.[31] Aus diesen las er nach einer Episode einer Prostituierten

---

[28] Die folgenden Ausführungen legen insbesondere die Studie von Burton-Christie (1993) zugrunde. In jüngerer Zeit ist ein vermehrtes Interesse an der Schriftauslegung der Wüstenväter festzustellen; als Pionier der modernen Erforschung kann jedoch bereits Dörries (1947) gelten. Zur Bedeutung des Alten Testaments im anachoretischen und könobitischen Mönchtum s. auch Nagel (2010).

[29] Regnault (1990), 114–116.

[30] Sheridan (1997), hier 200 f.

[31] *Apophthegmata Serapion* 1. Übers.: Ward (1984), 226 f. Eine jüngere deutsche Übersetzung der alphabetischen Sammlung findet sich bei Schweitzer (2012). Die hier gebotenen Auszüge aus den Apophthegmata folgen i.d.R. der Übersetzung von Ward (1984); bei signifikanten Abweichungen der Übersetzungen untereinander ist der Originaltext zu Rate gezogen worden.

vor, um sie erfolgreich zu bekehren. Von manchen Vätern wurde allerdings der Besitz als problematisch angesehen – statt kostbare Bücher zu besitzen, wären Almosen für Arme verdienstvoller[32].

Die Werke von und über die Wüstenväter enthalten erwartungsgemäß zahlreiche Bibelzitate, und die häufige Verwendung des Psalters spiegelt seine Bedeutung wider. In den Apophthegmata sind die am häufigsten zitierten Bücher des Alten Testaments, so Douglas Burton-Christie, Psalmen, Genesis und Jesaja; im Neuen Testament sind dies Matthäus, Lukas und Johannes.[33] Eine ähnliche Verteilung wie bei den Apophthegmata findet Samuel Rubenson in den Briefen des hl. Antonius, die er insgesamt vom biblischen Sprachgebrauch durchtränkt sieht.[34] Von den alttestamentlichen Schriften zitiert Antonius am häufigsten Psalmen und Genesis, von den neutestamentlichen das Matthäus- und das Johannesevangelium[35].

Die Rezitation von Bibeltexten versetzt Anachoreten wie könobitische Mönche in die Lage, den biblischen Text, spirituelle Grundlage des asketischen Lebens, zu memorieren und seine Bedeutung für sich zu aktualisieren. Wie ein Ausspruch nahelegt, der Antonius zugeschrieben wird: „Habe

---

[32] *Apophthegmata Serapion* 2. Übers.: Ward (1984), 227: „Ein Bruder bat Abba Serapion: Sag mir ein Wort! Der Mönchsvater sagte zu ihm: Was soll ich Dir sagen? Du hast den Lebensunterhalt der Witwen und Waisen genommen und ihn auf das Regal gestellt. Denn er sah das Regal voller Bücher". Vgl. auch *Apophthegmata Theodor von Pherme* 1. Übers.: Ward (1984), 73: Theodor besaß drei erbauliche Bücher. Auf die Frage an Abba Makarius, ob er diese für seinen Gebrauch und den der Brüder behalten oder sie verkaufen solle, um den Armen Almosen geben zu können, rät Makarius zu letzterem.

[33] Burton-Christie (1993), 82f.

[34] Rubenson (1990), 27.

[35] Ebd. 111.

für alles, was du tust, ein Zeugnis der Heiligen Schrift"[36]. Der Asket nimmt sich biblische Exempla zum Vorbild:[37] Abraham als Inbegriff der Gastfreundlichkeit, Hiob als Inbegriff der Geduld. Die ethischen Normen der Bibel dienen als Leitbilder für das Handeln des Einzelnen. Die Heilshoffnung des verfolgten Gerechten der Psalmen ist seine Hoffnung, die Trostworte des Psalmisten helfen im Kampf gegen die Anfechtungen. Ein ungenannter Vater rät einem Mönch, der von den Gedanken an sein früheres Leben verfolgt wird, mit dem 54. Psalm (nach der Zählung der Septuaginta), einige Gebete zu sprechen und „sein Anliegen auf den Herrn zu werfen"[38]. Dies ist effektiver als der Rat anderer Mönche, durch strikteste Askese die Gedanken abzutöten, ein Rat, der statt der Gedanken fast den Mönch selbst getötet hätte. Nur die vollkommene Selbstauslieferung an den Herrn konnte die Freiheit von den Angriffen des Teufels und seiner Dämonen bringen, die sich in derartigen Gedanken manifestieren. Wenn die Versuchung an ihn herantritt, soll der Mönch, wie Abba Mose rät, weinen und beten, dann wird der Herr ihm helfen und das Wort des Psalms sich an ihm bewahrheiten: „Der Herr ist mein Beistand, darum fürchte ich mich nicht; was können mir Menschen tun?" (Ps 117 [118],6).[39] Der Herr wird dafür sorgen, so wieder Abba

---

[36] *Apophthegmata Antonius* 3. Übers.: Ward (1984), 2; vgl. Gemeinhardt (2013), 26.

[37] S. a. Nagel (2010), 29 f.

[38] Burton-Christie (1993), 222f mit weiteren Beispielen für die Verwendung von Ps 54(55), 23.

[39] *Apophthegmata Mose* 18. Übers.: Ward (1984), 142. Die Bibelverse oder -teilverse, die in den monastischen Quellen verwendet werden, werden im folgenden i.d.R. aus dem zitierten Text übersetzt, um insbesondere Abwandlungen des Bibeltextes deutlich zu machen; bei der Diskussion anderer Bibelstellen folgt die Übersetzung der Luther-Bibel 1984.

Poimen mit Ps 7,17, dass die Frevel des Teufels auf seinen eigenen Scheitel fallen.[40]

Die beschützende Kraft der Psalmen wird zusammengefasst von Jesaja Monachos oder Jesaja von Sketis, dem Verfasser eines vielzitierten Werks über das asketische Leben: „Verpflichte Dich selbst, die Rezitation (melétê) der Psalmen zu praktizieren, denn das wird dich davor bewahren, vom Feind gefangen zu werden“[41]. Allerdings ist Auswendigkönnen und Rezitation allein keine Garantie für das Seelenheil:

> „Ein alter Mann wurde gefragt: wie kann ich Gott finden? Er sagte: durch Fasten, Nachtwachen, asketische Übungen, Gebet und vor allem durch Unterscheidungsfähigkeit. Ich sage Dir, viele haben ihre Leiber ohne Unterscheidungsfähigkeit gemartert und sind von uns fortgegangen und haben nichts erreicht. Unsere Mund riecht übel durch das ganze Fasten, wir kennen die Heilige Schrift auswendig, wir rezitieren alle Psalmen Davids, und doch haben wir nicht, wonach Gott sucht: Nächstenliebe und Demut“[42].

Diese unterschiedliche Akzentsetzung ist typisch für die Literatur des anachoretischen Mönchtums. In den Apophthegmata können unterschiedliche Interpretationen, auch des biblischen Textes, und Schwerpunktsetzungen im Streben nach asketischer Vervollkommnung koexistieren und sich sogar scheinbar widersprechen. Dagegen sind diese Interpretationen im könobitischen Mönchtum eines Schenute mit seinem Ideal des Abtes als Wegweiser auf dem privilegierten

---

[40] *Apophthegmata Poimen* 93. Übers.: Ward (1984), 180.

[41] *Asceticon*, logos 9, vgl. Wortley (2006), 318.

[42] Guy (2003), 102 f.; Ward (2003), 111; vgl. auch *Apophthegmata Antonius* 8: „Etliche haben ihre Körper durch Askese gemartert, aber es fehlt ihnen an Unterscheidungsfähigkeit. Deswegen sind sie Gott fern.“ Übers.: Ward (1984), 3. Zu Unterscheidungsfähigkeit (*diakrisis*) als monastischer Tugend, die den fortgeschrittenen Asketen auszeichnet, s. zusammenfassend Rich (2007).

Weg zum Heil naturgemäß kontrolliert. Ich möchte dies an einem Beispiel aus den Werken des Besa († nach 474), seines Nachfolgers in der Abtswürde, verdeutlichen. Dabei spielt wiederum der Psalter eine zentrale Rolle.

Eines der Werke Besas wird von seinem Herausgeber Karl Heinz Kuhn mit der Zählung „Fragment 3" und dem modernen Titel „On the Punishment of Sinners" versehen.[43] Der antike Titel und der Beginn des Werkes sind nicht erhalten. Der Abt fordert darin Mönche und Nonnen auf, sich von einer Gruppe unter ihnen abzukehren, die Disziplinarmaßnahmen kritisiert und stattdessen den unauffälligen Ausschluss oder das freiwillige Ausscheiden der Straffälligen befürwortet hat. Die Strafmaßnahmen seien von Gott und der klösterlichen Tradition vorgeschrieben, andernfalls würden die Mönche weitaus schlimmere Strafen beim Jüngsten Gericht treffen. In Fragment 3 spricht Besa von und zu drei Gruppen von Mönchen: einer Gruppe von Sündern, die von Besa, so scheint es, öffentlich bestraft wurden und anschließend das Kloster verlassen haben; der erwähnten Gruppe von Klosterbewohnern, die eine abweichende Meinung über diese Disziplinarmaßnahmen vertreten haben und schließlich seinem aktuellen Publikum, das er für seinen Standpunkt zu gewinnen sucht.

Der erhaltene Text beginnt mit einer Scheltrede, in der Ungehorsam gegeißelt wird. Insbesondere wird der Text von Jes 59,9 f. auf die Gruppe innerhalb des Klosters umgewidmet, die Besas Maßnahmen kritisch gegenübersteht[44]:

---

[43] Kuhn (1956), 4–9.

[44] Kuhn (1956), 5: ⲁⲩϭⲱ ⲅⲁⲣ ⲉⲡⲟⲩⲟⲉⲓⲛ· ⲁⲡⲕⲁⲕⲉ ⲛⲛⲉⲩϩⲃⲏⲩⲉ ⲉⲑⲟⲟⲩ ϣⲱⲡⲉ ⲛⲁⲩ· ⲁⲩⲱ ⲁⲩϩⲩⲡⲟⲙⲓⲛⲉ ⲡⲟⲩⲟⲉⲓⲛ· (lies nach Kuhn: ⲉⲡⲟⲩⲟⲉⲓⲛ) ⲁⲩⲙⲟⲟϣⲉ ϩⲙ̄ⲡⲕⲣⲙ̄ⲧⲥ̄ [ⲛ̄]ⲧⲉⲩⲙⲛ̄ⲧⲁⲧⲥⲱⲧⲙ̄· ⲁⲩϭⲟⲙϭⲙ ⲉⲧϫⲟ ⲛ̄ⲑⲉ ⲛ̄ⲟⲩⲃⲗ̄ⲗⲉ· ⲉⲧⲉⲡⲁïⲡⲉ ϫⲉⲛ̄ⲑⲉ [ⲛ̄]ⲛⲉⲧⲉⲙⲛ̄ⲧⲟⲩ ⲥⲟⲟⲩⲛ ⲙⲙⲁⲩ) ⲁⲩⲱ ⲁⲩϫⲟⲡϫⲡ̄ ⲛ̄ⲑⲉ ⲛ̄[ⲛ]ⲉⲧⲉⲙⲛ̄ⲃⲁ̣[ⲗ ⲙ̄]ⲙⲟⲟⲩ· [ⲁⲩⲱ] ⲁⲩϩⲉ ⲙ̄[ⲙⲉⲉ]ⲣⲉ ⲛⲑⲉ [ⲛ̄]ⲛ̣ⲉⲧϩⲛ̄ⲧⲡⲁϣⲉ

„Sie warteten auf das Licht, und die Dunkelheit *ihrer Missetaten* wurde ihnen zuteil. Sie harrten auf das Licht und wandelten in der Finsternis *ihres Ungehorsams*. Sie tasteten wie ein Blinder nach der Wand, *d. h. so wie die, die keine Einsicht haben*, und sie fühlten umher wie Augenlose [und] fielen [mittags] hin, wie die Menschen es mitternachts tun, *d. h. wie die, die die Schrift nicht gehört haben und nie unterwiesen wurden*".

Die kursiv gesetzten Teile sind dabei Einschübe bzw. Glossen Besas; zusätzlich ersetzt das Zitat an drei Stellen das Futur des biblischen Textes („sie werden tasten / fühlen / fallen") durch ein Vergangenheitstempus.[45] Diese Ersetzung macht aus den Klagen des prophetischen Textes Anschuldigungen für vergangene Missetaten. Durch die nahtlosen Einschübe und Glossen schließlich werden die Klagen des Volkes Israel auf spezifische Missetaten der Klosterbewohner umgewidmet, auf Ungehorsam und Unbelehrbarkeit. Die erste Vershälfte von Jes 59,9 („Darum ist das Recht ferne von ihnen, und die Gerechtigkeit hat sie nicht betroffen") ist nicht in das Zitat aufgenommen. Dadurch entsteht eine höhere Geschlossenheit in der Bildwahl, da sich alle verbleibenden Bilder und Vergleiche um die Gegensatzpaare Licht (Tag) – Finsternis (Nacht) drehen.

Die folgenden Ausführungen richten sich an die Mönchsgemeinschaft, die aufgefordert wird, sich von den Oppositio-

---

ⲛ̄ⲧⲉⲩⲱⲏ· ⲉⲧⲉⲡⲁïⲡⲉ ϫⲉⲛ̄ⲑⲉ ⲛ̄ⲛⲉⲧⲉⲙ̄ⲡⲟⲩⲥⲱⲧⲙ̄ ⲉⲅⲣⲁⲫⲏ ⲁⲩⲱ ⲙ̄ⲡⲟⲩϯⲥⲃⲱ ⲛⲁⲩ ⲉⲛⲉϩ:

[45] Die biblischen Zitate wurden mit allen erreichbaren (sahidisch-) koptischen Bibelhandschriften und dem Text der Septuaginta verglichen. Nur dann, wenn eine Abweichung nicht aus Überlieferungsvarianten, dagegen jedoch schlüssig aus dem neuen Argumentationszusammenhang erklärt werden kann, wird sie hier als signifikant angesehen. Der koptische Psalter ist in zahlreichen Handschriften überliefert und vollständig auf Sahidisch erhalten (Budge [1898]), was den Vergleich von Zitat und Ausgangstext sehr erleichtert.

nellen abzukehren. Dabei zeigt sich, dass auch die Auswahl und Zusammenstellung von längeren Passagen, hier aus den Psalmen, keineswegs willkürlich ist[46]:

„Denn sie haben Unrecht gegen die Höhe geredet und ihr Maul gen Himmel aufsteigen lassen, ihre Zunge spaziert über die Erde“ (Ps 72[73],8b–9). Wie hat es Gott gewusst? sagen sie, und: Gab es Wissen beim Höchsten? Siehe, dies sind die Sünder im Glück. Sie haben von ihrem Reichtum auf ewig Besitz ergriffen (Ps 72[73],11 f.). Damit sind ihre Heuchelei und ihre Niedertracht gemeint (Glosse Besas). Deswegen gab ihnen ihr Hochmut Kraft. Sie haben sich in Gewalttat und Frevel gekleidet. Ihr Unrecht quillt hervor wie aus ihrem Fett. Sie sind in ihrem Sinn zu einem Plan gelangt. Sie sind mit sich zu Rate gegangen und haben bösartig geredet“ (Ps 72[73],6–8).

Hier werden drei dem 72. (73.) Psalm entnommene Verse kombiniert, die dort dem Gerechten Trost im Angesicht des Glücks der Gottlosen bieten, die doch am Ende ihre Strafe finden werden. Die Gottlosen des Psalmentextes werden mit den aktuellen Gegnern Besas gleichgesetzt. Dazu wird die Passage Ps 72(73),6–12 in drei Abschnitte geteilt und neu wieder zusammengesetzt. Unpassendes Material wird dabei nicht mit übernommen. Zunächst beschreibt Ps 72(73),8b–9 genauso wie das direkt vorangehende Zitat von Jes 32,6 (Besa: „Denn der Törichte, so sagt er, redet nur Torheiten, und sein Verstand versteht nur Wertloses: Frevel zu verüben und Hirngespinste gegen den Herrn vorzubringen“) die

[46] Kuhn (1956), 6: ⲁⲩϫⲱ ⲅⲁⲣ ⲛ̄ⲟⲩϫⲓ ⲛϭⲟⲛⲥ̄ ⲉⲡϫⲓⲥⲉ· ⲁⲩϫⲓⲥⲉ ⲛ̄ⲧⲉⲩⲧⲁⲡⲣⲟ ⲉϩⲣⲁï ⲉⲧⲡⲉ· ⲁⲩⲱ ⲁⲡⲉⲩⲗⲁⲥ ⲉⲓ ⲉⲃⲟⲗ ϩⲙ̄ⲡⲕⲁϩ· ⲉⲩϫⲱ ⲙ̄ⲙⲟⲥ ϫⲉⲛ̄ⲁϣ ⲛ̄ϩⲉ ⲁⲡⲛⲟⲩⲧⲉ ⲉⲓⲙⲉ· ⲁⲩⲱ ϫⲉⲛⲉⲟⲩⲛⲥⲟⲟⲩⲛ ϩⲙ̄ⲡⲉⲧϫⲟⲥⲉ· ⲉⲓⲥ ϩⲏⲏⲧⲉ ⲛⲁïⲛⲉ ⲛ̄ⲣⲉϥⲣ̄ⲛⲟⲃⲉ ⲉⲧⲣⲟⲟⲩⲧ· ⲁⲩⲁⲙⲁϩⲧⲉ ⲛ̄ⲧⲉⲩⲙⲛ̄ⲧⲣⲙ̄ⲙⲁⲟ ϣⲁⲉⲛⲉϩ· ⲉⲧⲉⲧⲉⲩϩⲩⲡⲟⲕⲣⲓⲥⲓⲥⲧⲉ ⲙⲛ̄ⲛⲉⲩϩⲃⲏⲟⲩⲉ ⲛ̄ⲕⲣⲟϥ· ⲉⲧⲃⲉⲡⲁï ⲁⲧⲉⲩⲙⲛ̄ⲧϫⲁⲥⲓϩⲏⲧ ϯϭⲟⲙ ⲛⲁⲩ· ⲁⲩϭⲟⲟⲗⲟⲩ ⲙ̄ⲡⲉⲩϫⲓ ⲛϭⲟⲛⲥ̄ ⲙⲛ̄ⲧⲉⲩⲙⲛ̄ⲧϣⲁϥⲧⲉ· ⲡⲉⲩϫⲓ ⲛϭⲟⲛⲥ̄ ⲛⲏⲩ ⲉⲃⲟⲗ ⲛ̄ⲑⲉ ⲉⲃⲟⲗ ϩⲙ̄ⲡⲉⲩⲱⲧ· ⲁⲩⲉⲓ ⲉⲃⲟⲗ ⲉⲩϣⲟϫⲛⲉ ϩⲙ̄ⲡⲉⲩϩⲏⲧ. ⲁⲩⲙⲉⲕⲙⲟⲕⲟⲩ ⲁⲩϣⲁϫⲉ ϩⲛ̄ⲟⲩⲡⲟⲛⲏⲣⲓⲁ·

Gegner als Menschen, die töricht und unverschämt daherreden. Ps 72(73),10 (in Übersetzung: „darum fällt ihnen der Pöbel zu und läuft ihnen zu in Haufen wie Wasser") ist von Besa, möglicherweise in Anbetracht der delikaten Lage – er möchte ja gerade nicht, dass seine Gegner scharenweise Anhänger finden – ausgelassen worden. Es folgt stattdessen Ps 72(73),11 f.: Hier bezieht sich der biblische Text auf den irdischen Reichtum und das Glück der Sünder. Durch die Glosse „Damit sind ihre Heuchelei und ihre Niedertracht gemeint" wird der irdische Reichtum des Psalmentextes explizit auf die konkreten Anschuldigungen Besas umgewidmet, um die Gegner zu diskreditieren. Während Ps 72(73),11 durch die Umwandlung aus einem Haupt- in einen Umstandssatz dem vorhergehenden Zitat enger verbunden wird, kann Ps 72(73),6–8 wörtlich übernommen und an die Glosse zum vorhergehenden Zitat angeschlossen werden. Durch die Auswahl wird jedoch der Abschnitt geschickt rekontextualisiert. Im Psalmentext bezieht sich ⲉⲧⲃⲉⲡⲁϊ „deswegen" zu Beginn des Zitats darauf, dass die Gottlosen keine körperliche Mühsal auszustehen hätten. Hier dagegen bezieht sich „deswegen" auf die Glosse zum vorhergehenden Zitat. Die Gegner Besas schöpfen ihre Kraft zum Bösen aus den in der Glosse genannten Eigenschaften Heuchelei und Niedertracht. Verknüpft wird diese Passage durch den Zusatz von ⲅⲁⲣ „denn" mit dem folgenden Zitat von Ps 11(12),3 (11,2 Budge). Zusätze zum Psalmentext sind im Folgenden wiederum durch Kursivsetzung markiert[47]:

„*Denn* jeder *von diesen Elenden, die in ihrer Standhaftigkeit wankend sind*, hat Nichtigkeiten zu seinem Nachbarn geredet".

[47] Ebd.: ⲁⲡⲟⲩⲁ *ⲅⲁⲣ* ⲡⲟⲩⲁ *ⲛ̄ⲛⲉ̄ⲓⲉⲃⲓⲏⲛ ⲉⲧⲟ ⲛ̄ϩⲏⲧ ⲥⲛⲁⲩ ϩⲛ̄ⲧⲉⲩϩⲩⲡⲟⲙⲟⲛⲏ* ϣⲁϫⲉ ⲛ̄ϩⲉⲛⲡⲉⲧϣⲟⲩⲉⲓⲧ ⲛ̄ⲛⲁϩⲣⲙ̄ⲡⲉⲧϩⲓⲧⲟⲩⲱϥ·

Im ursprünglichen Kontext referiert Ps 11(12),3 auf die „Menschenkinder", unter denen es keine Treue mehr gebe. Neben der Hinzufügung des explikativen Bezugs durch ΓΑΡ dient ein längerer Zusatz – „von diesen Elenden, die in ihrer Standhaftigkeit wankend sind" – abermals dazu, den Psalmentext auf Besas aktuelle Gegner zu beziehen.

An die hier vorgestellte Passage schließt sich eine Unheilsverkündung an: Nicht Besa wird die oppositionellen Mönche strafen, sondern der Fluch und das Gericht Gottes werden sie treffen. In einem komplexen Gewebe von zahlreichen Bibelstellen, Zitaten aus dem Werk des Schenute und den Aussagen ungenannter „Väter" werden der Tag des Gerichts und die Qualen der Hölle ausführlich beschrieben und die Mönche aufgefordert, Buße zu tun. Das Ende des Fragments ist wiederum nicht erhalten.

Generell ist in den Werken Schenutes und seines Nachfolgers Besa ein Übergewicht des Alten Testaments, insbesondere der prophetischen Warnungen und weisheitlichen Ermahnungen, festzustellen.[48] Beide erscheinen in ihren Werken in der Nachfolge des Psalmisten und der Propheten als leidende Gottesknechte und verfolgte Gerechte, und diese Selbstidentifikation spielt eine zentrale Rolle in der rhetorischen Interaktion mit Mönchen, Nonnen und einem Laienpublikum.[49] Wie das obige Beispiel der Rekontextualisierung einer Psalmenpassage nur andeuten kann, zeigen Schenute und Besas Werke insgesamt eine hoch-

[48] In den Werken Besas sind nur vier biblische Bücher (Psalter, Proverbien, Jesaja, Jeremia) die Quelle von vier Fünftel aller alttestamentlichen Zitate und fast der Hälfte der biblischen Zitate insgesamt.

[49] Krawiec (2002), 51–73 untersucht diese Selbstidentifikationen Schenutes im Detail anhand seiner Briefe an die Nonnen. Schroeder (2007), 63–66 zitiert Passagen aus Schenute: *Kanon* 3 und 9 mit derselben Gleichsetzung.

entwickelte, bibelbasierte Rhetorik, die sie benutzen, um ihre Autorität als Abt zu etablieren und zu erhalten. Dies ist besonders wichtig, da durch die breite Alphabetisierung und den Zugang zur Heiligen Schrift konkurrierende Bibelinterpretationen entstehen, die die Äbte zu kontrollieren versuchen. Wie in anderen zeitgenössischen Autoren wird die Heilige Schrift nicht nur zitiert, sondern sie wird sich in dem Prozess kreativ angeeignet und der jeweiligen Situation angepasst. Auch wenn die Bibelauslegung Schenutes und seiner Zeitgenossen und Nachfolger modernen Vorstellungen von Autorschaft und Zitatentreue fremd erscheinen, so taucht man, je mehr man von ihren Werken liest, desto tiefer in eine faszinierende und facettenreiche Welt monastischer Ideologie und Praxis ein, in der die Heilige Schrift die zentrale Rolle spielt.

Anhang: Verwendung der Psalmen in Schenute *Kanon* 6[50]

Im Folgenden betrachte ich die Verwendung der Psalmen in einem Werk des Schenute aus seinem *Kanon* 6. Das Hauptthema von *Kanon* 6 und seiner 5 oder mehr Werke ist Gehorsam und Opposition, Disziplin und körperliche Züchtigung, insbesondere Schenutes Verteidigung gegen den Vorwurf übermäßiger Gewalt. Im Einzelnen geht es um das erste Werk von *Kanon* 6, nach seinem Beginn oder *Incipit* als „Der

[50] Dies ist das Beispiel, das ich im mündlichen Vortrag vorgestellt habe. In schriftlicher Form wird es in einem Beitrag mit dem Titel „The Use of the Psalms in Shenoute's Tractate *He Who Sits Upon His Throne*" in einer Festschrift erscheinen (im Druck). Daher ist es hier zugunsten des oben gewählten Auszugs aus Besas Werken in einen Appendix übergewechselt.

auf seinem Thron sitzt" bekannt.[51] Die Kommunikationssituation ist ähnlich wie im oben vorgestellten Beispiel aus den Werken Besas: Eine oppositionelle Gruppe von Mönchen scheint Schenute kritisiert und abweichende Auffassungen von klösterlicher Disziplin vertreten zu haben. Sie empfehlen Nachsicht und scheinen asketischen Tugenden wie Fasten und Nachtwachen höher zu schätzen als Gehorsam. Der Anlass wird in lebendigen Bildern geschildert: Vor einiger Zeit hatte eine Person von Rang in der Gemeinschaft, ein älterer Mönch, der auch ein Priester war, eine nicht näher genannte Übertretung begangen und war von Schenute in einem solchen Maße körperlich gezüchtigt worden, dass man befürchtete, er könne sterben.[52] Anschließend war der Mann aus dem Klostergemeinschaft ausgestoßen worden, war aber einmal in das Kloster zurückgekehrt, und dieser Besuch schien Unruhen verursacht zu haben.[53]

Der Beginn des erhaltenen Textes ist ein Appell an Gott bzw. Jesus als Weltenrichter, die Sünder von den Unschuldigen zu scheiden und letztere nicht für die Frevel der ersteren zu bestrafen. Der Hintergrund des Appells ist sehr vage gehalten. Menschen haben gegen die Gebote Gottes gesündigt, obwohl sie gewarnt worden waren, dies nicht zu tun. Die Gerechten haben vergeblich versucht, dies zu verhindern. Bibelzitate evozieren biblische Präzedenzfälle: die Propheten – Ezechiel wird explizit erwähnt – haben gewarnt, die Menschen haben nicht gehört. Wie ich im Folgenden an wenigen Beispielen zeigen werde, wird der biblische Präzedenzfall geschickt für die gegenwärtige Situation aktualisiert: Die oppositionellen Mitglieder der Klostergemeinschaft, die sich gegen die Tra-

---

[51] Zum Aufbau von *Kanon* 6 und den darin enthaltenen Werken s. Emmel (2004), 576–582 und 731–744.

[52] Weißes Kloster: Kodex XF 25; Emmel (2004), 576.

[53] Emmel (2004), 576 f.

ditionen und die Leitung der Mönchsgemeinschaft gestellt hätten, werden mit biblischen Frevlern gleichgesetzt. Die Traditionen des Klosters werden dagegen mit dem göttlichen Gesetz identifiziert, und Schenute selbst tritt in die Rolle des Propheten und insbesondere des verfolgten Gerechten der Psalmen ein, der in zahlreichen Zitaten beschworen wird.[54]

„Der auf seinem Thron sitzt" ist, wie jedes Werk Schenutes, tief durchdrungen von biblischer Sprache. Ein größeres Cluster von Psalmenzitaten findet sich ganz am Anfang und prägt den Tenor des gesamten Werkes. Es beginnt mit einer Flut von Zitaten, mindestens dreizehn, auf nur 14 Zeilen Text in der gedruckten Ausgabe.[55] Alle Zitate stammen aus dem Alten Testament, 11 allein aus den Psalmen, die anderen aus den Klageliedern. Obwohl sehr wenig überleitender Text zwischen den einzelnen Zitaten eingefügt wird, machen die Auswahl und Position der Zitate und subtile Anpassungen des Textes der Heiligen Schrift diese kurze Auswahl zu einem Musterbeispiel von Schenutes Umgang mit dem biblischen Text. Schenute zitiert und passt den biblischen Text an, um sein Argument vorzubringen und die Gegner zu diskreditieren.

Bereits der Anfang der Rede ist ein Zitat, hier von Ps 9,4b. Der Text Schenutes lautet: ⲡⲉⲧϩⲙⲟⲟⲥ ϩⲓⲡⲉϥⲑⲣⲟⲛⲟⲥ ⲓⲥ̄ ⲡϣⲏⲣⲉ ⲙ̄ⲡⲛⲟⲩⲧⲉ ⲡⲉⲧⲕⲣⲓⲛⲉ ⲛ̄ⲧⲇⲓⲕⲁⲓⲟⲥⲩⲛⲏ („Der auf seinem Thron sitzt, Jesus, der Sohn Gottes, er, der gerecht richtet"), während im koptischen Psalter der Vers Gott anredet: ⲁⲕϩⲙⲟⲟⲥ ϩⲓⲡⲉⲕⲑⲣⲟⲛⲟⲥ ⲡⲉⲧⲕⲣⲓⲛⲉ ⲛ̄ⲧⲇⲓⲕⲁⲓⲟⲥⲩⲛⲏ „Du saßest auf deinem Thron, Du, der Du gerecht richtest". Schenute nimmt damit drei Veränderungen am biblischen Vers vor: Erstens

[54] S. o. mit Anm. 49.

[55] Amélineau (1911–1914), 286,1–287,2 = Weißes Kloster: Kodex XF 1 rto 1 – XF 2 rto 15. Die Schreibung des koptischen Textes ist standardisiert worden.

verwandelt er die 2. Person Singular „du“ in die 3. Person Singular „er“, zweitens das Perfekt ⲁⲕϩⲙⲟⲟⲥ „du saßest“ in einen substantivierten Relativsatz der Gegenwart ⲡⲉⲧϩⲙⲟⲟⲥ „der, der sitzt“, und schließlich wird eine Apposition in den Text eingefügt: ⲓ︦ⲥ︦ ⲡϣⲏⲣⲉ ⲙ̄ⲡⲛⲟⲩⲧⲉ „Jesus, der Sohn Gottes“. Durch diese Veränderungen wird das alttestamentliche Lob des Gottes Israels in einem Appell an Jesus verwandelt – eine häufige Gleichsetzung in den Werken Schenutes, dem Alois Grillmeier einen bibelbasierten Christozentrismus attestiert.[56]

Die Auswahl des Verses evoziert den verfolgten Gerechten von Psalm 9, den Gott an seinen Feinden rächt, und ermöglicht es dem Sprecher, sich mit dieser Figur zu identifizieren. Zusammengenommen verkehren die Änderungen die Aussage des alttestamentlichen Verses in einen leidenschaftlichen Appell an den Richter des Universums, d. h. Jesus. Der Appell an Jesus / Gott fährt fort:

> „Richte zwischen einem ungehorsamen Mann oder einer ungehorsamen Frau auf der einen Seite und andererseits Menschen, die auf Deine Worte und Deine Gebote achten und die über diejenigen, die Deine Worte und Deine Gebote vergessen, sehr betrübt sind.“[57]

Mit diesem Appell werden unmittelbar Grenzen zwischen Sündern einerseits und gegenüber dem Abt folgsamen Mönchen andererseits gezogen. Die Klosterregeln und die Anweisungen werden mit göttlichen Geboten gleichgesetzt, und es wird eine binäre Opposition aufgebaut: Es ist „*ein* un-

---

[56] Grillmeier (1990), 223–228. Vgl. auch Winkler (1997), 91–109, hier 109. Eine neue Darstellung der Christologie Schenutes findet sich bei Davis (2008), 59–85. Man könnte soweit gehen zu sagen, dass in den Werken Schenutes und Besas jeder Unterschied zwischen Altem und Neuem Testament vollständig aufgehoben ist.

[57] Amélineau (1911–1914), 286,1–4: ⲕⲣⲓⲛⲉ ϩⲛ̄ⲧⲙⲏⲧⲉ ⲛ̄ⲟⲩⲣⲱⲙⲉ ⲛ̄ⲁⲧⲥⲃⲱ ⲏ ⲟⲩⲥϩⲓⲙⲉ ⲙⲛ̄ⲧⲙⲏⲧⲉ ⲛ̄ϩⲉⲛⲣⲱⲙⲉ ⲉⲩϯ ⲛ̄ϩⲧⲏⲩ ⲉⲛⲉⲕϣⲁϫⲉ ⲙⲛ̄ⲛⲉⲕⲉⲛⲧⲟⲗⲏ ⲁⲩⲱ ⲉⲩⲙⲟⲕϩ̄ ⲛ̄ϩⲏⲧ ⲉⲙⲁⲧⲉ ⲉϫⲛ̄ⲛⲉⲧⲟⲃϣ̄ ⲙ̄ⲙⲟⲟⲩ ⲉⲛⲉⲕϣⲁϫⲉ ⲙⲛ̄ⲛⲉⲕⲉⲛⲧⲟⲗⲏ.

gehorsamer Mann oder *eine* ungehorsame Frau auf der einen Seite", auf der anderen gibt es „Männer (oder Menschen), die auf deine Worte und deine Gebote achten und die über diejenigen, die deine Worte und deine Gebote vergessen, sehr betrübt sind". Die rhetorischen Details sind bemerkenswert: Der „ungehorsame Mann" bzw. die „ungehorsame Frau" erscheinen in der Einzahl und werden als Einzelfälle dargestellt. Die Mönche und Nonnen gehorchen, so Schenute, in ihrer Mehrheit den Geboten. Sie sind „betrübt" über die Ungehorsamen, und zusammen mit dem Sprecher treten sie damit in die Rolle des verfolgten Gerechten der Psalmen ein. In der Tat wird das folgende Zitat aus Ps 118(119),53 ihnen als direktes Zitat in den Mund gelegt:

„So daß sie voll Betrübnis sagen: ‚Trauer hat mich ergriffen wegen der Sünder, die Dein Gesetz verlassen'."[58]

Nach einer kleinen Lücke folgt eine regelrechte Kette von Zitaten:

„Brich den Arm des Sünders und des dämonischen Verbrechers[59] und hilf denen, denen er durch jede Art von Ungehorsam schadet. Denk an Deine Taten der Barmherzigkeit, Herr, und des Mitleids, denn sie existieren seit Anbeginn der Zeit[60]. Verbirg nicht Dein Ohr vor der Bitte und dem Flehen[61] des Mannes, dessen Wangen Furchen sind für seine Tränen[62]. Erhebe Dich, o Herr, erlaube dem satanischen Mann

---

[58] Amélineau (1911–1914), 286,4–6: ϩωστε ετρεγϫοος ρωογ εγλγπει ϫεαγм̄καϩ ν̄ϩнт αмαϩτε м̄моι ετвεν̄ρεϥр̄нοвε ετκω ν̄cωογ м̄πεκνοмοc.

[59] Brich … Verbrechers: Ps 9,35a.

[60] Denk an … Zeit: Ps 24(25),6.

[61] Verbirg nicht … Flehen: Klgl 3,56.

[62] Dessen … Tränen: vgl. Klgl 1,2. Vgl. ebenfalls Hiob 31,38: „Hat mein Acker wider mich geschrien und haben miteinander seine Furchen geweint".

nicht zu obsiegen[63]. Laß Deine Hilfe nicht fern von uns sein[64], so daß er unsere Seele nicht wie ein Löwe rauben kann, ohne daß es einen Heiland oder Retter gibt[65]. Verlaß das Werk Deiner Hände nicht[66], vergiß nicht den Armen[67].“[68]

Die typische Sprache der Psalmen erleichtert die Suche nach der Herkunft der Zitate. Aber auch hier wird der Bibeltext geschickt umgeformt. Dazu zwei letzte Beispiele: Die Kette von Zitaten wird durch Ps 9,35 (10,15) angeführt[69]: „Brich den Arm des Sünders und des dämonischen Verbrechers“. Auch hier wurde der Quelltext des Zitats verändert: „dämonischen“ (koptisch: ⲛ̄ⲇⲁⲓⲙⲟⲛⲓⲟⲛ) ist ein Zusatz zum biblischen Vers. Eine sehr ähnliche Veränderung kann in einem der folgenden Zitate beobachtet werden: Ps 9,19a ist zitiert als[70]: „Erhebe Dich, o Herr, erlaube dem satanischen Mann nicht zu obsiegen“. Auch hier ist „satanischen“ (ⲛ̄ⲥⲁⲧⲁⲛⲁⲥ) ein Zusatz Schenutes. Die Funktion der Zusätze scheint offensichtlich: Schenutes Gegner, der alte Mönch, wieder als Einzelfall dargestellt, ist nicht nur ein Sünder oder ein böser Mensch, sondern mit der Quelle allen Übels, Satan und

---

63 Erhebe Dich … obsiegen: Ps 9,19a.

64 Laß … uns sein: Ps 21(22),19a (20a).

65 So daß … Retter gibt: Ps 7,2.

66 Verlaß … nicht: Ps 137(138),8c.

67 Vergiß … Armen: Ps 9,18a.

68 Amélineau (1911–1914), 286,7–287,1: ⲟⲩⲱϣ (lies: ⲟⲩⲱϣϥ̄) ⲙ̄ⲡⲉϭⲃⲟⲓ ⲙ̄ⲡⲣⲉϥⲣⲛⲟⲃⲉ ⲙⲛ̄ⲡⲡⲟⲛⲏⲣⲟⲥ ⲛ̄ⲇⲁⲓⲙⲟⲛⲓⲟⲛ ⲛⲅ̄ⲃⲟⲏⲑⲉⲓ ⲉⲛⲉⲧϥ̄ϫⲓ ⲙ̄ⲙⲟⲟⲩ ⲛ̄ϭⲟⲛⲥ ϩⲛ̄ⲙⲛ̄ⲧⲁⲧⲥⲱⲧⲙ̄ ⲛⲓⲙ. ⲁⲣⲓⲡⲙⲉⲉⲩⲉ ⲛ̄ⲛⲉⲕⲙⲛ̄ⲧϣⲁⲛϩⲧⲏϥ ⲡϫⲟⲉⲓⲥ ⲁⲩⲱ ⲛⲉⲕⲛⲁ ϫⲉⲥⲉϣⲟⲟⲡ ϫⲓⲛⲉⲛⲉϩ. ⲙ̄ⲡⲣ̄ϩⲱⲡ ⲙ̄ⲡⲉⲕⲙⲁⲁϫⲉ ⲉⲡⲥⲟⲡⲥ ⲏ ⲡⲧⲱⲃϩ̄ ⲙ̄ⲡⲣⲱⲙⲉ ⲡⲁⲓ ⲉⲧⲉⲣⲉⲛⲉϥⲟⲩⲟϭⲉ ⲟ ⲛ̄ⲃⲟ ⲛ̄ⲛ̄ⲣⲙⲉⲓⲟⲟⲩⲉ ⲛ̄ⲛⲉϥⲃⲁⲗ. ⲧⲱⲟⲩⲛ ⲡϫⲟⲓⲥ ⲙ̄ⲡⲣ̄ⲧⲣⲉⲡⲣⲱⲙⲉ ⲛ̄ⲥⲁⲧⲁⲛⲁⲥ ϭⲙ̄ϭⲟⲙ. ⲙ̄ⲡⲣ̄ⲧⲣⲉⲧⲉⲕⲃⲟⲏ[ⲑⲉⲓⲁ ⲟⲩ]ⲉ ⲙ̄ⲙⲟⲛ [ⲙⲏⲡⲟ]ⲧⲉ ⲛϥ̄ⲧⲱⲣⲡ̄ ⲛ̄ⲧⲉⲛⲯⲩⲭⲏ ⲛ̄ⲑⲉ ⲛ̄ⲟⲩⲙⲟⲩⲓ ⲉⲙⲛ̄ⲡⲉⲧⲥⲱⲧⲉ ⲟⲩⲧⲉ ⲙⲛ̄ⲡⲉⲧⲛⲟⲩϩⲙ̄. ⲙ̄ⲡⲣ̄ⲕⲱ ⲛ̄ⲥⲱⲕ ⲛ̄ⲛⲉϩⲃⲏⲩⲉ ⲛ̄ⲛⲉⲕϭⲓϫ. ⲙ̄ⲡⲣ̄ⲣ̄ⲡⲱⲃϣ̄ ⲙ̄ⲡϩⲏⲕⲉ ϣⲁⲃⲟⲗ.

69 ⲟⲩⲱϣ ⲙ̄ⲡⲉϭⲃⲟⲓ ⲙ̄ⲡⲣⲉϥⲣ̄ⲛⲟⲃⲉ ⲙⲛ̄ⲡⲡⲟⲛⲏⲣⲟⲥ ⲛ̄ⲇⲁⲓⲙⲟⲛⲓⲟⲛ.

70 ⲧⲱⲟⲩⲛ ⲡϫⲟⲓⲥ ⲙ̄ⲡⲣ̄ⲧⲣⲉⲡⲣⲱⲙⲉ ⲛ̄ⲥⲁⲧⲁⲛⲁⲥ ϭⲙ̄ϭⲟⲙ.

seinen Dämonen, verbunden. Er wird somit entpersonalisiert und entmenschlicht, seine Handlungen, Worte und Gedanken, werden von Anfang der Rede an für jeder ernsthafte Erwägung unwürdig erklärt. Weitere feine Veränderungen am biblischen Text, die hier nicht im Einzelnen vorgestellt werden können, intensivieren die Anschuldigung der Gegner und widmen das biblische Flehen und Hoffen auf die eigene Lage des Sprechers um.

Die Zitate aus den Psalmen in „Der auf seinem Thron sitzt" zeigen als ein Beispiel von unzähligen die ständige Aktualisierung der Heiligen Schrift, die charakteristisch für das rhetorische Repertoire Schenutes ist.[71] Um die Wirkungen der Zitate zu verstehen, müssen wir sowohl deren Auswahl als auch deren Anpassung an die rhetorischen Bedürfnisse der jeweiligen Situation betrachten. Die Psalmen sind das am besten bekannte aller Bücher des koptischen Alten Testaments. Weit verbreitet in der Liturgie, dem klösterlichen Unterricht, der Magie und Meditation wie auch als Schreibübungen[72], waren sie für die Klosterbewohner verfügbar und wegen ihrer Verwendung in der Liturgie sogar einem Laienpublikum gut bekannt. Der hohe Bekanntheitsgrad der Psalmen lässt folgerichtig erscheinen, dass Schenutes Wahl zu Beginn von „Der auf seinem Thron sitzt" vorwiegend auf dieses alttestamentliche Buch fiel, und stützt seine Selbstidentifikation als Prophet und als leidender Gerechter. Sowohl die Auswahl als auch die Anpassungen der Zitate müssen im Rahmen von Schenutes zentralem Diskurs des klösterlichen Gehorsams gesehen werden: Es liegt an jedem Mönch und Nonne, Gehorsam als Schutz für sich selbst zu wählen, um sich vor dem Jüngsten Gericht zu retten. Während seine Gegner andere

---

[71] S. jüngst Timbie (2011) und (2013).
[72] Horn (2000).

Tugenden wie Fasten und Nachtwachen hochhalten mögen oder Nachsicht empfehlen[73], wird vom ersten Satz von „Der auf seinem Thron sitzt" an die Gültigkeit ihrer Positionen und biblischen Interpretationen diskreditiert. Sie sind die Verfolger der Gerechten, die Agenten des Satans. Auf ihre Stimme zu hören, gefährdet die Hoffnung der Mönchsgemeinschaft auf Erlösung, und die volle Kraft der Heiligen Schrift wird aufgeboten, um dies zu verhindern.[74] Askese – Gebet, Fasten oder Nachtwachen – sind wertvolle Waffen gegen den Angriff der dämonischen Kräfte[75]. Doch wie Schenute betont, sind die asketischen Mühen nur dann etwas wert, wenn die Mönche und Nonnen akzeptieren, dass der richtige Weg zur Erlösung durch den Gehorsam gegenüber der prophetischen Stimme ihres Leiters und seiner privilegierten Interpretation der monastischen Tradition und der Schrift führt – die schließlich aus ein- und derselben göttlichen Quelle stammen. Daher erklären sich auch die direkten Eingriffe in den

---

[73] Eine weitere Kritik an einer oppositionellen Gruppe, die für Milde und Nachsicht argumentiert, findet sich in einem anderen Werk aus *Kanon* 6, „Steht denn nicht geschrieben"; vgl. Behlmer (2008).

[74] David Brakke hat die Konsequenzen von Schenutes strikt dualistischem Weltbild und seiner Erwartung eines Jüngsten Gerichts, in dem Gott/Christus die Gerechten von den Sündern trennen wird, für seine monastische Ideologie und Praxis herausgestellt. In diesem Weltbild werden die Gerechten nach dem Tod bei Gott und seinen Engeln sein, während die Sünder zu einer Fortexistenz mit Satan und seinen Dämonen verurteilt werden: Brakke (2006), 97–123, hier 100. Brakke zeigt, wie dieser festumrissene Dualismus Schenute dazu führt, den Mönchen und Nonnen mit prophetischer Stimme ihre Wahlmöglichkeiten vor Augen zu führen: Entweder sie verteidigen sich gegen die Angriffe der Dämonen, oder sie fallen ihnen zum Opfer und werden gerichtet. Denn da der Teufel durch das Opfer Christi besiegt worden ist, bezieht er seine Stärke einzig aus der Schwäche des Sünders, der ihm erlaubt, in ihm Wohnung zu nehmen (ibid., 110 f.).

[75] Brakke (2006), 120 f.

Bibeltext, die modernen Vorstellungen von einem wörtlichen Zitat in keiner Weise entsprechen.

Den Bogen noch weiter zu spannen, auch im hochinteressanten Vergleich mit der Bibelinterpretation der Pachomianer, würde hier zu weit führen. Zusammenfassend gesagt zeigt „Der auf seinem Thron sitzt" einmal mehr, wie eine geschickte Integration des biblischen Textes in die Argumentation nahtlos die Heilige Schrift entlang der wichtigsten Grundsätze von Schenutes monastischer Lebensführung und Interpretation der klösterlichen Disziplin ausrichten kann.

Bibliographie

Quellen

Les Apophtegmes des Pères. Collection systématique. Hg. von Jean-Claude Guy. Bd. 2: *Chapitres X–XVI.* Paris 2003.

Apophthegmata Patrum (Teil I). Das Alphabetikon. Die alphabetisch-anonyme Reihe. Hg. von Erich Schweitzer. Beuron 2012.

Besa: *Letters and Sermons of Besa.* Hg. von Karl Heinz Kuhn. Louvain 1956.

Biblia Sahidica. Ieremias, Lamentationes (Threni), Epistula Ieremiae et Baruch. Hg. von Frank Feder. Berlin/New York 2002.

The Life of Antony: The Greek Life of Antony and the Coptic Life of Antony, and an Encomium on Saint Antony by John of Shmûn, and a Letter to the Disciples of Antony by Serapion of Thmuis. Übers. von Tim Vivian/Apostolos N. Athanassakis unter Mitarbeit von Rowan A. Greer. Kalamazoo MI 2003.

Pachomian Koinonia. The Lives, Rules, and Other Writings of Saint Pachomius and his Disciples. Übers. von Armand Veilleux. 3 Bde. Kalamazoo MI 1980–1983.

The Sayings of the Desert Fathers: The Alphabetical Collection. Übers. von Benedicta Ward. Kalamazoo MI 1984.

Schenute: *Œuvres de Schenoudi*. Texte copte et traduction française. Hg. und übers. von Emile Amélineau. Bd. 2. Paris 1911–1914.

Literatur

Bagnall, Roger S.: *Egypt in Late Antiquity*. Princeton NJ 1993.

Behlmer, Heike: „'Do not Believe Every Word Like the Fool …!' Rhetorical Strategies in Shenoute, *Canon 6*". In: Gawdat Gabra/Hany N. Takla (Hgg.): *Christianity and Monasticism in Upper Egypt*. Bd. 1. *Akhmim and Sohag*. Cairo/New York 2008, 1–12.

Bolman, Elizabeth S.: „Reflections on the Red Monastery Project 2000–2008". In: *Bulletin of the American Research Center in Egypt* 194 (2009), 9–13.

Bolman, Elizabeth S. (Hg.): *The Red Monastery Church: Beauty and Asceticism in Upper Egypt*. New Haven CT 2016 (im Druck).

Brakke, David: *Athanasius and the Politics of Asceticism*. Oxford 1995.

Brakke, David: *Demons and the Making of the Monk. Spiritual Combat in Early Christianity*. Cambridge MA 2006.

Budge, Ernest A. W.: *The Earliest Known Coptic Psalter. The Text, in the Dialect of Upper Egypt, Edited from the Unique Papyrus Codex Oriental 5000 in the British Museum*. London 1898.

Burton-Christie, Douglas: *The Word in the Desert. Scripture and the Quest for Holiness in Early Christian Monasticism*. New York/Oxford 1993.

Choat, Malcolm: „Coptic". In: Christina Riggs (Hg.): *The Oxford Handbook of Roman Egypt*. Oxford 2012, 581–593.

Davis, Stephen J.: *The Early Coptic Papacy. The Egyptian Church and Its Leadership in Late Antiquity*. Cairo/New York 2004.

Davis, Stephen J.: *Coptic Christology in Practice. Incarnation and Divine Participation in Late Antique and Medieval Egypt*. New York 2008.

Dörries, Hermann: „Die Bibel im ältesten Mönchtum". In: *Theologische Literaturzeitung* 72 (1947), 215–222. Wieder abgedruckt in: Ders.: *Wort und Stunde*. Bd. 1: *Gesammelte Studien zur Kirchengeschichte des vierten Jahrhunderts*. Göttingen 1966, 251–276.

Emmel, Stephen: *Shenoute's Literary Corpus*. 2 Bde. Louvain 2004.

Emmel, Stephen: „Shenoute's Place in the History of Monasticism". In: Gawdat Gabra / Hany N. Takla (Hgg.): *Christianity and Monasticism in Upper Egypt*. Bd. 1. *Akhmim and Sohag*. Cairo / New York 2008, 31–46.

Feder, Frank: „Die koptische Übersetzung des Alten und Neuen Testaments im 4. Jahrhundert". In: *Hallesche Beiträge zur Orientwissenschaft* 44 (2007), 65–93.

Gemeinhardt, Peter (Hg.): *Athanasius-Handbuch*. Tübingen 2011.

Gemeinhardt, Peter: *Antonius: Der erste Mönch. Leben – Lehre – Legende*, München 2013.

Grillmeier, Alois mit Theresia Hainthaler: *Jesus der Christus im Glauben der Kirche*. Bd. 2/4: *Die Kirche von Alexandrien mit Nubien und Äthiopien nach 451*. Freiburg / Basel / Wien 1990.

Gwynn, David M.: *Athanasius of Alexandria. Bishop, Theologian, Ascetic, Father*. Oxford 2012.

Harmless, William: *Desert Christians. An Introduction to the Literature of Early Monasticism*. Oxford / New York 2004.

Hölbl, Günter: *Geschichte des Ptolemäerreiches: Politik, Ideologie und religiöse Kultur von Alexander dem Großen bis zur römischen Eroberung*. Darmstadt 1994.

Hoffmann, Friedhelm: *Ägypten. Kultur und Lebenswelt in griechisch-römischer Zeit*. Berlin 2000.

Horn, Jürgen: „Die koptische (sahidische) Überlieferung des alttestamentlichen Psalmenbuches – Versuch einer Gruppierung der Textzeugen für die Herstellung des Textes". In: Anneli Aejmelaeus / Udo Quast (Hgg.): *Der Septuaginta-Psalter und seine Tochterübersetzungen. Symposium in Göttingen 1997*. Göttingen 2000, 97–106.

Les Kellia, ermitages coptes en Basse-Egypte, exhibition, Musée d'art et d'histoire, Genève 12 octobre 1989 – 7 janvier 1990. Genève 1989.

Krawiec, Rebecca: *Shenoute & the Women of the White Monastery: Egyptian Monasticism in Late Antiquity*. Oxford / New York 2002.

Layton, Bentley: *The Canons of Our Fathers: Monastic Rules of Shenoute*. Oxford / New York 2014.

Lembke, Katja: *Ägyptens späte Blüte. Die Römer am Nil*. Mainz 2004.

Lewis, Naphtali: „The Demise of the Demotic Document: when and why". In: *Journal of Egyptian Archaeology* 79 (1993), 276–281.

Louis, Catherine: „The Fate of the White Monastery Library". In: Gawdat Gabra / Hany N. Takla (Hgg.): *Christianity and Monasticism in Upper Egypt.* Bd. 1: *Akhmim and Sohag.* Cairo / New York 2008, 83–90.

Nagel, Peter: „Das Alte Testament im geistigen und geistlichen Leben der koptischen Kirche. Vortrag im St.-Antonius-Kloster des Koptisch-Orthodoxen Zentrums zu Kröffelbach / Ts. anlässlich des Seminars „Das Alte Testament in der koptischen Kirche" vom 8.–10.05.1987". In: *Seminar-Vorträge Teil 2: Über die koptische Kirche*, Waldsolms-Kröffelbach [4]2010, 18–36 (Download unter: http://www.stantonius-kroeffelbach.de/dkb-buecher-downloads/verschiedenes/682-seminar-vortraege-teil-2-ueber-die-koptische-kirche/download.html; Zugriff am 02.09.2015).

Orlandi, Tito: „The Library of the Monastery of Saint Shenute at Atripe". In: Arne Egberts / Brian P. Muhs / Jacques van der Vliet (Hgg): *Perspectives on Panopolis: An Egyptian Town from Alexander the Great to the Arab Conquest.* Leiden / Boston 2002, 211–232.

Regnault, Lucien: *La vie quotidienne des Pères du désert en Égypte au IV*[e] *siècle*, Paris 1990.

Rich, Antony D.: *Discernment in the Desert Fathers: Διάκρισις in the Life and Thought of Early Egyptian Monasticism. Studies in Christian History and Thought.* Milton Keynes 2007.

Ross, Micah: „Demotic". In: Roger S. Bagnall / Kai Brodersen / Craige B. Champion / Andrew Erskine / Sabine R. Huebner (Hgg.): *The Encyclopedia of Ancient History*. Chichester 2012, 2028–2030.

Rubenson, Samuel: *The Letters of St. Antony. Origenist Theology, Monastic Tradition and the Making of a Saint*. Lund 1990.

Satzinger, Helmut: „Old Coptic". In: *Coptic Encyclopedia* 8 (1991), 169–175.

Schroeder, Caroline T.: *Monastic Bodies: Discipline and Salvation in Shenoute of Atripe.* Philadelphia PA 2007.

Sheridan, Mark: „Il mondo spirituale ed intellettuale del primo monachesimo egiziano". In: Alberto Camplani (Hg.), *L'Egitto cristiano. Aspetti e problemi in età tardo-antica*. Rom 1997, 177–216.

Sheridan, Mark: „Monasticism". In: Gawdat Gabra (Hg.): *Coptic Civilization. Two Thousand Years of Christianity in Egypt*. Cairo / New York 2014, 35–44.

Takla, Hany N.: „The Library of the Monastery of St. Shenouda the Archimandrite“. In: *Coptica* 4 (2005), 43–51.

Timbie, Janet, „The Interpretation of the Solomonic Books in Coptic Monastic Texts: 'Reading' Community“. In: Paola Buzi / Alberto Camplani (Hgg.): *Christianity in Egypt: Literary Production and Intellectual Trends. Studies in Honor of Tito Orlandi*. Rom 2011, 501–512.

Timbie, Janet: „Writing Rules and Quoting Scripture in Early Coptic Monastic Texts“. In: Blake Leyerle / Robin Darling Young (Hgg.): *Ascetic Culture. Essays in Honor of Philip Rousseau*. Notre Dame IN 2013, 29–49.

Torallas Tovar, Sofía: „Linguistic Identity in Graeco-Roman Egypt“. In: Arietta Papaconstantinou (Hg.): *The Multilingual Experience in Egypt, from the Ptolemies to the 'Abbāsids*, Farnham 2010, 17–44.

Van den Hoek, Annewies: „The 'Catechetical' School of Early Christian Alexandria and its Philonic Heritage“. In: *Harvard Theological Review* 90 (1997), 59–87.

Van den Hoek, Annewies: „Alexandria (Egypt), Catechetical School of“. In: Roger S. Bagnall / Kai Brodersen / Craige B. Champion / Andrew Erskine / Sabine R. Huebner (Hgg.): *The Encyclopedia of Ancient History*, Chichester 2012, 310–311.

Ward, Benedicta: *The Desert Fathers. Sayings of the Early Christian Monks.* New York 2003.

Winkler, Dietmar W.: *Koptische Kirche und Reichskirche. Altes Schisma und neuer Dialog.* Innsbruck / Wien 1997.

Wortley, John: „How the Desert Fathers 'Meditated'“. In: *Greek, Roman, and Byzantine Studies* 46 (2006), 315–328.

Eine exegetische Rechtfertigung des philosophischen Unterrichts an der theologischen Schule von Nisibis?

Die Erschaffung der Welt nach Barḥadbšabba ʿArbaya

Dmitrij F. Bumazhnov

Obwohl der ostsyrische Text des Barḥadbšabba ʿArbaya „Die Ursache der Begründung der Schulen" seit seiner Publikation 1908 in französischen Übersetzung von Addai Scher und seit 2008 darüber hinaus in englischer Übersetzung von Adam Becker vorliegt, zählen weder er selbst noch sein Verfasser zu den wohlbekannten Größen der frühchristlichen Literaturgeschichte. Der Grund dafür ist die sprachlich und geo- wie kirchenpolitisch separate Entwicklung des ostsyrischen Christentums außerhalb der Grenzen des Römischen bzw. Byzantinischen Reiches, eines Christentums, welches seit dem späten 5. Jahrhundert von der griechisch- und lateinsprachigen Großkirche als nestorianische Häresie bewertet wurde.[1]

[1] Der heutige offizielle Name dieser Kirche ist „Die Heilige und Apostolische Kirche des Ostens der Assyrer". Allgemein zu der Kirche des Ostens mit weiter führenden Literatur siehe Brock/Coakley (2011) und Hage (2007), 269–313. Zu der Frühgeschichte der Kirche des Ostens siehe Baum/Winkler (2000) und Labourt (1904), 1–18. Teule (2008), 11–30 bietet einen geschichtlichen Überblick bis 1553, als ein Teil der Kirche des Ostens eine Union mit Rom einging.

„Die Ursache der Begründung der Schulen" verdient aber trotzdem sowohl gelehrte wie öffentliche Aufmerksamkeit durchaus, weil sie den – soweit ich sehe – in der frühchristlichen Literatur einmaligen Versuch unternimmt, die Geschichte einer christlichen theologischen Schule, nämlich der Schule von Edessa/Nisibis, im Kontext der Weltgeschichte zu erzählen, die ihrerseits auch als die Geschichte der sich ablösenden Schulen aufgefasst wird.

Weil sich das ostsyrische Christentum seit der frühesten Zeit weitgehend unabhängig von den Vorgängen in dem Römischen bzw. Byzantinischen Reich entwickelt hat, möchte ich mit einer kurzen historischen Skizze beginnen, aus der hervorgehen soll, auf was für eine christliche Vorgeschichte Barḥadbšabba und sein Leserkreis im späten 6. Jahrhundert zurückblicken konnten. Dieser Skizze soll eine Übersicht über die Geschichte der Schule von Edessa/Nisibis folgen, die, wie bereits erwähnt, den Gegenstand der „Ursache der Begründung der Schulen" des Barḥadbšabba ausmacht und in der die uns eigentlich interessierende Auslegung des biblischen Berichtes von der Erschaffung der Welt eingebettet ist. Um die Funktion der Genesisauslegung in der „Ursache der Begründung der Schulen" besser zu verstehen, fasse ich anschließend den Inhalt des Werkes des Barḥadbšabba kurz zusammen. Vor diesem Hintergrund wenden wir uns dann der Auslegung selbst zu, was uns letztlich zu einigen Einblicken in das Verhältnis zwischen Exegese und religiöser Praxis bei Barḥadbšabba und in der theologischen Schule von Nisibis führen soll.

1. Aus der Geschichte des ostsyrischen Christentums

Das klassische Syrisch ist der aramäische Dialekt der Stadt Edessa.[2] Die ältesten überlieferten christlichen Texte auf Syrisch entstanden im 2. Jahrhundert n. Chr. wahrscheinlich in Edessa (Bardaisan). Die Anfänge des Christentums im heutigen Irak und Westiran, d. h. in den Gegenden, die sich – im Unterschied zu Edessa – außerhalb des Römischen Reichs befanden, liegen mangels zuverlässiger Quellen im Dunkeln;[3] es ist wohl damit zu rechnen, dass die ältesten christlichen Missionare diese Regionen recht früh (am Anfang des 2. Jahrhunderts?) möglicherweise aus Edessa oder direkt aus Palästina erreichten. Die im Wesentlichen apokryphen Akten des Mari (spätes 6. oder frühes 7. Jahrhundert) schreiben die Evangelisierung von Mesopotamien dem Schüler des Apostels Addai (Thaddäus)[4] Mari zu.

Aus der Parthischen Zeit (bis 224 n. Chr.) sind keine schriftlichen Quellen aus dieser Region überliefert. Charakteristisch für das 3. Jahrhundert ist eine doppelte – griechische und syrische – christliche Hierarchie mancher persischen Städte, die der Zusammensetzung der christlichen Gemeinden aus den einheimischen und den von den Persern aus dem Römischen Reich nach Mesopotamien verschleppten Christen entspricht.[5] Aus dem späten 3. Jahrhundert sind

---

[2] Die Stadt liegt in der Südosttürkei, ihr heutiger Name ist Urfa. Das klassische Syrisch ist eng verwandt mit dem aramäischen Dialekt des Babylonischen Talmuds, siehe dazu Sokoloff (1994).

[3] Siehe Chaumont (1988), 1–53, Fiey (1970), 1–65 und Jullien/Jullien (2003), 27–60.

[4] Nach Eusebius von Caesarea: *Historia ecclesiastica* 2,12 gehörte Thaddäus zum Kreis der siebzig Apostel.

[5] Über die griechische christliche Präsenz in Mesopotamien im ersten Millennium siehe Fiey (1977) und Jullien (2006).

etliche mesopotamische Märtyrerakten in syrischer Sprache überliefert.[6] Sporadische Christenverfolgungen, die sehr oft Kriege mit dem Römischen bzw. Byzantinischen Reich begleiteten, beginnen in der Sassanidischen Zeit im 3. Jahrhundert und sind bis zum Ende der Sassanidischen Dynastie im 7. Jahrhundert zu registrieren.[7] Eine übergreifende Kirchenstruktur der persischen Kirche fehlt bis 410, als auf der Synode von Seleukia-Ktesiphon[8] ein Katholikos für alle persischen Christen gewählt wurde.[9] Auf der gleichen Synode wurden auch die Beschlüsse des 1. Ökumenischen Konzils in Nicäa (325) sowie einer Reihe von Lokalsynoden des 4. Jahrhunderts im Römischen Reich rezipiert.[10] Eine andere Synode dieser Zeit (424) verbot den persischen Bischöfen, sich über den Katholikos bei den Patriarchen der Byzantiner zu beschweren. Somit wurde die persische Kirche offiziell völlig selbstständig.[11]

Seit dem frühen 5. Jahrhundert werden in der theologischen Schule von Edessa die exegetischen Werke des Bischofs von Mopsuestia, Theodor († 428), ins Syrische übersetzt und im Schulunterricht eingesetzt.[12] Die Theologie des Theodor, der dazu neigte, die menschliche Natur

---

[6] Siehe z. B. Brock (1978).

[7] Siehe dazu im Allgemeinen Rist (1996).

[8] Seleukia-Ktesiphon (etwa 30 km südlich von Bagdad) war die sassanidische Hauptstadt und eine der Residenzen des Großkönigs. Zur christlichen Topographie von Seleukia-Ktesiphon siehe ausführlich bei Fiey (1967).

[9] Zur Bedeutung und Stellung der ostsyrischen Katholikoi siehe Macomber (1968), Müller (1969), Suermann (2007) und besonders ausführlich Abramowski (2011).

[10] 85 Jahre nach dem Konzil von Nicäa! Zum Problem der Abwesenheit der Kirche des Ostens auf den westlichen Synoden siehe Brock (1995).

[11] Siehe dazu Abramowski (2011), 32–47 und Hage (1999).

[12] Zur Rezeption der Werke des Theodor in der theologischen Schule von Edessa / Nisibis siehe Becker (2006), 113–125.

Christi als eine vom Logos getrennte Person zu denken, wurde auf dem 4. Ökumenischen Konzil in Chalzedon 451 verurteilt. Auf dem 3. Ökumenischen Konzil in Ephesus 431 wurde die Lehre eines Schülers des Theodor, des Bischofs von Konstantinopel, Nestorius, mit dem Bann belegt. 489 wurde die dem Erbe des Theodor und Nestorius treue theologische Schule von Edessa auf Betreiben des lokalen chalzedonensischen Bischofs geschlossen. Die Lehrer und Schüler flohen ins persische Nisibis,[13] wo die Schule neu etabliert und zum wichtigen Zentrum der nestorianischen Theologie erhoben wurde.[14]

Aus dem 6. Jahrhundert sind Zeugnisse von den theologischen Disputen überliefert, die die Nestorianer – nicht selten im Beisein des persischen Großkönigs – mit den syrischen Miaphysiten führten.[15] Zu dieser Zeit wurde das Selbstverständnis der Ostsyrer geprägt, dessen wichtiger Bestandteil

---

[13] Siehe dazu Reinink (1995). Die Stadt liegt heute in der Südosttürkei an der syrischen Grenze, ihr türkischer Name ist Nusaybin.

[14] Allgemein zu der Schule von Edessa / Nisibis siehe Drijvers (1995) und Vööbus (1965). Nestorius wurde in der Kirche des Ostens als Heiliger verehrt, siehe dazu Seleznyov (2009). „Nestorianer" kommt als Selbstbezeichnung der ostsyrischen Christen in ihren eigenen Quellen vor, siehe z. B. die *Chronik von Seert* (Patrologia Orientalis 4,3, 295,9).

[15] Die Miaphysiten bildeten neben den Nestorianern eine weitere christliche Gruppe, die die Beschlüsse des 4. Ökumenischen Konzils nicht anerkannte. Bei den Quellen, die die theologischen Dispute zwischen den syrischen Nestorianern und Miaphysiten im 6. Jahrhundert belegen, handelt es sich z. B. um die Vita des Simeon von Bet Arscham, wo Simeon im Beisein eines sassanidischen Beamten gegen den nestorianischen Katholikos Babai (497–502/3) polemisiert; siehe Johannes von Ephesus: *Vitae sanctorum orientalium* 10 (Patrologia Orientalis 17,1; 147–152). Vgl. auch Johannes von Ephesus: *Historia ecclesiastica* 6,20, wo Johannes († 595/96) über eine ähnliche Disputation zwischen den Nestorianern und Miaphysiten berichtet, bei der der Großkönig Khosrau Anuschirwan als Schiedsrichter auftrat.

die konfessionelle und zum Teil auch politische Opposition zum chalzedonensischen Westen und den Miaphysiten war.[16]

Vom Wachsen dieses Selbstverständnisses im 6. Jahrhundert zeugt auch die Schrift des Barḥadbšabba ʿArbaya „Die Ursache der Begründung der Schulen", in deren Mittelpunkt die Geschichte der seit dem späten 5. Jahrhundert nestorianisch geprägten theologischen Schule von Edessa / Nisibis steht. Bevor wir uns diesem Text zuwenden können, gebe ich einige Hintergrundinformationen zu der genannten Schule.

2. Die theologische Schule von Edessa / Nisibis

Die drei wichtigsten Quellen zur Geschichte dieser Schule liegen in syrischer Sprache vor: die Kirchengeschichte des Barḥadbšabba von Ḥelwan (3. Viertel des 6. Jahrhunderts), die „Ursache der Begründung der Schulen" des Barḥadbšabba ʿArbaya[17] (um 600) und die Statuten der Schule von Nisibis.[18]

---

[16] Zur Identitätsfindung der syrischen Nestorianer siehe Reinink (2009). Parallele Prozesse bei den syrischen Miaphysiten werden beleuchtet bei Menze (2008) und Wood (2010).

[17] Auf die „Ursache der Begründung der Schulen" wird mithilfe ihrer lateinischen Bezeichnung *Causa* verwiesen.

[18] Für die relevanten Kapitel 31 und 32 der Kirchengeschichte siehe Nau (1913), 588–615 (Kap. 31, Lebensbeschreibung des Narsai) und 616–631 (Kap. 32, Lebensbeschreibung des Abraham; syrisches Original mit französischer Übersetzung). Narsai und Abraham waren die ersten Lehrer der Schule nach ihrem Auszug nach Nisibis im Jahre 489. Der syrische Originaltext der „Ursache der Begründung der Schulen" (ebenfalls mit französischer Übersetzung) findet sich bei Scher (1908), 327–397. Ob Barḥadbšabba von Ḥelwan und Barḥadbšabba ʿArbaya zwei unterschiedliche Autoren waren oder vielmehr eine Person darstellten, ist strittig; Adam Becker, der sich mit dem Problem als Letzter ausführlich auseinandergesetzt hat, neigt sich zur Identität der beiden Barḥadbšabba, vgl. Becker / Childers (2011), 57 und Becker (2006), 100. Bei den Statuten handelt es sich um die Schulordnung mit einer Einführung, ihre letzte

Außerdem gibt es Informationen der Kirchenhistoriker in syrischer und arabischer Sprache und eine Reihe von weniger bedeutenden Quellen.[19] Von keiner anderen spätantiken christlichen oder paganen Schule haben wir so viel Material.

Die Anfänge der Schule von Edessa liegen in der Mitte des 4. Jahrhunderts. Ihr bekanntester Lehrer war Ephräm der Syrer (363–373). Nach Adam Becker war die Schule von Edessa (auch die „Schule der Perser" genannt) eher ein loser Studienzirkel als eine institutionalisierte Schule,[20] eine Lehrerhierarchie ist erst für die Zeit kurz vor der Schließung 489 belegt.[21] Interessanterweise gab es in Edessa gegen die Mitte des 5. Jahrhunderts auch eine „Schule der Armenier".[22]

Nach der Verlagerung nach Nisibis scheint die Schule mehr institutionalisiert worden zu sein. Ob Medizin und Philosophie zum Curriculum in Nisibis gehörte, ist fraglich.[23] Das Vorhandensein eines Philosophie- bzw. Logikunterrichts ist wahrscheinlicher.[24] Unter dem Schuloberhaupt Abraham[25] zählte die Schule etwa 1000 Schüler; über die Größe der Schule am Ende des 6. Jahrhunderts lässt die Tatsache

---

Überarbeitung wird in das Jahr 602 datiert. Der syrische Text mit englischer Übersetzung: Vööbus (1962), 51–105; zur Datierung siehe Nestle (1898), 211, 229. Die eigentlichen Vorschriften der Statuten bestehen aus zwei Teilen: die Kanones des Narsai und die des Ḥenana; die Verweise auf die Statuten folgen dieser Aufteilung.

[19] Siehe hierzu Becker (2006), 46. Zur Schule von Nisibis im Allgemeinen siehe Possekel (2015).

[20] Becker (2006), 62.

[21] Becker (2006), 70 f.; die drei wichtigsten Fächer waren 1) Alphabet und Vokalisierung, 2) Lesen und 3) Exegese.

[22] Becker (2006), 67–68.

[23] Zur Medizin in der Schule von Nisibis siehe Becker (2006), 94 f. und Possekel (2015), 131–133.

[24] Siehe darüber Becker (2006), 126–131 sowie § 4.1 und Anm. 80 weiter unten.

[25] Oberhaupt der Schule von ca. 510 bis ca. 569.

urteilen, dass zu dieser Zeit 300 Schüler aus Protest gegen die Lehre des Schuloberhauptes Ḥenana die Schule verlassen.[26] Nach dem frühen 7. Jahrhundert versiegen unsere Quellen, die Schule existierte aber sicherlich noch eine gewisse Zeit weiter.

Die Statuten der Schule lassen erkennen, dass die Schule zwar keine monastische Einrichtung an und für sich war, jedoch das alltägliche Leben ihrer Schüler relativ streng reglementierte.[27] Das Studium war mit dem Gottesdienst eng verflochten;[28] die Statuten verbieten, die heiligen Bücher im gleichen Raum mit den profanen zu lesen.[29] Dies lässt die These zu, dass das Studium in der Schule durchaus als religiöse Praxis empfunden wurde[30] und so auch bewertet werden kann.

3. Die „Ursache der Begründung der Schulen" und ihre Struktur

Die Struktur der „Ursache der Begründung der Schulen" des Barḥadbšabba[31] ist relativ klar. Ihren mittleren Teil bildet

---

[26] Wie viele Schüler geblieben sind, ist schwer zu sagen. Zu rechnen ist auf jeden Fall mit einer ebenfalls dreistelligen Zahl.

[27] Narsai: *Kanon* 3. Hg. von Vööbus (1962), 75 setzt eine Keuschheitsgelübde der Schüler voraus; Ḥenana: *Kanon* 18, ebd. 100 reguliert den alltäglichen Umgang mit Frauen.

[28] Vgl. Narsai: *Kanones* 8 und 9. Hg. von Vööbus (1962), 79.

[29] Siehe Ḥenana: *Kanon* 19. Hg. von Vööbus (1962), 100–101.

[30] Vgl. z. B. Barḥadbšabba ʿArbaya: *Causa*. Hg. von Scher (1908), 394–395, wo die Schule als eine ausschließlich religiöse christliche Institution begriffen und beschrieben wird.

[31] Der syrische Titel des Werkes lautet *ʿelta dasyam mawtba deskule*: Barḥadbšabba ʿArbaya: *Causa*. Hg. von Scher (1908), 327. Seine wörtliche Übersetzung nach Becker (2006), 106 ist „The cause of the establishment of the session of the school". Mit dem Begriff *ʿelta* (Ursache) bezeichnete

eine lange, chronologisch aufgebaute Beschreibung unterschiedlicher Schulen, die mit der Schule der Engel bei der Erschaffung der Welt ansetzt und in der bis zu den Tagen des Verfassers erzählten Geschichte der theologischen Schule von Edessa/Nisibis gipfelt.[32] Dazwischen liegen die Schulen von Adam, Noah, Abraham, Mose, Josua, Salomo, der alttestamentlichen Propheten, von Platon, Aristoteles, Epikur, Pythagoras, Zoroaster, Jesus Christus und dem Apostel Paulus, Philon, Arius, Theodor von Mopsuestia sowie manche anderen Schulen. Der Beschreibung der Schulen folgt der abschließende Teil, in dem die Struktur des Studienjahres begründet und allgemein zur Disziplin ermahnt wird.[33]

Von unvergleichlich größerem Interesse als dieser Schlussteil sind die anfänglichen, der Beschreibung der Schulen vorausgehenden Überlegungen des Verfassers, die dem Problem der Erkennbarkeit Gottes gelten.[34] Diese münden unmittelbar in die Auslegung des biblischen Berichtes von der Erschaffung der Welt[35] und verdienen deswegen eine ausführlichere Darstellung.

---

man u. a. auch eine Rede, die an die neuen Studenten der Schule von Nisibis gerichtet sein sollte. Man weiß nicht, ob Barḥadbšabba die „Ursache der Begründung der Schulen" wirklich einmal als Rede gehalten hat. Geschrieben war sie an der Schule von Nisibis zwischen 581 und ca. 610. Über den Titel im syrischen und spätantiken Kontext siehe sehr ausführlich bei Becker (2006), 98–107. Der Name des Verfassers lehnt sich an die syrische Übersetzung der Bezeichnung des Sonntages im Neuen Testament (μία τῶν σαββάτων) und bedeutet „geboren am Sonntag". Über sein Leben ist nicht viel bekannt, siehe Becker (2006), 100.199 und Becker/Childers (2011).

[32] Barḥadbšabba ʻArbaya: *Causa*. Hg. von Scher (1908), 348,4–393,3.

[33] Barḥadbšabba ʻArbaya: *Causa*. Hg. von Scher (1908), 393,4–397,5.

[34] Ebd. 327,1–348,4.

[35] Diese Auslegung habe ich oben als „Schule der Engel" bezeichnet.

4. Erschaffung der Welt in der „Ursache der Begründung der Schulen"

4.1 Die Erkennbarkeit Gottes nach Barḥadbšabba

Barḥadbšabba beginnt mit ausdrücklicher Betonung der absoluten Unzugänglichkeit der göttlichen Natur für den Intellekt des Menschen und bzw. für sein Wort.[36] Der einzige Weg, der zur Erkenntnis des *Wesens* Gottes führt, ist die göttliche Selbstoffenbarung,[37] wenn auch eine solche Erkenntnis „elementar"[38] bleiben muss. Bei der Selbstoffenbarung Gottes denkt Barḥadbšabba nicht etwa an eine mystische Erleuchtung, sondern an die Erkenntnis Gottes aus der Natur. Dabei nähert er sich der Erklärung seiner Auffassung in mehreren Schritten.

Unmittelbar nach der Feststellung der absoluten Unerreichbarkeit der göttlichen Natur für den Intellekt[39] wird die Aufgabe der weiteren Untersuchung formuliert: „Weil die göttliche Natur nun so beschaffen ist, lasst uns schauen, auf welche Weise wir Erkenntnis[40] darüber erlangen können."[41] Der nachfolgende Abschnitt[42] ist überraschend: Barḥadbšabba bringt in etwas abgewandelter Form ein Schema, dessen Ursprung Adam Becker treffend auf den sogenannten Baum des Porphyrios zurückführt.[43] Dabei verliert Barḥadbšabba kein Wort darüber, wie dieses Schema die von ihm eingangs gestell-

[36] Barḥadbšabba ʿArbaya: *Causa*. Hg. von Scher (1908), 336,6.
[37] Ebd. 336,9 f.
[38] Wörtlich „dem Kinderniveau entsprechend" (*šabraʾit*): ebd. 336,10.
[39] Barḥadbšabba meint wohl zugleich den Intellekt der Menschen und den der Engel.
[40] Wörtlich: „Lehre" (*yulpana*).
[41] Syrischer Text: Barḥadbšabba ʿArbaya: *Causa*. Hg. von Scher (1908), 337,7 f.
[42] Ebd. 337,7–338,10.
[43] Becker (2006), 142 f. und Becker (2008), 172–180.

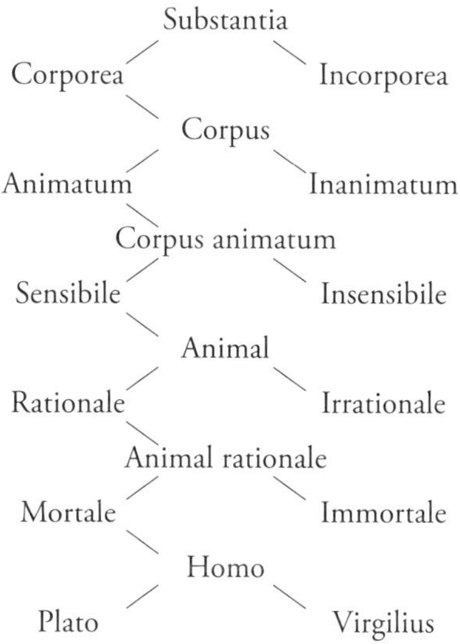

Abb. 1: Arbor porphyriana nach Hans M. Baumgartner:
„Arbor porphyriana, porphyrischer Baum".
In: *Historisches Wörterbuch der Philosophie* 1 (1971), 494.

te Frage nach den Wegen der Erkenntnis des absolut transzendenten Gottes beantworten soll. Den wohl intendierten Zusammenhang gilt es nun herauszuarbeiten. Bevor wir dies aber tun, sei kurz auf den „Baum des Porphyrios" eingegangen.

Der allerdings erst seit Petrus Hispanus (13. Jahrhundert) im lateinischen Mittelalter so genannte *arbor porphyriana* ist graphische Versinnbildlichung eines Teiles der „Einführung" (*Isagoge*) des Neuplatonikers Porphyrios in die Kategorienschrift des Aristoteles.[44] Das Schema des „Baums" ermöglicht

[44] Zur *arbor porphyriana* siehe Baumgartner (1971). Der betreffende Abschnitt des Porphyrios: *Isagoge* 25a–26 lautet: „Im Bereich einer je-

die Subordinierung von Gattungs- und Artbegriffen, und zwar so, dass die höchste Gattung (Wesen oder Sein) den höchsten Abstraktionsgrad und die niedrigste Art den nicht weiter zu unterteilenden Individualbegriff darstellt. Die dazwischen liegenden Ebenen sind jeweils zugleich Art der höher liegenden Ebene und Gattung der niedrigeren Ebene.

Barḥadbšabba übernimmt im Wesentlichen dieses Schema, modifiziert es aber zugleich auf eine signifikante Weise (Abb. 2). Einerseits verzichtet er auf die niedrigste, nicht weiter einzuteilende Ebene des Porphyrios, die den individuellen Menschen wie Platon, Aristoteles oder Vergil gilt. Auf der anderen Seite erweitert er das porphyrische Schema so, dass seine niedrigste Stufe jetzt auch Gott als unbegrenzte geistige Entität enthält.[45]

Diese letzte Modifikation ermöglicht Barḥadbšabba auf eine grundsätzliche Weise die Beantwortung der Frage nach

---

den Grundaussage gibt es einige (Bestimmungen), die im Höchstmaß Gattungseigenschaften besitzen; wieder andere sind im Höchstmaß erscheinungsförmig; und noch andere stehen zwischen den umfänglichsten und den am engsten festgelegten in der Mitte. ‚Im Höchstmaß Gattung' ist das, über welches kein anderes Seins-Geschlecht hinausgestiegen sein kann; ‚am meisten erscheinungsförmig' das, hinter welches keine andere Erscheinungsform heruntergestiegen sein kann; mitten zwischen dieser Gattung im Höchstmaß und dem Erscheinungsförmigsten stehen andere (Bestimmungen), die … als sie selbst einmal Gattungen, ein andermal Arten sind. Das Gemeinte sollte am Beispiel *einer* Grundaussage klar werden: *Seiendes Wesen* (Substanz) ist selbst ein Seins-Geschlecht, darunter steht *Körper*, unter Körper *belebter Körper*, unter diesem *Lebewesen*, unter Lebewesen *vernunftfähiges Lebewesen*, darunter *Mensch*, unter Mensch schließlich *Sokrates*, *Platon* und eben die Menschen im einzelnen. Darunter hat ‚seiendes Wesen' im höchstem Maß Gattungseigenschaft und ist, was allein Seins-Geschlecht ist, ‚Mensch' dagegen ist das am meisten Erscheinungsförmige, was eben nur Erscheinungsform sein kann." Übersetzt nach Zekl (1998), 160.

[45] Das Schema des Barḥadbšabba ist im Unterschied zu dem des Porphyrios wenig konsequent, uns geht es aber vor allem um seinen Grundgedanken.

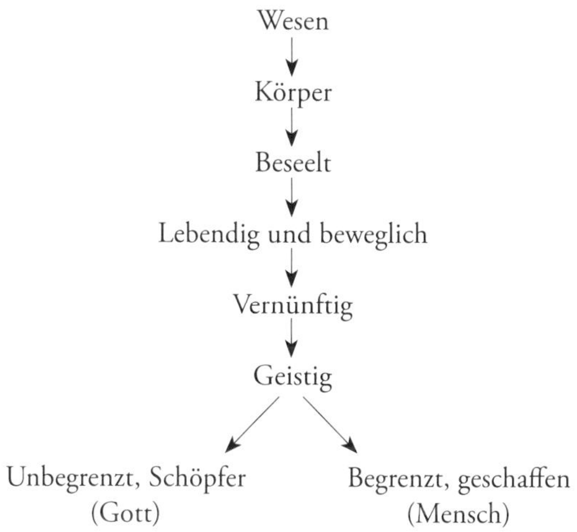

Abb. 2: Das vereinfachte Schema des „Baums" des Barḥadbšabba. Syrischer Text in: *Causa*, Scher (1908), 337 f.

der den Menschen zur Verfügung stehenden Erkenntnis Gottes: Indem Gott zum Teil des porphyrischen Baumes wird, werden bestimmte Aussagen über ihn möglich, z. B. dass er geistig, unbegrenzt, Schöpfer usw. ist.[46] Barḥadbšabba formuliert diese These nicht explizit, sein weiteres Vorgehen entspricht aber einem derartigen Gedankengang.

Zunächst verbindet Barḥadbšabba die Erkenntnis der göttlichen Natur (sic!) mit der Erkenntnis der Welt und sagt, dass sowohl Menschen wie auch Engel für eine solche Erkenntnis zu schwach sind.[47] Um diesem Zustand abzuhelfen, versieht Gott nach Barḥadbšabba den Menschen mit der unsichtbaren

[46] Ich folge hier der These von Becker (2006), 150.
[47] Barḥadbšabba ʿArbaya: *Causa*. Hg. von Scher (1908), 340,1–4.

Lampe der Seele, die im gleichen Atemzug auch als Intellekt bezeichnet wird.[48] Der Intellekt bedient sich des Schiffes der Rationalität, um sich auf der Oberfläche der ganzen Welt sicher zu halten und in der Menge der zu erkennenden Dinge nicht zu sinken.[49] Die Erkenntnis der Dinge der Welt führt zur als Weisheit definierten Furcht Gottes.[50]

Darüber hinaus unterscheidet Barḥadbšabba andeutungsweise zwischen einer menschlichen Lehre, die auf einer logischen Argumentation basiert, und einer solchen, die durch den Geist Gottes getragen wird.[51] Diese letzte wird in der „Ursache der Begründung der Schulen" nicht expliziert, umso mehr kommt die Bedeutung der logischen Vorgehensweise bei der Gotteserkenntnis in den Vordergrund.

Schließlich macht Barḥadbšabba in einem längeren Abschnitt deutlich, wie nach seiner Auffassung die Rationalität die Welt und aus der Welt Gott erkennt:[52]

1. Daher zeichnet der Intellekt mit diesem wunderbaren Instrument (ὄργανον) der Rationalität sämtliche klaren Bilder des exakten Wissens und formt mit ihm die herrliche Statue (ἀνδριάς) jenes Urbildes des Menschen (sc. Gott). 2. Damit nun nicht die Intelligenz und Rationalität des Intellekts unbeschäftigt und nutzlos bleiben – er (sc. der Intellekt) hatte nämlich kein Alphabet, mit dem er die Namen zusammenstellen und aussprechen sowie die Belehrung hinsichtlich jenes Wesens (sc. Gottes) empfangen wie auch ferner die Macht seiner Herrschaft demonstrieren könnte –, war es nötig, dass der Schöpfer gleichsam für sein (sc. des Intellekts) Training und als Zeichen seiner Freiheit diese Körperlichkeit konstruierte, sie mit Wirkkräften und

---

[48] Ebd. 340,4–6.

[49] Ebd. 341,13–342,9.

[50] Ebd. 342,9–11.

[51] Ebd. 343,13 f.

[52] Ebd. 344,8–345,4. Die Übersetzungen aus der *Causa* stammen vom Vf. Die in Klammern stehenden griechischen Wörter markieren die griechischen Entlehnungen im syrischen Originaltext.

Farben mischte, in Gattungen (γένος) und Arten (εἶδος) aufteilte, durch Formen (σχῆμα) und Handlungen schied und mit individuellen Eigenschaften versah. 3. Er brachte sie hinein und brachte sie im riesigen Zwischenraum zwischen Himmel und Erde unter. 4. Für ihn (sc. den Intellekt) schrieb er wie auf einer Schreibtafel und setzte zusammen alle sichtbaren Körper, damit er in ihnen lesen und von ihnen den erkennen könnte, der für ihn die Ursache dieser Belehrung gewesen ist, wie auch Paulus sagte: „Sie suchen Gott und forschen nach und finden ihn aus seinen Geschöpfen heraus".[53]

In diesem Abschnitt bedient sich Barḥadbšabba zum ersten Mal in seiner Schrift ausführlich der Metapher des Lehrens bzw. Lernens. Zunächst wird festgestellt, dass dem Menschen die Kenntnis des Alphabets fehlt, um die Lehre hinsichtlich des göttlichen Wesens zu empfangen (V. 2). Dadurch wird noch einmal die Transzendenz Gottes betont. Dessen sich bewusst, erschafft Gott die sichtbare Kreatur so, dass sie in sich auf eine vielfältige Weise unterschieden ist, besonders ist auf die Aufteilung in Gattungen und Arten aufmerksam zu machen, die diesen Abschnitt mit der bereits analysierten Adaption des porphyrischen Baumes verbindet (V. 2). Die sinnlich wahrnehmbare Schöpfung wird von Gott zwischen Himmel und Erde platziert (V. 3), damit der Mensch in ihr wie in einer Schreibtafel lesen und daraus ihren Schöpfer erkennen könnte (V. 4). Auch in diesem Satz wird das Bild des Lehrens/Lernens verwendet. Die Möglichkeit einer solchen Gotteserkenntnis begründet Barḥadbšabba mit einem neutestamentlichen Zitat (Apg 17,27), das allerdings nur in der Peschitta die Worte „aus seinen Geschöpfen heraus" enthält.

[53] Apg 17,27 nach der syrischen Bibelübersetzung (Peschitta).

4.2 Die Auslegung der Schöpfungsgeschichte

Nach diesen mehr oder weniger abstrakten Ausführungen bietet der Verfasser eine Auslegung der Schöpfungsgeschichte, die seine Thesen hinsichtlich der den Menschen zugänglichen Erkenntnis Gottes illustrieren und bestätigen soll. Obwohl es in diesem Text nicht um die *menschliche* Erkenntnis Gottes geht, sondern um die der Engel, gibt es mindestens zwei Gründe um anzunehmen, dass diese Genesisauslegung auch für das Verständnis der menschlichen Gotteserkenntnis relevant ist. Erstens betont Barḥadbšabba, dass die Erkenntnis des Schöpfers und der Kreatur von allen Lebewesen nur den Menschen und den Engeln eigen ist,[54] ohne dass eine besondere Gotteserkenntnis der Engel der menschlichen gegenübergestellt würde. Zweitens ist die Gotteserkenntnis, die im oben zitierten Text (V. 4) dem „Intellekt" zugeschrieben wird, mit der den Engeln möglichen Erkenntnis Gottes in dem sogleich folgenden Zitat identisch.[55] Die zumindest im ersten Teil der „Ursache der Begründung der Schulen" analoge Gotteserkenntnis der Menschen und Engel ist wahrscheinlich dadurch zu erklären, dass das erkennende Organ in beiden Fällen der immaterielle Intellekt ist.

---

[54] Ebd. 340,1–3.

[55] S.o. V. 4: „Für ihn (sc. den Intellekt) schrieb er wie auf einer Schreibtafel und setzte zusammen alle sichtbaren Körper, damit er (sc. der Intellekt) in ihnen lesen und von ihnen den erkennen könnte, der für ihn die Ursache dieser Belehrung gewesen ist …" und in dem unten zitierten Abschnitt V. 11: „Darauf überlieferte er ihnen (den Engeln) die sichtbare Kreatur, auf dass diese sie in ihren ständigen Veränderungen gleichsam wie Buchstaben schreiben und in ihnen den Namen des Schöpfers und Ordners (τάξις) des Alls lesen." Für den Kontext von V. 11 siehe weiter unten.

Nach diesen einführenden Anmerkungen sei die uns unmittelbar interessierende Auslegung der Schöpfungsgeschichte in der *Causa* zitiert:[56]

1. Weil nun die geistigen Mächte (sc. die Engel) der Erschaffung nach älter und gemäß ihrem Wesen (οὐσία) hervorragender als die Menschen sind, hat Gott ihnen seine Lehre zuteilwerden lassen, indem er ein nicht sinnlich wahrnehmbares Buch mit dem Finger seiner schöpferischen Kraft geschrieben hat, damit sie nicht dem Irrtum verfallen und irrig Großes von sich halten. 2. Und mit lauter Stimme befahl er in Bezug darauf, dass sie lesen: „Es werde Licht. Und es wurde Licht".[57] 3. Und weil sie einen einsichtigen Intellekt hatten, begriffen sie sogleich, dass alles, was wird, durch einen anderen wird, und jedem, der Macht hat, von dem eigentlichen Machthaber befohlen wird. 4. Und daraus erkannten sie genau, dass jener, der diese herrliche Natur des Lichtes entstehen ließ, auch sie erschaffen hatte. 5. Deswegen lobten sie alle zusammen mit lauter Stimme ihren Schöpfer, wie er selbst zu Hiob sagte: „Als ich die Morgensterne erschuf, riefen alle meinen Engel mit lauter Stimme und verherrlichten mich".[58]
6. Auf die gleiche Weise wie wir pflegen, nachdem wir ein Kind die einzelnen einfachen Buchstaben lesen und wiederholen lassen, diese nebeneinander zu stellen und aus ihnen Wörter zusammenzusetzen, damit es sie aussprechen und darin üben könnte, so machte es auch jener ewige Lehrer. 7. Nachdem er sie (sc. die Engel) das Alphabet wiederholen lassen hatte, setzte er danach zusammen den großen Namen der Erschaffung des Firmaments[59] und las ihnen diesen vor, damit sie begreifen, dass er der Schöpfer von ihnen allen sei, und wie er ihnen befehle, so sollen sie seinen Willen erfüllen. 8. Und weil sie scharfsinnig sind und diese Belehrung rasch begriffen, hat er ihnen im Laufe von sechs Tagen die ganze exakte Lehre beigebracht: bald durch

---

[56] Ebd. 348,4–349,13.
[57] Gen 1,3.
[58] Vgl. Hiob 38,7.
[59] Vgl. Gen 1,6.

das Sammeln des Wassers[60] und das Wachsen der Bäume,[61] bald durch das Entstehen der Reptilien,[62] bald durch die Erschaffung der Tiere[63] und die Scheidung der Himmelskörper[64] und darüber hinaus auch durch die Schöpfung der geflügelten Vögel.[65] 9. So fuhr er fort, bis er ihnen die Zahl zehn erklärte.[66] 10. Ferner brachte er ihnen etwas anderes bei durch die Erschaffung des Menschen.[67]
11. Darauf überlieferte er ihnen die sichtbare Kreatur, auf dass diese sie in ihren ständigen Veränderungen gleichsam wie Buchstaben schreiben und in ihnen den Namen des Schöpfers und Ordners (τάξις) des Alls lesen. 12. Und er ließ sie fort und hat sie in diesem riesigen Schulhaus der Erde bleiben lassen.

Die Belehrung der Engel wird hier damit begründet, dass sie ohne Erkenntnis ihres Schöpfers dem Irrtum verfallen konnten, sie seien selbstständige und möglicherweise einzige Wesen (V. 1.4). Die Anwesenheit der Engel bei der Weltschöpfung wird im V. 5 aus Hi 38,7 abgeleitet.

Die eigentliche Weltschöpfung (V. 1 f.6–10) wird von Barḥadbšabba im Anschluss an den zuerst zitierten Text als ein Lern- und Lehrprozess aufgefasst: Die Engel müssen in einem immateriellen Buch die biblischen Worte „Es werde Licht. Und es wurde Licht" (Gen 1,3; V. 2) lesen. Die Engel sollen zu diesem Zeitpunkt bereits als erschaffen gelten. Der

---

[60] Gen 1,9 f.

[61] Gen 1,11 f.

[62] Gen 1,24 f.

[63] Gen 1,24 f.

[64] Gen 1,14 f.

[65] Gen 1,20 f.

[66] Becker (2008), 119 Anm. 196 listet unterschiedliche jüdische Parallelen auf, in denen die Zahl zehn – meistens im Kontext der Welterschaffung – eine Rolle spielt. Könnte es sein, dass sich diese Zahl auf das zehnfache „Gott sprach" in Gen 1,3–28 bezieht? In Gen 1,29, das streng genommen auch zum Sechstagewerk gehört, wird allerdings die Formel „Gott sprach" noch einmal wiederholt.

[67] Gen 1,26 f.

Befehl, im Buch zu lesen, und das Wiederholen der göttlichen Schöpfungsworte lassen die Engel begreifen, dass sowohl das Licht als auch sie selbst von Gott geschaffen wurden (V. 3 f.). Als Überleitung zur Deutung der nachfolgenden Teile des Schöpfungsberichtes dient der V. 6., in dem die Tätigkeit Gottes als Lehrer mit der menschlichen Praxis verglichen wird, einem Kind das Lesen beizubringen. Genau wie ein Kind lesen die Engel die von Gott zusammengesetzten Schöpfungsworte, was sie zur Erkenntnis seiner Position als Schöpfer ihnen gegenüber und zur Fügung unter seine Macht führt (V. 7).

Nachdem die Welt komplett erschaffen ist, wird sie den Engeln überliefert, „auf dass diese sie in ihren ständigen Veränderungen gleichsam wie Buchstaben schreiben und in ihnen den Namen des Schöpfers und Ordners des Alls lesen" (V. 11).

Diese Stelle wie auch V. 3–4 im ersten Text und V. 4 im zweiten Text zeigen, dass es Barḥadbšabba bei der Gotteserkenntnis vor allem um die Existenz Gottes und um die Anerkennung seiner Vorrechte als Schöpfer gegenüber seiner Kreatur geht. Der Anspruch, die göttliche Natur zu erkennen,[68] wird also nicht eingelöst. Zugleich soll geltend gemacht werden, dass nach Barḥadbšabba „das Lesen der Kreatur" wohl u. a. auch gemäß den Vorgaben des oben vorgestellten modifizierten Baumes des Porphyrios, d. h. letztlich nach den Regeln der aristotelischen Kategorienlehre geschehen soll.

Der dritte zu zitierende Text soll demonstrieren, wie Gott Adam in der ersten Schule der Menschen belehrt:[69]

1. Lasst uns nun zu unserer (sc. der Menschen) Schule übergehen und schauen, wie er sie leitete, auf welche Weise er sich ihr gegenüber

---

[68] Siehe z. B. Barḥadbšabba ʿArbaya: *Causa*. Hg. von Scher (1908), 337,7 f.

[69] Ebd. 352,5–12.

verhielt und aus welchen Buchstaben er die Namen zusammensetzte, damit sie (sc. die Schule) diese lesen und dadurch unterwiesen sein könnte.
2. Sobald er also Adam und Eva erschaffen hatte, ließ er an ihnen Wild- und Haustiere in der Reihenfolge (τάξις) der Buchstaben vorbeigehen und flüsterte ihm (sc. Adam) heimlich zu, damit er laut lesen könnte. 3. Und Adam las in dieser ersten Lesetafel die Namen für alle Haustiere, und für alle Wildtiere des Feldes und für alle Vögel des Himmels vor. 4. Und wie Adam sie alle – das heißt jede lebendige Seele – nannte, so ist ihr Name.[70] 5. Und weil er diese ungeschriebenen Buchstaben in der Gefüge der exakten Namen gut wiederholte, verlegte er die Schule (σχολή) Adams in den Garten Eden[71] und unterwies ihn dort in Gesetzen (νόμος) und Geboten.

Adam wird nach Barḥadbšabba nicht die vollständige Lehre zuteil: Nachdem er die erste Aufgabe der Tiernennung erfolgreich meistert, scheitert er an der Erfüllung der zweiten Lehraufgabe, dem Halten des Gebotes vom Nichtessen von dem paradiesischen Baum.[72] Sein Misserfolg soll wohl von den nächsten Schulgenerationen korrigiert werden. Hiernach kann man erkennen, wie der Verfasser das Lesen der Buchstaben in der Natur versteht: die Lesetafel (V. 3) sind die Tiere selbst, Adam liest – mit Gottes Hilfe – sie (V. 3), d. h. wohl ihre charakteristischen Merkmale aus ihnen heraus und setzt daraus ihre exakten bleibenden Namen zusammen (V. 4f.).

4.3 Quellen der Metapher des Lernens in der Genesisexegese von Barḥadbšabba

Adam Becker behandelt ausführlich die Frage nach der Abhängigkeit der zitierten Stücke des Barḥadbšabba von den

---

[70] Vgl. Gen 2,19f.
[71] Vgl. Gen 2,8.
[72] Siehe ebd. 353,7–354,5 und Gen 3.

früheren christlichen Traditionen.[73] Die beiden wichtigsten Quellen der Metapher der göttlichen Schule sind nach Becker der Genesiskommentar des Theodor von Mopsuestia und die der Erschaffung der Welt gewidmeten Homilien des Narsai. Auf Theodor, der für die Ostsyrer generell als „der Exeget" galt, gehen die Idee der die Welt leitenden göttlichen *Paideia* sowie einige Einzelheiten der Belehrung der Engel während der Weltschöpfung zurück.[74] Narsai war der gefeierte Exegeselehrer der Schule von Edessa und nahm seinen Unterricht nach der Verlagerung der Schule nach Nisibis 489 wieder auf.[75] Der Genesiskommentar des Theodor musste Narsai wohlbekannt sein, weil die Schriftkommentare Theodors in der Schule von Nisibis als Lehrbücher verwendet wurden. In seinen Homilien wird die Metapher des Theodor weiter ausgearbeitet.[76]

5. Barḥadbšabba zwischen Exegese und religiöser Praxis

Das gegenüber Theodor erhöhte Interesse Narsais an dem Bild der göttlichen Pädagogie[77] hängt wahrscheinlich mit seiner Tätigkeit als Lehrer an der Schule von Edessa / Nisibis

---

[73] Siehe Becker (2004), 177–185 und Becker (2006), 130–134.

[74] Nach Theodor wurden die Engel durch den göttlichen Willen ohne Worte erschaffen; die Weltschöpfung durch das mehrmalige *fiat* empfindet Theodor als der göttlichen Allmacht unwürdig und sucht deswegen nach den Gründen für die Welterschaffung durch das Wort. Diese findet er in der Belehrung der Engel über den Schöpfer; siehe Theodor von Mopsuestia: *Genesiskommentar* 4,14–5,5 (Text nach syrischer Seitennummerierung). Hg. von Sachau (1869), 8 (lateinische Übersetzung).

[75] Möglicherweise blieb er in diesem Amt bis Anfang des 6. Jahrhunderts.

[76] Zwei Beispiele bringt Becker (2004), 184; zahlreiche Parallelen mit dem zweiten oben zitierten Text des Barḥadbšabba (V. 1–5) sind leicht zu erkennen.

[77] Im Genesiskommentar des Theodor ist dieses Thema nur kurz

zusammen. Die gewaltige Ausdehnung dieser Metapher auf die ganze menschliche Geschichte, wie sie in der „Ursache der Begründung der Schulen" des Barḥadbšabba vorliegt, ist ohne Zweifel im gleichen Licht zu sehen: sie geht zurück auf das wachsende Selbstbewusstsein der ostsyrischen theologischen Schule von Nisibis. Auf der einen Seite feiert sich die Schule von Nisibis darin als eine Institution, die in einer der Grundstrukturen der Welt – nämlich in der pädagogischen Begleitung der Engel und der Menschengeschlecht durch Gott – verankert ist; damit geht andererseits die Verankerung der Schulpraxis selbst in der Schöpfungsgeschichte einher.[78]

In diesem letzten Aspekt setzt Barḥadbšabba wichtige Akzente. Im Mittelpunkt seiner Auffassung steht die hohe Wertschätzung der rationalen Gotteserkenntnis, die Barḥadbšabba am Ende der *Causa* als Ziel des Studiums an der Schule definiert.[79] Dabei kann man folgende Besonderheiten seiner Betrachtung herausstreichen:

1. Die von dem Heiligen Geist vermittelte Erkenntnis Gottes wird zwar am Rande erwähnt,[80] sie spielt aber in der „Ursache der Begründung der Schulen" so gut wie keine Rolle.

2. Die rationale Gotteserkenntnis wird als eine von Anfang an sowohl für Engel als auch für Menschen von Gott vorbestimmte Art der Gotteserkenntnis präsentiert.

---

angedeutet und ist dem exegetischen Interesse des Autors untergeordnet, siehe oben Anm. 74.

[78] Die anderen Zwecke der Verfassung der *Causa* wie z. B. die Betonung der eigenen Rechtgläubigkeit, die Begründung der Schuldisziplin, die Reaktion auf innere Streitigkeiten in der Schule u. a. m. können hier nicht behandelt werden.

[79] Vgl. Barḥadbšabba ʿArbaya: *Causa*. Hg. von Scher (1908), 395,3 f., wo es heißt, dass die Hoffnung der Lehrer und Schüler auf das „geistige Wissen" (*yidaʿta ruḥanita*) gerichtet ist.

[80] Siehe oben, Anm. 51.

3. Die von Barḥadbšabba vertretene natürliche Theologie wird in einer Form dargestellt, die auf die neuplatonische Rezeption der aristotelischen Philosophie und insbesondere der Kategorienlehre des Stagiriten zurückgreift.

Obwohl die syrischen Übersetzungen der Isagoge des Porphyrios nicht später als seit dem frühen 6. Jahrhundert zugänglich waren,[81] lassen unsere Quellen nicht mit eindeutiger Sicherheit sagen, ob die aristotelische Logik am Ende des 6. Jahrhunderts in der einen oder anderen Form Teil des nisibinischen Curriculums gewesen ist.[82] Ihre Anwendung in der „Ursache der Begründung der Schulen" macht aber eine solche Annahme nicht unwahrscheinlich. Stimmt diese Annahme, dann wird eine der Intentionen der Genesisexegese in der „Ursache der Begründung der Schulen" gewesen sein, den schulischen Gebrauch der Logik als Mittel für die Gotteserkenntnis als eine für die Christen angemessene Tätigkeit mehr oder weniger zu heiligen.

Weil das ostsyrische Mönchtum im 6. Jahrhundert nach den antimonastischen Maßnahmen im späten 5. Jahrhundert schlechte Zeiten erlebte und erst nach 570 wieder zu neuem Leben erblühte,[83] ist es schwer zu sagen, ob die Theologie der „Ursache der Begründung der Schulen" auf ein alternatives, mystisch geprägtes Modell der Gotteserkenntnis reagierte. Erst ab dem späten 7. Jahrhundert haben wir monastisch-anachoretische Quellen (Isaak von Ninive und andere ostsyrischen Mystiker), welche die christlichen „Schulphilosophen" kritisieren bzw. gering achten.[84] Es lässt sich dennoch

---

[81] Siehe Brock (2011), 337.

[82] Becker (2006), 92 nimmt an, dass Logik zum Curriculum gehörte; der einzige Beleg scheint dabei die „Ursache der Begründung der Schulen".

[83] Siehe darüber Jullien (2008).

[84] Zum theologisch-historischen Kontext dieser Fragestellung siehe

auf jeden Fall sagen, dass die „Ursache der Begründung der Schulen“ durch ihre Schriftexegese den Gebrauch der aristotelischen Logik und im gewissen Sinne auch Philosophie im theologischen Studium begründet und rechtfertigt. So wird das pagane Wissensinstrumentarium durch eine aus der Tradition der Ostsyrer gewachsene Genesisexegese in den als religiöse Praxis begriffenen Lehr- und Lernprozess einer christlichen Schule inkorporiert.

Bibliographie

Quellen

Mar Barḥadbšabba ʿArbaya, évêque de Ḥalwan (VIe siècle): *Cause de la foundation des écoles*. Hg. und übers. von Addai Scher. In: *Patrologia Orientalis*. Bd. 4,4. Paris 1908, 317–404.

La seconde partie de l'Histoire de Barḥadbšabba ʿArbaïa et controverse de Théodore de Mopsueste avec les macédoniens. Hg. und übers. von François Nau. In: *Patrologia Orientalis*. Bd. 9,5. Paris 1913, 489–675.

Porphyrios: „Einführung in die Kategorien des Aristoteles“. In: Aristoteles: *Organon*. Bd. 2: *Kategorien. Hermeneutik oder Vom sprachlichen Ausdruck*. Übers. von Hans Günter Zekl. Darmstadt 1998, 155–188.

Sources for the History of the School of Nisibis. Übers., eingel. und komm. von Adam H. Becker. Liverpool 2008.

The Statutes of the School of Nisibis. Hg., übers. und komm. von Arthur Vööbus. Stockholm 1962.

Theodori Mopsuesteni fragmenta syriaca e codicibus Musei Britannici Nitriacis edidit atque in latinum sermonem vertit Ed[uardus] Sachau. Leipzig 1869.

Becker (2006), 167–194; zu den Spannungen zwischen Isaak von Ninive und den gebildeten Mönchen seiner Zeit siehe Bumazhnov (2015).

Literatur

Abramowski, Luise: „Der Bischof von Seleukia-Ktesiphon als Katholikos und Patriarch der Kirche des Ostens". In: Dmitrij Bumazhnov/Hans R. Seeliger (Hgg.): *Syrien im 1.–7. Jahrhundert nach Christus. Akten der 1. Tübinger Tagung zum Christlichen Orient (15.–16. Juni 2007)*. Tübingen 2011, 1–55.

Baum, Wilhelm/Winkler, Dietmar: *Die apostolische Kirche des Ostens: Geschichte der sogenannten Nestorianer*. Klagenfurt 2000.

Baumgartner, Hans M.: „Arbor porphyriana, porphyrischer Baum". In: *Historisches Wörterbuch der Philosophie* 1 (1971), 493 f.

Becker, Adam H.: „Bringing the Heavenly Academy Down to Earth: Approaches to the Imagery of Divine Pedagogy in the East Syrian Tradition". In: Ra'anan S. Boustan/Annette Y. Reed (Hgg.): *Heavenly Realms and Earthly Realities in Late Antique Religions*. Cambridge 2004, 174–191.

Becker, Adam H.: *Fear of God and the Beginning of Wisdom. The School of Nisibis and Christian Scholastic Culture in Late Antique Mesopotamia*. Philadelphia PA 2006.

Becker, Adam H./Childers, Jeff W.: „Barḥadbshabba 'Arbaya (late 6th/early 7th cent.)". In: Sebastian Brock u. a. (Hgg.): *Gorgias Encyclopedic Dictionary of the Syriac Heritage*. Piscataway NJ 2011, 57 f.

Brock, Sebastian: „A martyr at the Sasanid court under Vahran II: Candida". In: *Analecta bollandiana* 96 (1978), 167–181. Wieder abgedruckt in: Brock, Sebastian: *Syriac Perspectives on Late Antiquity*. London 1984, 167–181.

Brock, Sebastian: „L'Église de l'Orient dans l'Empire sassanide jusqu'au VIe siècle et son absence aux conciles de l'Empire romain". In: *Istina* 40 (1995), 25–43.

Brock, Sebastian: „Porphyry (ca. 232 – ca. 305)". In: Sebastian Brock u. a. (Hgg.): *Gorgias Encyclopedic Dictionary of the Syriac Heritage*. Piscataway NJ 2011, 337–338.

Brock, Sebastian/Coakley, James: „Church of the East". In: Sebastian Brock u. a. (Hgg.): *Gorgias Encyclopedic Dictionary of the Syriac Heritage*. Piscataway NJ 2011, 99–100.

Bumazhnov, Dmitrij F.: „‚Wahrheit ist Gott‘. Hl. Isaak von Ninive über die Lektüre der Eremiten“. In: Zeitschrift für antikes Christentum 19 (2015), 149–171.
Chaumont, Marie-Louise: *La christianisation de l'Empire Iranien: des origines aux grandes persécutions du IVᵉ siècle*. Leuven 1988.
Drijvers, Han: „The School of Edessa: Greek Learning and Local Culture“. In: Jan Drijvers / Alasdair MacDonald (Hgg.): *Centres of Learning. Learning and Location in Pre-Modern Europe and the Near East*. Leiden u.a. 1995, 49–59.
Fiey, Jean-Maurice: „Topographie of al-Mada'in (Seleucia-Ctesiphon area)“. In: *Sumer* 23 (1967), 3–38.
Fiey, Jean-Maurice: *Jalons pour une histoire de l'église en Iraq*. Leuven 1970.
Fiey, Jean-Maurice: „«Rūm» à l'est de l'Euphrate“. In: *Le Muséon* 90 (1977), 365–420.
Hage, Wolfgang: „Die Kirche ‚des Ostens‘: kirchliche Selbstständigkeit und kirchliche Gemeinsamkeit im fünften Jahrhundert“. In: Gerrit Reinink / Alex Klugkist (Hgg.): *After Bardaisan. Studies on Continuity and Change in Syriac Christianity in Honour of Professor Han J. W. Drijvers*. Leuven 1999, 141–148.
Hage, Wolfgang: *Das orientalische Christentum*. Stuttgart 2007.
Jullien, Christelle: „La minorité chrétienne ‚grecque‘ en terre d'Iran à l'époque Sassanide“. In: *Studia Iranica* 33 = *Chrétiens en terre d'Iran* 1 (2006), 105–142.
Jullien, Christelle / Jullien, Florence: *Aux origines de l'église de Perse: les „Actes de Mār Mārī“*. Leuven 2003.
Jullien, Florence: *Le monachisme en Perse: la réforme d'Abraham le Grand, père des moines de l'Orient*. Leuven 2008.
Labourt, Jérôme: *Le christianisme dans l'empire perse sous la dynastie Sassanide (224–632)*. Paris 1904.
Macomber, William: „The Authority of the Catholicos Patriarch of Seleucia-Ctesiphon“. In: *I Patriarcati Orientali nel primo millennio. Relazioni del Congresso tenutosi al Pontificio Istituto Orientale nei giorni 27–30 Dicembre 1967*. Roma 1968, 179–200.
Menze, Volker: *Justinian and the Making of the Syrian Orthodox Church*. Oxford 2008.

Müller, Caspar Detlef Gustav: „Stellung und Bedeutung des Katholikos-Patriarchen von Seleukeia-Ktesiphon im Altertum". In: *Oriens Christianus* 53 (1969), 226–245.

Nestle, Eberhard: „Die Statuten der Schule von Nisibis aus den Jahren 496 und 590 nach dem von I. Guidi herausgegebenen syrischen Text übersetzt". In: *Zeitschrift für Kirchengeschichte* 18 (1898), 211–229.

Possekel, Ute: „Selbstverständnis und Bildungsauftrag der Schule von Nisibis". In: Zeitschrift für antikes Christentum 19 (2015), 104–136.

Reinink, Gerrit: „'Edessa Grew Dim and Nisibis Shone Forth': the School of Nisibis at the Transition of the Sixth-Seventh Century". In: Jan Drijvers / Alasdair MacDonald (Hgg.): *Centres of Learning. Learning and Location in Pre-Modern Europe and the Near East*. Leiden u. a. 1995, 77–89.

Reinink, Gerrit: „Tradition and the Formation of the 'Nestorian' Identity in Sixth- to Seventh-Century Iraq". In: Bas ter Haar Romeny u. a. (Hgg.): *Religious Origins of Nations? The Christian Communities of the Middle East = Church History and Religious Culture* 89,1–3, Leiden / Boston 2009, 217–250 (www.brill.nl/chrc; letzter Zugriff am 20.07.2015).

Rist, Josef: „Die Verfolgung der Christen im spätantiken Sasanidenreich: Ursachen, Verlauf und Folgen". In: *Oriens Christianus* 80 (1996), 17–42.

Seleznyev, Nikolai: „Le nom de Nestorius de Constantinople comme symbole et la question de sa veneration dans la tradition chrétienne syro-orientale" [russisch]. In: *Simvol. Paris-Moscou* 55 (2009), 257–286.

Sokoloff, Michael: „Jewish Babylonian Aramaic and Syriac – Mutual Elucidation". In: René Lavenant (Hg.): *VI Symposium Syriacum, 1992: University of Cambridge, Faculty of Divinity, 30 August – 2 September 1992*. Roma 1994, 401–408.

Suermann, Harald: „Bedeutung und Selbstverständnis des Katholikos-Patriarchen von Seleukia-Ktesiphon". In: Arafa Mustafa u. a. (Hgg.): *Inkulturation des Christentums im Sasanidenreich*. Wiesbaden 2007, 227–236.

Teule, Herman: *Les Assyro-Chaldéens. Chrétiens d'Irak, d'Iran et de Turquie*. Turnhout 2008.
Vööbus, Arthur: *History of the School of Nisibis*. Louvain 1965.
Wood, Philip: *„We have no King but Christ". Christian Political Thought on the Eve of the Arab Conquest (c. 400–585)*. Oxford 2010.

Heilige Texte im Mittelalter zwischen Exegese und religiöser Praxis oder: Wie lasen Frauen die Bibel?

Hedwig Röckelein

Prolog: Die Bibel als heiliger Text im Mittelalter

Als göttlich inspirierte und autorisierte Texte etablierten sich zwischen 500 und 1500 im westlichen Christentum die biblischen Bücher inklusive der vier kanonisierten Evangelien und die Schriften einiger Kirchenväter – insbesondere des Hieronymus, des Augustin und Gregors des Großen. Als unmittelbarer Repräsentant Christi erlangte das Evangeliar als einziges unter den liturgischen Büchern sakralen Status.

Zwischen dem 2. und dem 4. Jahrhundert vollzog sich die Autorisierung, Kanonisierung, Auratisierung und Sakralisierung der biblischen Texte in einem längeren Prozess durch Selbstbehauptung, durch Entscheidungen der Bischöfe und Konzilien unter Mitwirkung der christlichen Gemeinden.[1] 367 n. Chr. wurde der Kanon der biblischen Bücher durch Athanasius von Alexandria sanktioniert.[2] Der Kanon ist im Wesentlichen in der Septuaginta und in der lateinischen

---

[1] Vgl. dazu Cardelle de Hartmann (2013); Frey (2013), 21.

[2] Das Neue Testament umfasst bei Athanasius 27 Texte, vgl. Frey (2013), 21.

Übersetzung des Hieronymus (Vulgata) repräsentiert.[3] Ungeachtet dieser hohen Autoritäten war der Kanon weder unumstößlich noch universal akzeptiert. Die Nationalkirchen der Nestorianer, Syrer, Monophysiten und Äthiopier entwickelten eigene Varianten sowohl hinsichtlich des Umfangs und der Auswahl wie auch hinsichtlich der Anordnung der Bücher. Das ganze Mittelalter über hielt die Debatte um den Kanon der biblischen Schriften an. In der Zeit der Reformation erhielt sie neue Nahrung. Die katholische Kirche reagierte darauf mit der endgültigen Fixierung des Corpus im Trienter Konzil 1546.

Im Mittelalter wurden in der Regel nur einzelne Bücher des Alten und des Neuen Testaments rezipiert.[4] Vollbibeln, sog. Pandekten, die in der Karolingerzeit auf Befehl des Herrschers erstellt wurden, dienten nicht dem täglichen Gebrauch, sondern der Verbesserung des biblischen Textes und der Normierung der vielen umlaufenden Varianten.[5] Welche Teile der Bibel und wie sie gelesen wurden, hing – so meine These – vom sozialen Stand, vom Geschlecht und von der Bildung der Rezipienten ab. Die bisherige Bibelforschung hat sich fast ausschließlich mit der Bibelrezeption von Klerikern und Mönchen befasst. Meine Fragen richten sich jedoch an die Bibellektüre von Frauen im frühen und hohen[6] Mittelalter:

---

[3] Zur Genese und den Debatten um das biblische Corpus vgl. Frey (2013).

[4] Zu frühmittelalterlichen Bibelcorpora vgl. Fischer (1985), zum hohen Mittelalter vgl. Light (1984).

[5] Zu nennen sind hier vor allem die Normtexte Alkuins und Theodulfs. Vgl. dazu Vogtherr (2005).

[6] Mit der Zeit nach dem 11. Jahrhundert befassen sich die Beiträge des Sammelbandes Valerio (2006).

- Welche Bücher der Bibel lasen die Frauen und zu welchem Zweck? Gab es einen spezifischen Lektürekanon für Frauen?
- Lasen Frauen aus dem Stand der Laien die Bibel anders als Frauen aus dem geistlichen Stand?
- In welcher Sprache lasen Frauen die Bibel?

1. Wie rezipierten Frauen die Bibel?

Liest man den Bericht der Egeria, die Ende des 4. Jahrhunderts aus Gallien nach Ägypten und Palästina reiste, um dort die Asketen in der Wüste und die Stätten des Alten und Neuen Testaments zu besuchen, so gewinnt man den Eindruck, sie sei „mit der Bibel in der Hand" unterwegs gewesen.[7] Nach eigenen Angaben wählte sie ihre Route entlang der Orte, die sie in den (heiligen) Schriften gefunden hatte (5,11: „omnia loca quae ego semper iuxta scripturas requirebam"). An den Stationen auf dem Sinai und in Mesopotamien zitiert sie aus den fünf Büchern Mose[8] und aus den Büchern der Könige. Wir wissen nicht, welche Version der biblischen Texte Egeria zur Verfügung hatte. Kannte sie schon die lateinische Übersetzung des Hieronymus, die erst wenige Jahre zuvor entstanden war? Benutzte sie eine vor-hieronymianische altlateinische Übersetzung oder die griechische Septuaginta?

Wie Egeria so unternahmen auch andere Aristokratinnen im 3. und 4. Jahrhundert religiös motivierte Reisen nach Ägypten und in den Vorderen Orient. Melania, Paula und ihre Tochter Eustochium und all die anderen waren hoch-

[7] Mulzer (1996); Maraval (1997).

[8] *Peregrinatio Aetheriae* 1,1,3 f. (Pétré/Vretska [1958], 92 f.); 1,5,5 f. (Pétré/Vretska [1958], 106 f.).

gebildete Frauen und in der Lage, die Schriften des Alten und Neuen Testaments lateinisch und griechisch zu studieren.[9]

Die von Egeria konsultierten biblischen Bücher entsprechen weitgehend dem Kanon, den Hieronymus den römischen Aristokratinnen empfahl.[10] Sein Studienprogramm[11] sah vor, dass die Virgines und Viduae mit dem Psalter, den Cantica und den Sprüchen Salomons als Lebenslehre beginnen, mit dem Buch der Prediger fortsetzen sollten, um daran zu lernen, wie man die irdischen Dinge verachtet, und anschließend das Buch Hiob lesen sollten, um zu lernen, wie man sich in Geduld übt. Nun hielt Hieronymus sie für reif, die vier Evangelien, die Apostelgeschichte und die Briefe der Apostel zu verstehen. Danach sollten die Frauen die Prophetenbücher und den Heptateuch, die Bücher der Könige sowie die Bücher Esra und Esther studieren, um sich auf das Hohelied vorzubereiten, das wegen seines erotischen Gehalts die Keuschheit der Jungfrauen zu gefährden drohe. Das Studium dieser biblischen Bücher sei die Voraussetzung für das Verständnis der Exegesen des Cyprian und des Hilarius sowie der Briefe des Athanasius.

Hieronymus verknüpfte die Lektüre einzelner Bücher mit spezifischen didaktischen Zielen und moralischen Werten. Er legte großen Wert darauf, dass die Frauen fehlerlose und gut gegliederte Exemplare zur Hand hatten. An seinen Empfehlungen orientierten sich die Berater geistlicher Frauen bis ins 12. Jahrhundert.

---

[9] Fabricius (2009).

[10] Alles Folgende beruht weitgehend auf dem Aufsatz Röckelein (2008). Auf die erneute Zitierung der Belege der Quellen und der Forschungsliteratur wird hier verzichtet, stattdessen jeweils auf die entsprechenden Stellen in diesem Aufsatz verwiesen. Seit 2008 erschienene Literatur ist aufgenommen, neu ist die Passage über die Krönungsordines. Dort werden die Belege ausführlich genannt.

[11] Vgl. Röckelein (2008), 158 f.

Die Reformsynode von Aachen des Jahres 816 ließ in ihrer Anweisung für geistliche Frauen[12] allerdings das „gefährliche" Hohelied weg. Dessen ungeachtet wurde es weiterhin in vielen Frauenklöstern und Frauenstiften gelesen.

Wenige Jahrzehnte, nachdem Hieronymus seine Lektüreempfehlungen gegeben hatte, entstand um 420 in Italien (Rom?) eine elf Bände à 220 Blätter umfassende bebilderte lateinische Ausgabe der Bücher der Könige. Der Text basiert auf der Vetus latina, nicht auf der Übersetzung des Hieronymus. Die erhaltenen sechs Blätter[13] dieser Prachtausgabe dürften im 10. Jahrhundert direkt aus Italien oder über das Kloster St. Gallen als Geschenk Kaiser Ottos des Großen in das Kanonissenstift St. Servatius zu Quedlinburg gelangt sein. Vermutlich konnten die geistlichen Frauen die littera continua, in der die spätantike Kopie geschrieben ist, gar nicht mehr lesen. Außerdem hatte sich längst die Vulgata des Hieronymus gegenüber der Vetus latina durchgesetzt. Wahrscheinlich besaß das Werk eher symbolischen Wert, als dass es in Quedlinburg tatsächlich für die Bibellektüre herangezogen wurde.

Die Wandmalereien in der Krypta der Servatiuskirche lassen jedoch den Schluss zu, dass die dortigen Kanonissen die Bücher der Könige gut kannten und für sich zu interpretieren wussten. Um 1200 ließ nämlich die Äbtissin Agnes II. von Meißen (1184–1203) nach dem Buch der Könige das Urteil Salomons über den Streit zweier Frauen um ein neugeborenes

---

[12] Zur *Institutio Sanctimonialium Aquisgranensis* und den Hohelied-Handschriften vgl. Röckelein (2008), 159.

[13] Quedlinburg, Stiftsmuseum, s.n.: 1 Kön 5,7–9; Staatsbibliothek zu Berlin – Preußischer Kulturbesitz, Ms. theol. lat. fol. 485: 1 Sam 15,12–15.27.30–32.33. Vgl. Röckelein (2008), 162 f.; 194, Abb. 20.

Kind (1 Kön 3,16–28) auf die Wände der Krypta malen und auf den gerechten Herrscher Otto den Großen münzen.[14]

Obwohl die Kenntnisse des Lesens und Schreibens unter den Laien im Frühmittelalter im Vergleich zur Spätantike zurückgingen, beherrschten die adeligen Frauen sie offenbar noch besser als ihre Männer. Dhuoda von Uzès, die Ehefrau des aquitanischen Grafen Bernhard, schrieb zwischen 841 und 843 einen Fürstenspiegel für ihren Sohn Wilhelm.[15] Darin zitiert sie über 400mal aus der Bibel, vor allem aus den Büchern der Weisheit, aus dem Buch Hiob und aus den Psalmen, aus dem Evangelium nach Matthäus und aus den Briefen des Apostels Paulus.[16] Ihre Zitate entsprechen nicht dem Wortlaut der Vulgata. Wahrscheinlich benutzte sie Florilegien oder sie zitierte aus dem Gedächtnis. Dhuoda schreibt im „Liber manualis", dass sie ihre Grammatikkenntnisse Donat verdanke, ihre Lese- und Schreibfertigkeiten hingegen den biblischen Büchern. Ob sie diese im Kloster oder bei einem Privatlehrer am Hof erworben hat, entzieht sich unserer Kenntnis.

In karolingischer und ottonischer Zeit führten gelehrte Theologen am Hof den Herrscherinnen mit Judith, Sarah, Rebekka, Lea, Rachel und Esther Frauen des Alten Testamentes als Vorbilder vor Augen. An ihnen sollten sie sich orientieren bei der Verteidigung ihres Volkes, bei der klugen Regentschaft an der Seite des Herrschers und bei der Sicherung der Nachkommenschaft.[17]

---

[14] Vgl. Röckelein (2008), 163 f.; 195–198, Abb. 21–24. Der Zyklus wird ausführlich interpretiert bei Mersch (2012), 96–98.

[15] Dhuoda: *Liber manualis*. Übers.: Fels (2008).

[16] Vgl. Röckelein (2008), 140 f.

[17] Der älteste Salbungs- und Krönungsordo stammt aus der Zeit um 900, nämlich der sog. „Sieben-Formel-Ordo" (Elze [1960], Nr. III, 6–9). Vgl. dazu Nelson (1997).

Hrabanus Maurus (um 780–856) widmete Kaiserin Judith († 843), der zweiten Gemahlin Ludwigs des Frommen, seine Kommentare zu den alttestamentlichen Büchern Judith und Esther.[18] Im Kommentar zum Buch Esther erinnert Hraban daran, dass die Synagoge durch eigene Schuld als rechtmäßige Braut des Erlösers verstoßen worden sei; an ihre Stelle sei die Heidenkirche getreten, die alle Feinde ausrotte. Mit der Esther des Alten Testaments teilte Kaiserin Judith das Schicksal einer langwierigen Prüfung durch den künftigen Bräutigam, einen byzantinischen Brauch.[19] Im Kommentar zum Buch Judith, das nicht zum Kanon der hebräischen Bibel gehört[20], schildert Hraban den Kampf des Teufels in Gestalt des Nabuchodonosor gegen die Kirche und die menschliche Seele sowie den endgültigen Sieg der Kirche. Diesen Kommentar zierte er mit dem Bildnis der Kaiserin und einem aufwändigen Figurengedicht.[21] Die alttestamentliche wie die karolingische Judith wurden von ihren Zeitgenossen kritisiert, weil sie sich – gleich einem Mann – in die Politik einge-

[18] Hrabanus Maurus: *Expositio in librum Judith. Epistula dedicatoria* (PL 109, 539–542; Dümmler [1899], 420–422). Hrabanus Maurus: *Expositio in librum Esther. Praefatio ad Judith Augustam* (PL 109, 635 f.; Dümmler [1899], 421 f.). Übers. des Widmungsschreibens: Haarländer (2006), Nr. 39; Übers. der Auslegung Hrabans: ebd. Nr. 40. Vgl. dazu Gauwerky (1951), 94 f., Ward (1990), 221 f. Hrabanus deutet in den Expositiones die Rolle der Frauen allegorisch und anagogisch, vgl. Hablitzel (1906), 90–95.

[19] Vgl. Est 2,2–4. Über die Brautschau Ludwigs berichten die Annales regni Francorum, a. 819 (Kurze [1895], 150); Thegan: *Gesta Hludowici imperatoris* 26 (Tremp [1995], 393); Astronomus: *Vita Hludowici imperatoris* 32 (Tremp [1995], 432). Vgl. dazu Gauwerky (1951), 77; Jong (2004).

[20] Vgl. Hanhart (1979).

[21] Genève, Bibliothèque publique et universitaire, Ms. lat. 22, 3^{v}. Zu diesem Carmen figuratum vgl. Sears (1990), 620 f., das Figurengedicht Abb. 54 im Anhang. Zur Deutung vgl. Ernst (2006), 63; 75, Abb. 8.; Ernst (1991), 297–300.

mischt hatten.[22] Die Kaiserin hatte den Konflikt zwischen ihrem Ehemann und dessen Söhnen aus erster Ehe provoziert, um ihrem nachgeborenen Sohn Karl die Mitregentschaft im Reich zu sichern. Hraban mahnt die Herrscherin in den Widmungsschreiben, ihre Eide nicht zu brechen und den Vorbildern Judith und Esther nachzueifern. Hrabans Schüler Walafrid Strabo von der Reichenau (808/09–849), Erzieher ihres Sohnes Karl (der Kahle), verglich Judith wegen ihrer Gelehrsamkeit und Schönheit, ihrer „virtus“ und „religio“ mit der antiken Dichterin Sappho, mit den alttestamentlichen Prophetinnen Hulda und Rachel sowie der Königin Judith des Alten Testaments.[23] Hraban und Walafrid konnten sicher sein, dass die Kaiserin, eine hochgebildete Frau aus Alemannien, ihre Anspielungen verstehen würde.[24]

Wir sehen, dass die Bibel – besser gesagt, einzelne biblische Bücher – in der Spätantike und im frühen Mittelalter von Frauen auf ganz unterschiedlichem Weg und zu ganz unterschiedlichen Zwecken gelesen wurden: zu Studienzwecken und als Einführung in die selbständige Exegese, als Bilderbibel, als ethische Richtschnur für die Erziehung der

---

[22] Die alttestamentliche Judith wurde einerseits wegen ihrer Keuschheit als Präfiguration Marias gepriesen und als demütige Siegerin über den Hochmut (wie Judith Holofernes besiegte, so besiegt Maria den Teufel). Zur Rezeption der alttestamentlichen Judith in der abendländischen Theologie, Moral, Literatur und Kunst vgl. Hammer-Tugendhat (1997), 343–367. Zu den kontroversen Darstellungen der Kaiserin Judith in der zeitgenössischen Historiographie vgl. Ward (1990).

[23] Walafrid Strabo, *De imagine Tetrici*, a. 829 (?), zu Judith und ihrem Sohn Karl Vv. 174–208 (Dümmler [1884], 375 f.) unter Bezug auf Ex 15,20; Jdt 16,1–2; 2 Kön 22,14 und antike Autoren. Lobgedichte Walafrids auf Judith: *Carmina* XXIIIa; XXIV (Dümmler [1884], 378–380).

[24] Zur Gelehrsamkeit der Judith vgl. Gauwerky (1951), 76 und 91 ff. Frechulf von Lisieux widmete Judith seine Chronik, die einer Bibelexegese nahe kommt, und bat sie, das Werk zur Erziehung ihres Sohnes Karl zu nutzen (Widmung: Dümmler [1899], 319).

Kinder, als Verhaltenskodex für die Herrscherin und deren ideologische Legitimation, aber auch als Reisehandbuch für Pilgerinnen.

2. Das Buch der Bücher der Frauen: Der Psalter und seine Kommentierung

Das meistgelesene biblische Buch der Frauen aus dem Laienstand wie aus dem geistlichen Stand war der Psalter: Er begleitete sie täglich. Als komprimierte Heilsgeschichte gab der Psalter Antworten auf viele ethische Fragen. In der religiösen Unterweisung benutzten sie ihn als Katechismus. Durch die Lektüre der Psalmen wurden die Mädchen in die Grundkenntnisse der Septem Artes eingewiesen: in die lateinische Grammatik, die Rhetorik, die Metrik und die Musik.[25] Psalterien gehörten zum persönlichen Besitz der Frauen. Aufwändig verzierte Exemplare gaben sie als Prestigeobjekte von Generation zu Generation weiter oder sie schenkten sie zu ihrer Memoria an Klöster.

2.1 Psalterien in Laienhand

Für die politischen Eliten waren Psalterien nicht nur Gegenstände des täglichen religiösen Gebrauchs, sondern auch Prestigeobjekte und Medien symbolischer Politik. Zu den Prachtexemplaren gehört ein im Jahr 827 angefertigter Psalter, der kurz nach seiner Fertigstellung in die Hände der Angilberga († nach 889), der Gemahlin Kaiser Ludwigs II. (844/850–875),

---

[25] Grundmann (1936), 133ff.

gelangte.[26] Auf purpurgetränkten Pergamentblättern ist der Text vollständig in Gold- und Silbertinte geschrieben, der Beginn mit einer großen Initiale verziert. Angilberga schenkte das Buch zwischen 852 und 874 dem Frauenkloster S. Sisto in Piacenza, das sie selbst gegründet hatte. Von den Nonnen dürfte sie Gebete zu ihrem Seelenheil als Gegengabe erwartet haben.

Ein Dokument historischer und politischer Ereignisse auf höchster Ebene und komplexer Psalterexegesen ist der sog. „Mondsee-Psalter"[27], benannt nach dem bairisch-österreichischen Kloster, dessen Skriptorium lange Zeit als Herstellungsort galt. Es spricht jedoch einiges dafür, dass der Kodex in Salzburg entstanden ist. Der Psaltertext folgt einer römischen Tradition, während der Kommentar auf eine gallische Rezension zurückgeht und zudem irische Einflüsse aufgenommen hat.[28] Die Kompilatoren scheinen römische, oberitalisch-irische und gallische Vorlagen benutzt zu haben.

Nicht minder komplex als die Textgeschichte ist die Besitz- und Benutzergeschichte des Mondsee-Psalters. Nachdem Karl der Große 788 den bairischen Herzog Tassilo III. abgesetzt hatte, konfiszierte er dessen Güter und setzte ihn mitsamt seiner Familie in Klosterhaft. Möglicherweise geriet bei dieser Gelegenheit das Psalterium in die Hände Karls. Zwischen 783 und 794 benutzte dessen Schwester Gisela (757–810), seit ca. 770 Äbtissin des Marienklosters in Soissons, das Buch. Auf sie gehen vermutlich die in dieser Zeit erfolgten Nachträge

---

[26] Piacenza, Bibliotheca Comunale Passerini-Landi, Ms. 2. Vgl. dazu Röckelein (2008) 147.187, Abb. 12.

[27] Montpellier, Bibliothèque universitaire, Faculté de médicine, H. 409 (Unterkircher [1974], 50–515; vgl. Lowe [1953], Nr. 795). Vgl. dazu Röckelein (2008), 147–150 ; 188 f., Abb. 13–14.

[28] Die Komplexität frühmittelalterlicher Psalterexegesen beleuchtet Berarducci (2008), 59–115, zur Glosse des Mondsee-Psalters ebd. 81.

zurück: eine Litanei und die „Laudes regiae" mit Herrscherakklamationen. An Rotrud (um 775–6.6.810), die Tochter Karls der Große und der Hildegard, könnte das Gebet für eine „soror Rotrud" adressiert gewesen sein.

Luxusausgaben solcher Psalterien, wie des illuminierten Mondsee-Psalters oder des nahe verwandten, aber insular verzierten Salaberga-Psalters[29] konnten sich nur die Eliten leisten. Weniger vermögende Frauen liehen sich Psalterien aus Klöstern, wie aus einem Ausleihverzeichnis des 9. Jahrhunderts aus dem Kloster Weissenburg im Elsass ersichtlich wird: „Vidua Gerolti psalt i; Uxor reginboldi psalt i; Domna liutgart psalt i, altera liutgart i."[30] Vermutlich waren die Leihnehmerinnen begütert und hatten dem Kloster Ländereien geschenkt. Im Gegenzug erhielten sie die Bücher.

2.2 *Psalterien in der Hand geistlicher Frauen*

Wenn der Psalter schon den Laienfrauen so wichtig war, wie viel mehr musste er den geistlichen Frauen bedeutet haben! Er strukturierte deren gesamten Tagesablauf. Im Stundengebet sollten sie ihn wöchentlich einmal vollständig lesen; jede Novizin musste ihn auswendig lernen. Im Frühmittelalter benutzte man im monastischen Stundengebet und in der nächtlichen Missa vor allem die Psalterien und Antiphonare. Die Gebete der Horen, die Messoffizien, die Bitten und die Predigten basierten auf den Psalmen, auf Psalmennachdich-

---

[29] Staatsbibliothek zu Berlin – Preußischer Kulturbesitz, Ms. Hamilton 553 (vgl. Lowe [1959], Nr. 1048). Faksimile: *Psalterium Salabergae: Staatsbibliothek zu Berlin – Preußischer Kulturbesitz, Ms. Hamilt. 553*. Einleitung und Beschreibung von Ó Cróinín (1994). Vgl. dazu Röckelein (2008), 152–154; 190, Abb. 15.

[30] Wolfenbüttel, Herzog August Bibliothek, Cod. Guelf. 35 Weiss., 113–114. Vgl. dazu Röckelein (2008), 144; 183, Abb. 8.

tungen, auf biblischen, patristischen und hagiographischen Lesungen.[31]

Im Kloster der hl. Salaberga (um 665–670) in Laon[32] wurden die Psalmen ununterbrochen gesungen. Die „heiligen Dienerinnen Christi" hatten die Psalmen angestimmt, als sie – vermutlich um 640 – die Stadt Langres verließen und nach Laon übersiedelten. Aus Burgund brachten sie in ihre neue Heimat die „laus perennis", den ununterbrochenen Lobgesang auf die verstorbenen burgundischen Könige mit. In einzelne „turmae" aufgeteilt, sangen die Nonnen von St-Jean in Laon Tag und Nacht das Stundengebet und die Psalmen. Am Ende ihres Lebens sei Salaberga – so schreibt ihr Hagiograph – ein Engel erschienen und habe ihr befohlen, an besonderen Tagen und Nächten ein Kontingent von hundert Psalmen zu erfüllen, woraufhin sie begonnen habe, „dem Herrn Psalmen zu opfern".

In den Frauenklöstern wurden die Psalmen nicht nur permanent gesungen, sondern auch intensiv studiert und kommentiert.[33] In einem angelsächsischen Missionszentrum in Mainfranken (Tauberbischofsheim?) griffen die Nonnen bereits in der zweiten Hälfte des 8. Jahrhunderts auf die „Enarrationes super psalmos" des Augustin zurück. Zum besseren Verständnis fügte eine in der angelsächsischen Schrift geschulte Hand an einer Stelle (42) eine althochdeutsche Glosse ein. An anderen Stellen transkribierte sie griechische Wörter, emendierte sie und ergänzte sie.

Ende des 8. Jahrhunderts spezialisierten sich die Nonnen in Jouarre, Chelles, Rebais und Faremoutiers – wichtigen Königs- und Bischofsklöstern in den Diözesen Paris und

[31] Vgl. dazu Salmon (1967).

[32] Vgl. dazu Röckelein (2008), 152–155.

[33] Zu diesen Kommentaren vgl. Röckelein (2008), 155–157; 191, Abb. 17.

Meaux – darauf, Bibeln und Bibelkommentare für Bischöfe und andere Auftraggeber abzuschreiben. In Chelles kopierten sie für Erzbischof Hildebald von Köln (785–819) die „Enarrationes super psalmos" Augustins in drei Bänden. Da sie ihre Arbeit signierten, kennen wir sogar die Namen der Schreiberinnen. Die Abschriften entstanden wahrscheinlich zwischen 785 und 810, als Gisela, die bereits erwähnte Schwester Karls des Großen, den Konvent leitete. Aus Chelles sind aus dieser Zeit weitere Kopien der Psalmenkommentare Augustins („Enarrationes") und Cassiodors erhalten.

Einen regelrechten Studienpsalter, ein sog. „Psalterium quadruplex", gab es im 11. Jahrhundert im Kanonissenstift Essen.[34] Geschrieben worden war er vielleicht in der benachbarten Benediktinerabtei Werden a.d. Ruhr. Das Psalterium quadruplex ordnet vier verschiedene Versionen des Psalters synoptisch an: die ersten drei Spalten füllen die lateinischen Übersetzungen bzw. Revisionen der gallischen (Gallicanum), der römischen (altitalischen) (Romanum) und der hebräischen Fassung (Hebraicum) des Hieronymus; die vierte Spalte enthält die griechische Fassung in lateinischer Umschrift. Der Psalter erlaubte es Benutzern mit geringen Griechischkenntnissen, die lateinischen Varianten mit der griechischen Vorlage zu vergleichen. Das Modell dieses Studienpsalters hatte Bischof Salomon III. von Konstanz (890–920) und Abt von St. Gallen entworfen. Kopien davon kursierten im 11. Jahrhundert an den Zentren der Gelehrsamkeit, in Bamberg (St. Michael) und in Köln (Dom).

Im Frauenstift Essen wurde im späten 10. Jahrhundert außerdem ein Psalterkommentar in die sächsische Volkssprache übersetzt. Bezeugt ist er nur in einem Fragment aus dem

---

[34] Essen, Domschatz, Hs. 4. Vgl. dazu Röckelein (2008), 157 f.; 192, Abb. 18.

Kanonissenstift Gernrode im Ostharz.[35] Es handelt sich um eine sprachlich anspruchsvolle Kommentierung zu Ps 4,8–9 und 5,1–3.7–10, deren lateinische Vorlage bislang nicht identifiziert werden konnte. Nach Gustav Ehrismann benutzte der Übersetzer oder die Übersetzerin eine Kompilation aus dem Kommentar des Cassiodor und aus dem pseudo-hieronymianischen „Breviarium in psalmos“, der monastischen Glosse zum Brevier.[36]

Die erwähnten Psalterien, Kommentare und Glossen einschließlich ihrer volkssprachlichen Übersetzungen zeigen, dass sich die geistlichen Frauen intensiv mit den Psalmen als dem zentralen Text des monastischen Lebens auseinandersetzten. Sie waren ihnen mehr als nur ein täglicher Lebensbegleiter. Die Nonnen und Kanonissen individualisierten diese Bücher durch persönliche Gebete und andere Nachträge.

3. Bibellektüre und -exegese geistlicher Frauen

Die Lektüre und Exegese der Bibel beschränkte sich bei den geistlichen Frauen keineswegs auf die Psalmen. Während der täglichen Messe, während der Mahlzeiten und während der Totenwache für Verstorbene las ihnen die Äbtissin, eine der Schwestern oder ein Kanoniker aus der Bibel vor. In der stillen, privaten Lektüre vertieften sie ihre Kenntnisse anhand der Kommentare der Kirchenväter. Gelegentlich kommentierten sie den Bibeltext selbst und versahen ihn mit Anmerkungen.

---

[35] Bernburg/Dessau, Herzogliche Gipskammer, Fragment s.n. Die Fragmente sind seit dem Zweiten Weltkrieg verschollen. Vgl. Gallée (1894), 219–223 (Kommentar); Gallée (1895), Bl. IXa–c; Wadstein (1899), 12–15 (Edition).

[36] Dekkers (1995), Nr. 629. Ehrismann (1918), 262.

Sofern die erhaltenen Handschriften ein repräsentatives Bild zulassen, lasen die geistlichen Frauen unter den Büchern des Neuen Testamentes am häufigsten das Evangelium nach Matthäus. Die zahlreich überlieferten Kommentare beziehen sich vor allem auf die Genesis, die Bücher Leviticus und Jesaja, auf das Evangelium des Johannes und des Matthäus, auf die Apokalypse des Johannes und auf die Paulusbriefe.[37] Vermutlich gab es in jedem Konvent die „Moralia in Job" und die Homilien Gregors des Großen, zumindest in Auszügen auch die Bibelauslegungen der Kirchenväter Origenes, Johannes Chrysostomus, Hieronymus, Augustinus und Ambrosius, die Bibelkommentare des Cassiodor und der frühmittelalterlichen Autoritäten Beda, Alkuin und Hrabanus Maurus.

Unter den erhaltenen Texten findet sich allerlei Häretisches (Pelagius, Justus von Urgel) und Apokryphes (Brief Senecas an Paulus; apokryphe Apostelbriefe und Evangelien). Die Gandersheimer Nonne Hrotswith (10. Jh.) benutzte es vielfach in ihren Dramen. Frauenkonvente sind Horte unikaler Überlieferung von Bibelkommentaren (etwa Fribolus zum Matthäus-Evangelium). Die Kopien scheinen in den Frauenkonventen oft ungewöhnlich lange im Gebrauch gewesen zu sein.

4. Evangeliare aus Frauenkonventen

Den höchsten Rang unter den heiligen Schriften nahmen in den Frauenkonventen wie andernorts die Evangeliare ein. Jedes Frauenkloster besaß mindestens ein solches Evangelienbuch, manche sogar mehrere. Sie sind in der Regel aufwändig

[37] Vgl. dazu und zum Folgenden Röckelein (2008), 169.

illuminiert und mit kostbaren Einbänden versehen.[38] Zwar kamen die Nonnen mit dem Evangelienbuch weniger in Berührung als die Kleriker, die es in der Messe nutzten, dennoch identifizierte sich die ganze Frauengemeinschaft vor allem mit diesem Buch, dem Symbol Christi. In die Evangeliare schrieben die Damen nicht nur den „textus evangelii", sondern alles, was ihnen in korporativer, juristischer und ökonomischer Hinsicht substantiell erschien.[39] Sie legten im Evangeliar ihr Archiv an, sie verzeichneten darin ihre Schätze und sie benutzten es als Reliquienbehälter. Sie sicherten darin ihre Rechte (Eidformeln, Zehntrechte, Lehensverträge) und ihren Besitz (Güterverzeichnisse, Rentenverschreibungen, Zinseinnahmen). Die Evangeliare sind oft die einzigen Bücher, die aus den Frauenkonventen bis über die Säkularisation hinaus erhalten geblieben sind; sie erwiesen sich als langlebiger als die Institutionen und Korporationen selbst.

5. Fazit

Die Bibel wurde von der Spätantike bis ins frühe und hohe Mittelalter hinein von vielen Frauen aus dem Stand der Laien wie der geistlichen Eliten gelesen. Sie rezipierten nicht das gesamte Alte und Neue Testament, sondern nur einzelne Bücher

---

[38] Beispielsweise Wolfenbüttel, Herzog August Bibliothek, Cod. Guelf. 16 Aug. 2, entstanden in Tours um 840/43, in Benutzung seit um 900 im Frauenkloster Erstein im Elsaß an der Grablege der Gründerin Irmingard († 851), der Gemahlin Kaiser Lothars I. Vgl. Röckelein (2008), 171; 204–205, Abb. 31–32.

[39] Zu derart genutzten Evangeliaren aus den Frauenkonventen in Lamspringe, Freckenhorst, Liesborn, Münster Überwasser, Gandersheim, Essen, Quedlinburg und Hamburg-Harvestehude vgl. Röckelein (2008), 170–173; 206–209, Abb. 33–36, und Röckelein (2014), 19–139, hier 44–51; 80 f.

der Bibel, allen voran die Psalmen. Neben dem Stundengebet, dem individuellen Gebet und der Meditation diente ihnen die Bibellektüre zur moralischen Erbauung, als Tugendlehre, der Legitimation als christliche Königin oder Kaiserin oder als Reisehandbuch auf der Pilgerfahrt.

Von den biblischen Büchern waren zahlreiche verschiedene Rezensionen im Umlauf. Durch die Hände der Frauen gingen Praevulgata-Versionen genauso wie die Vulgata in römischen, gallischen, westgotischen, angelsächsischen und irischen Varianten. Die Abschriften waren in den Frauenkonventen sehr lange im Gebrauch. Manches wurde wegen seines ehrwürdigen Alters aufbewahrt, auch wenn man den Text nicht mehr lesen konnte: Weil es von einer bedeutenden Persönlichkeit geschenkt worden war – wie die Vetus-latina-Fragmente zu Quedlinburg – oder weil der Mythos es mit der Klostergründerin in Verbindung brachte – wie etwa den Salaberga-Psalter. Der Konservatismus der religiösen Gemeinschaften sicherte den Codices wie den Texten das Überleben.

Frauen aus dem Laienstand lasen die Bibel aus anderen Gründen als Frauen aus dem geistlichen Stand. Während erstere den Psalter als religiöses und moralisches Lehrbuch schätzten und sich an den Tugenden und Verhaltensweisen alttestamentlicher Frauen messen ließen, vertieften sich letztere täglich in die biblischen Bücher und deren Auslegungen. Bis in das 12. Jahrhundert hinein wurde der Kanon biblischer Texte, den Hieronymus im 4. Jahrhundert aufgestellt hatte, respektiert. Als Reiseführer zu den Stätten des Alten Testamentes, wie von Egeria im 4. Jahrhundert praktiziert, wurde die Bibel über lange Phasen des Mittelalters nicht mehr benutzt. Erst im späten Mittelalter griffen Pilgerinnen wieder auf die Bibel zurück, nun aber auf die Evangelienberichte, wenn sie die Orte der Passion Christi in Jerusalem besuchten.

Die vielfältige Nutzung und die Wanderwege der Psalterien und Evangeliare dokumentieren die enge Verbindung der Klosterfrauen mit der Welt ihrer Verwandten, Freunde und Gönner. Mit den heiligen Büchern wurde nicht nur der Weg zur religiösen Erkenntnis gesucht. Sie waren auch Prestigeobjekte, sie stifteten Identität, sie dienten als Archive und Schatzbehälter und dem Repräsentationsbedürfnis weltlicher Eliten wie monastischer Kommunitäten.

Bibliographie

Quellen

Die Pilgerreise der Aetheria (Peregrinatio Aetheriae). Eingel. und hg. von Hélène Pétré, übers. von Karl Vretska. Klosterneuburg 1958.

Altsächsische Sprachdenkmäler. Hg. von Johan Hendrik Gallée. Leiden 1894.

Altsächsische Sprachdenkmäler. Facsimile-Sammlung. Hg. von Johan Hendrik Gallée. Leiden 1895.

Annales regni Francorum inde a. 741 usque ad 829, qui dicuntur Annales Laurissenses maiores et Einhardi. Hg. von Friedrich Kurze. Hannover 1895.

Codices latini antiquiores. A paleographical guide to Latin manuscripts prior to the ninth century. Hg. von Elias Avery Lowe. Bd. 6: *France. Abbeville – Valencienne.* Oxford 1953.

Codices latini antiquiores. A paleographical guide to Latin manuscripts prior to the ninth century. Hg. von Elias Avery Lowe. Bd. 8: *Germany. Altenburg – Leipzig.* Oxford 1959.

Dhuoda: *Handbook for her warrior son: Liber manualis*. Hg. von Marcelle Thiébaux. Cambridge 1998.

Dhuoda: *Liber manualis – Ein Wegweiser aus karolingischer Zeit für ein christliches Leben*. Eingel., übers. und komm. von Wolfgang Fels. Stuttgart 2008.

Epistolae Karolini aevi. Bd. 3. Hg. von Ernst Dümmler. Berlin 1899.

Die Glossen des Psalters von Mondsee (vor 788) (Montpellier, Faculté de Médecine Ms. 409). Hg. von Franz Unterkircher. Freiburg/Schweiz 1974.

Hrabanus Maurus: *Expositio in librum Esther.* In: *B. Rabani Mauri Fuldensis abbatis et Moguntini archiepiscopi opera omnia.* Hg. von Jacques Paul Migne. Patrologiae cursus completus. Series Latina 109. Paris 1852, 635–670.

Hrabanus Maurus: *Expositio in librum Judith.* In: *B. Rabani Mauri Fuldensis abbatis et Moguntini archiepiscopi opera omnia.* Hg. von Jacques Paul Migne. Patrologiae cursus completus. Series Latina 109. Paris 1852, 539–591.

Kleinere altsächsische Sprachdenkmäler mit Anmerkungen und Glossar. Hg. von Elis Wadstein. Leipzig 1899.

Die Ordines für die Weihe und Krönung des Kaisers und der Kaiserin. Hg. von Reinhard Elze. Hannover 1960.

Poetae Latini aevi Carolini. Bd. 2. Hg. von Ernst Dümmler. Berlin 1884.

Thegan: *Die Taten Kaiser Ludwigs.* Astronomus: *Das Leben Kaiser Ludwigs.* Hg. von Ernst Tremp. Hannover 1995.

Literatur

Berarducci, Silvia Cantelli: „L'esegesi ai Salmi nel sec. IX. Il caso delle edizioni commentate del Salterio". In: Patrizia Carmassi (Hg.): *Präsenz und Verwendung der Heiligen Schrift im christlichen Frühmittelalter: Exegetische Literatur und liturgische Texte.* Wiesbaden 2008, 59–115.

Cardelle de Hartmann, Carmen: „Einleitung". In: Carmen Cardelle de Hartmann/Susanne Uhl (Hgg.): *Heilige Bücher.* Berlin 2013, 3–6.

Dekkers, Eligius (Hg.): *Clavis Patrum Latinorum.* Turnhout 1995.

Ehrismann, Gustav: *Geschichte der deutschen Literatur bis zum Ausgang des Mittelalters.* Bd. 1: *Die althochdeutsche Literatur.* München 1918.

Ernst, Ulrich: *Carmen figuratum. Geschichte des Figurengedichts von den antiken Ursprüngen bis zum Ausgang des Mittelalters.* Köln 1991.

Ernst, Ulrich: „Text und Intext. Textile Metaphorik und Poetik der Intextualität am Beispiel visueller Dichtung der Spätantike und des Frühmittelalters". In: Ludolf Kuchenbuch / Uta Kleine (Hgg.): *„Textus" im Mittelalter. Komponenten und Situationen des Wortgebrauchs im schriftsemantischen Feld*. Göttingen 2006, 43–75.

Fabricius, Johanna: „Kleobulines Schwestern. Bilder lesender und schreibender Frauen im Hellenismus". In: Gabriela Signori (Hg.): *Die lesende Frau, Tagung Herzog August Bibliothek, Wolfenbüttel 21.–24. Februar 2006*. Wiesbaden 2009, 17–46.

Fischer, Bonifatius: *Lateinische Bibelhandschriften im frühen Mittelalter*. Freiburg 1985.

Frey, Jörg: „Die Herausbildung des biblischen Kanons im antiken Judentum und im frühen Christentum". In: Carmen Cardelle de Hartmann / Susanne Uhl (Hgg.): *Heilige Bücher*. Berlin 2013, 7–26.

Gauwerky, Ursula: *Frauenleben in der Karolingerzeit. Ein Beitrag zur Kulturgeschichte*. Diss. (masch.) Göttingen 1951.

Grundmann, Herbert: „Die Frauen und die Literatur im Mittelalter. Ein Beitrag zur Frage nach der Entstehung des Schrifttums in der Volkssprache". In: *Archiv für Kulturgeschichte* 26 (1936), 129–161.

Haarländer, Stephanie (Hg.): *Rabanus Maurus zum Kennenlernen. Ein Lesebuch mit einer Einführung in sein Leben und Werk*. Mainz 2006.

Hablitzel, Johann Baptist: *Hrabanus Maurus. Ein Beitrag zur Geschichte der mittelalterlichen Exegese*. Freiburg i. Br. 1906.

Hammer-Tugendhat, Daniela: „Judith und ihre Schwestern. Konstanz und Veränderung von Weiblichkeitsbildern". In: Annette Kuhn / Bea Lundt (Hgg.): *Lustgarten und Dämonenpein. Konzepte von Weiblichkeit in Mittelalter und früher Neuzeit*. Dortmund 1997, 343–385.

Hanhart, Robert: *Text und Textgeschichte des Buches Judith*. Göttingen 1979.

Jong, Mayke de: „Bride shows revisited: praise, slander and exegesis in the reign of the empress Judith". In: Leslie Brubaker / Julia M. H. Smith (Hgg.): *Gender in the Early Medieval World. East and West, 300–900*. Cambridge 2004, 257–277.

Light, Laura: „Versions et révisions du texte biblique". In: Pierre Riché / Guy Lobrichon (Hgg.): *Le Moyen Age et la Bible*. Paris 1984, 55–94.

Maraval, Pierre: „The Bible as a Guide for Early Christian Pilgrims to the Holy Land". In: Paul M. Blowers (Hg.): *The Bible in Greek Christian Antiquity*. Notre Dame IN 1997, 375–388.

Mersch, Katharina Ulrike: *Soziale Dimensionen visueller Kommunikation in hoch- und spätmittelalterlichen Frauenkommunitäten. Stifte, Chorfrauenstifte und Klöster im Vergleich*. Göttingen 2012.

Mulzer, Martin: „Mit der Bibel in der Hand? Egeria und ihr ‚Codex'". In: *Zeitschrift des Deutschen Palästina-Vereins* 112 (1996), 156–164.

Nelson, Janet L.: „Early Medieval Rites of Queen-making and the Shaping of Medieval Queenship". In: Anne J. Duggan (Hg.): *Queens and Queenship in medieval Europe. Proceedings of a conference held at King's College London, April 1995*. Woodbridge 1997, 301–315.

Ó Cróinín, Daíbhí (Hg.): *Psalterium Salabergae. Staatsbibliothek zu Berlin – Preußischer Kulturbesitz – MS. Hamilt. 553. C.* München 1994.

Röckelein, Hedwig: „Die Heilige Schrift in Frauenhand". In: Patrizia Carmassi (Hg.): *Präsenz und Verwendung der Heiligen Schrift im christlichen Frühmittelalter: exegetische Literatur und liturgische Texte*. Wiesbaden 2008, 139–209.

Röckelein, Hedwig: „Schriftlandschaften – Bildungslandschaften – religiöse Landschaften in Norddeutschland": In: Patrizia Carmassi/Eva Schlotheuber (Hgg.): *Schriftkultur und religiöse Zentren in Norddeutschland*. Wiesbaden 2014, 19–139.

Salmon, Pierre: *L'Office divin au Moyen âge. Histoire de la formation du bréviaire du IXe au XVIe siècle*. Paris 1967.

Sears, Elizabeth: „Louis the Pious as *Miles Christi*. The Dedicatory Image in Hrabanus Maurus's *De laudibus sanctae cruces*". In: Peter Godman/Roger Collins (Hgg.): *Charlemagne's Heir. New Perspectives on the Reign of Louis the Pious (814–840)*. Oxford 1990, 605–628.

Valerio, Adriana (Hg.): *Donne e Bibbia. Storia ed esegesi*. Bologna 2006.

Vogtherr, Thomas: „Auf der Suche nach dem rechten Text. Die Bibel und ihr Wortlaut in der Zeit der Karolinger". In: Georg Steins/Franz Georg Untergaßmair (Hgg.): *Das Buch, ohne das man nichts versteht. Die kulturelle Kraft der Bibel*. Münster 2005, 49–63.

Ward, Elizabeth: „Caesar's Wife: the Empress Judith". In: Peter Godman / Roger Collins (Hgg.): *Charlemagne's Heir. New Perspectives on the Reign of Louis the Pious (814–840)*. Oxford 1990, 205–227.

Die Rolle der Prophetenüberlieferung (Hadith) im Islam

Harald Motzki

1. Was ist ein Hadith?

Auf die Frage, was das Wort Koran bezeichnet, können die meisten halbwegs gebildeten nichtmuslimischen Deutschen, eine korrekte Antwort geben: die heilige Schrift der Muslime. Bei dem Wort Hadith werden die meisten jedoch passen. Deshalb habe ich im Titel meines Vortrags diesen Terminus mit „Prophetenüberlieferung" übersetzt und das arabische Wort in Klammern gesetzt. Doch eindeutig ist diese Übersetzung noch nicht. Um welchen oder welche Propheten geht es? Was ist mit Überlieferung konkret gemeint?

Das arabische Substantiv *hadith* bedeutet allgemein „Rede, Bericht, Erzählung", insbesondere jedoch „Bericht oder Erzählung, die vom Propheten Muhammad, überliefert ist". Das Wort wird auch kollektiv gebraucht, also für die Gesamtheit der Überlieferungen vom Propheten des Islams. Die muslimischen Gelehrten definieren den Terminus *hadith* noch etwas genauer, nämlich als Überlieferung über die *sunna* des Propheten Muhammad, d. h. über das, was er gesagt, getan oder stillschweigend gebilligt hat.

Wie sieht eine solche Überlieferung aus? Sie besteht in der Regel aus zwei Teilen: einer Kette von Überlieferern, die *isnad* genannt wird, und dem Text (Arab. *matn*) der Überlieferung. Ein Beispiel:

Ahmad b. Yusuf al-Azdi überlieferte mir: ʿUmar b. ʿAbd Allah b. Razin überlieferte uns: Ibrahim (d.i. Ibn Tahman)[1] überlieferte uns: von Hadschdschadsch (d.i. Ibn Hadschdschadsch) von Qatada von Abu Ayyub von ʿAbd Allah b. ʿAmr b. al-ʿAs, dass der Prophet sagte:

„Der Gesandte Gottes wurde nach den Gebetszeiten gefragt. Er sagte: ‚Die Zeit des Gebets der Morgendämmerung (*salat al-fadschr*) dauert solange, wie der erste Bogen [wörtl. Horn] der aufgehenden Sonne nicht sichtbar [wörtl. aufgegangen] ist. Die Zeit des Mittagsgebets (*salat al-zuhr*) beginnt [wörtl. ist], wenn die Sonne den Zenit überschreitet und [dauert] bis die Zeit des Nachmittag[sgebets] erreicht ist. Die Zeit des Nachmittagsgebets (*salat al-ʿasr*) dauert solange wie die Sonne nicht gelb wird und der erste Bogen der untergehenden Sonne nicht [am Horizont] verschwindet. Die Zeit des Abendgebets (*salat al-maghrib*) beginnt, wenn die Sonne untergegangen ist und dauert bis das Abendlicht [wörtl. Zwielicht] verschwunden ist. Die Zeit des Nachtgebets (*salat al-ʿishaʾ*) reicht bis Mitternacht.'"[2]

Dieser Text ist in der Hadith-Sammlung des Autors Muslim b. al-Hadschdschadsch zu finden, die im dritten Viertel des 9. Jahrhunderts entstanden ist. Der Isnad, die Überliefererkette, umfasst zusammen mit dem Autor der Sammlung, acht Generationen von Personen, die den Text voneinander überliefert haben sollen. Dieser Isnad endet bei einem Gefährten des Propheten, ʿAbd Allah b. ʿAmr b. al-ʿAs, der nach der biographischen Überlieferung der Muslime 50–60 Jahre nach dem Propheten gestorben ist.

---

[1] Die Texte in runden Klammern sind Hinzufügungen des Autors der Hadithsammlung.

[2] Muslim (o. J.), Bd. 1, 427 f., Nr. 174.

2. Wovon handeln die Hadithe?

Das genannte Beispiel könnte suggerieren, dass sie auf rituelle Sachverhalte beschränkt sind. Das ist jedoch nicht der Fall. Bleiben wir bei Muslims Sammlung als Vorbild. Das Werk besteht aus 54 „Büchern“, die man auch Kapitel nennen könnte. Sie lassen sich in sieben Themenbereiche unterteilen: (1) Die ersten 15 Kapitel, also knapp ein Drittel des Werkes, behandeln zunächst Fragen des Glaubens und dann rituelle Themen, wie Gebet, Almosenabgabe, Fasten und die Pilgerfahrt nach Mekka. (2) Es folgen fünf Kapitel über Familienangelegenheiten u. a. Ehe, Scheidung und Freilassung von Sklaven. (3) Es schließen sich 11 Kapitel an, die wirtschaftliche, finanzielle und strafrechtliche Themen behandeln, z. B. Kauf und Verkauf, Erbrechtsfragen, Gelübde und Eide, Strafen und Rechtsprechung. (4) Zwei Kapitel behandeln den Dschihad und die Regierung. (5) Es folgen Kapitel über das Jagen, Essen und Opfern von Tieren, Trinken, Kleidung und allgemeines soziales Verhalten, und (6) umfangreiche Kapitel über die Vorzüge des Propheten und seiner Gefährten. (7) Am Ende des Werkes finden sich Kapitel mit diversen Inhalten. Es geht u. a. über Tugend, gutes Benehmen, Schicksal, Gottesgedenken, Reue, Paradies und Hölle, soziale Unruhen als Zeichen des Weltendes, Frömmigkeit und Mitgefühl. Einige Erläuterungen von Koranversen schließen das Werk ab.

Diese Liste von Themen zeigt, dass die Prophetenüberlieferungen für weite Bereiche des Lebens relevant sind, nicht nur für den Gottesdienst im weitesten Sinn, sondern auch für die zwischenmenschlichen Beziehungen.

3. Sind die Hadithe heilige Texte?

Streng genommen sind sie es nicht. Heilig ist eigentlich nur der Koran, der als Gottes Wort gilt, das an Muhammad offenbart wurde. Es gibt allerdings auch eine kleine Anzahl von Hadithen, die als heilig eingestuft wurden, da sie ebenfalls Gottes Wort wiedergeben, jedoch nicht Teil des Korans sind. Eine solche Überlieferung wird *hadith qudsi* (heiliger Hadith) genannt. Der entscheidende Unterschied zwischen den beiden Textarten ist nach Auffassung der muslimischen Gelehrten folgender: Der Koran wurde dem Propheten wortwörtlich offenbart, ein „heiliger Hadith" dagegen gibt zwar auch Gottes Wort wieder, aber nur inhaltlich, d.h. in Muhammads eigenen Worten.[3]

Doch auch wenn die übrigen Hadithe, also die Texte, die lediglich die Sunna, die Aussagen oder Handlungen des Propheten, überliefern, nicht das Prädikat heilig beanspruchen können, da sie nicht Gottes Wort sind, haben sie für die Mehrzahl der Muslime eine Bedeutung, die heiligen Texten sehr nahe kommt. Sie gehen davon aus, dass Muhammad von Gott nicht nur Offenbarungen empfing, sondern dass er auch durch Gott geleitet wurde. Daher gelten auch die Worte und Handlungen des Propheten als durch Gott inspiriert, sofern es sich nicht um Aussagen oder Aktionen handelt, die deutlich als Muhammads persönliche menschliche Reaktion zu erkennen sind. Diese Auffassung stützt sich auf Koranverse wie z.B. Sure 4, Vers 80 (Versanfang): „Wer dem Gesandten gehorcht, gehorcht Gott" oder Sure 33, Vers 36 (Versende): „Wer gegen Gott und seinen Gesandten ungehorsam ist, der befindet sich in einem offenkundigen Irrtum." Man kann die Hadithe daher als quasi-heilige Texte einstufen.

---

[3] Siehe Kamali (1991), 15 und Robson (1986), 28f.

Das Verhältnis zwischen dem heiligen Koran und dem fast heiligen Hadith – also zwischen Gottes Wort und der Sunna, den Worten und Taten seines Propheten – haben die muslimischen Gelehrten noch genauer bestimmt. Sie geben selbstverständlich dem Koran den Vorrang vor der Sunna, jedoch vertreten sie die Auffassung, dass die Sunna des Propheten, den Koran erläutert, spezifiziert und ergänzt. Der letzte Punkt ist von besonderer Bedeutung, da der Koran kein Handbuch ist, das den Muslimen detailliert vorschreibt, wie sie sich zu verhalten haben. Die Anzahl von Koranversen, die solche Verhaltensvorschriften enthalten, ist begrenzt (einige hundert), und ihr Inhalt sowie die Reichweite der Vorschriften sind oft erklärungs- und ergänzungsbedürftig. Ein Beispiel: In Sure 2, Vers 175 heißt es: „Gott hat das Verkaufen erlaubt und die Vermehrung (Arab. *riba*) verboten." Was bedeutet Vermehrung in diesem Kontext? Ist Profit gemeint oder etwa das Nehmen von Zinsen? Wenn letzteres, welche Art von Zinsen? Antworten kann man teilweise durch einen Vergleich mit anderen Koranstellen finden; die Deutungen, die sich bei den muslimischen Gelehrten durchgesetzt haben, basieren jedoch letztlich auf Hadithen. Ich komme auf diesen Punkt noch ausführlicher zurück. Festzuhalten ist: Die Sunna des Propheten ist in allen vier sunnitischen Rechtsschulen die zweite Rechtsquelle nach dem Koran, der den ersten Platz einnimmt. Studiert man die Handbücher der muslimischen Rechtsgelehrten, wird jedoch deutlich, dass sie sich viel häufiger auf Hadithe als auf den Koran stützen, da die Hadithe inhaltlich ein viel größeres Themenfeld abdecken.

4. Sind die Hadithe authentisch?

Die Attribute heilig oder quasi-heilig können selbstverständlich nur Hadithe beanspruchen, die tatsächlich vom Propheten stammen. Hier tat sich für die muslimischen Gelehrten ein großes Problem auf. Als sich unter ihnen die Auffassung durchzusetzen begann, dass die Hadithe nach dem Koran die zweite Quelle für die Festlegung religiösrechtlicher Bestimmungen sind, waren mehr als 200 Jahre seit dem Tod Muhammads vergangen. Es war kein Geheimnis, dass sich nach seinem Tod verschiedene Interessengruppen innerhalb der muslimischen Gemeinschaft auf den Propheten zur Stützung ihrer politischen Ansprüche und religiösen Auffassungen berufen hatten und dass religiöse Scharlatane ihm im Lauf der Zeit alles Mögliche angedichtet hatten. Wie konnte man im Nachhinein feststellen, welche der Texte über Aussagen und Verhaltensweisen des Propheten, die im dritten islamischen Jahrhundert zirkulierten, tatsächlich von ihm stammen und welche nicht? Die islamischen Gelehrten konzentrierten sich bei der Lösung dieses Problems in erster Linie auf den Isnad, die Überliefererkette, die, wie erwähnt, im 9. Jahrhundert unserer Zeitrechnung (das entspricht dem 3. Jahrhundert islamischer Zeitrechnung) als notwendiger Bestandteil eines ordentlichen Hadith angesehen wurde. Diese Kette von Gewährspersonen hatte die Funktion, den Weg der Überlieferung zwischen der Person, die einen Hadith zitierte, und dem Propheten zu dokumentieren und damit die Echtheit der ihm zugeschriebenen Worte oder Verhaltensweisen zu garantieren.

Doch wie konnten die Gelehrten des 9. Jahrhunderts die im Isnad genannten Überlieferer sechs bis sieben Generationen weit zurückverfolgen und feststellen, wer sie waren, ob sie einander jemals getroffen hatten und ob sie glaubwürdig waren? Die Mehrzahl der nichtmuslimischen Islamwissenschaftler des 19. und 20. Jahrhunderts bezweifelten die Glaubwürdigkeit der Überliefererketten; einige hielten sie für Erfindungen des 9. und 10. Jahrhunderts, andere datierten den Beginn der Isnadfälschung schon in die zweite Hälfte des 8./2. H. Jahrhunderts. Die muslimischen Gelehrten dagegen gehen davon aus, dass sich schon im 7./1. H. Jahrhundert um eine Anzahl von Muhammads Gefährten Schülerkreise bildeten, die das Wissen der Prophetengefährten mündlich, teilweise auch schon schriftlich, aufnahmen und später an ihre eigenen Schüler weitergaben.

Diese Form der Überlieferung von Wissen über den Propheten und seine Zeitgenossen hat sich – den muslimischen Gelehrten zufolge – immer weiter verbreitet und Anfang des 8./2. H. Jahrhunderts entstanden regelrechte Gelehrtenzentren in den Städten Medina und Mekka im Zentrum der Arabischen Halbinsel, in Kufa und Basra im Irak, in kleinerem Umfang auch in einigen anderen Regionen wie im Jemen, in Syrien und in Ägypten. Im Lauf der Zeit kam es auch zu einem Austausch des in den verschiedenen Zentren vorhandenen Wissens, dadurch dass Schüler oder Lehrer zeitweilig oder dauerhaft in ein anderes Zentrum wechselten. Dass es solche Gelehrtenzentren seit der Wende des 7./1. H. Jahrhunderts tatsächlich gab, haben auch neuere Forschungen nichtmuslimischer Islamwissenschaftler gezeigt. Wir können daher davon ausgehen, dass die muslimischen Hadith-Gelehrten des 9./3. H. Jahrhunderts, wie der schon mehrfach genannte Muslim, von ihren zahlreichen Lehrern die Überlieferungstraditionen verschiedener Gelehrtenzentren übernahmen und aus diesem Fundus diejenigen Hadithe für ihre Sammlungen auswählten, die sie für glaubwürdig hielten.

Muslim nennt in der Einleitung seines Werkes auch die Kriterien, die er bei der Auswahl handhabte. Generell gilt:

die Hadithe müssen „fehlerfrei“ sein. Dieses Prädikat leitet er von der Qualität der Überlieferer ab. Er unterscheidet zwei Kategorien von akzeptablen Überlieferern (*thiqat*). Zur ersten Kategorie zählen Personen die als integer, mit gutem Gedächtnis ausgestattet und in ihren Überlieferungen als präzise bekannt sind. Das äußert sich erstens darin, dass es *über* ihre Überlieferungen keine schwerwiegenden Kontroversen unter den Gelehrten gibt und dass *in* ihren Überlieferungen keine gravierenden Irrtümer festzustellen sind. Die zweite Kategorie bilden Überlieferer, die als intelligent, aufrichtig und wissensdurstig gelten, ohne jedoch die Qualität der Überlieferer der ersten Kategorie zu erreichen.[4]

Dennoch bleiben aus heutiger Sicht Probleme, welche die Nutzung dieser Kriterien konterkarieren. Umfang und Genauigkeit des Wissens über die Überlieferungen und die Überlieferer nehmen ab, je weiter man in die Vergangenheit vorstößt. Das 7. Jahrhundert, d. h. das 1. islamische Jahrhundert, ist ein besonders schwieriges Terrain, da das Wissen um Lehrer-Schüler-Beziehungen in dieser frühen Zeit dünner ist als in den folgenden Jahrhunderten. Außerdem ist die Möglichkeit nicht auszuschließen, dass manche Gelehrte sich fälschlich auf einen Prophetengefährten oder einen seiner Schüler beriefen und dass einige Gefährten von dem Propheten Dinge berichteten, die er nicht oder nicht so gesagt oder getan hatte, wie in der Überlieferung behauptet.

Die Struktur der Überliefererketten der meisten Hadithe verstärkt die Unsicherheit über die Überlieferung im 7. Jahrhundert. Sammelt man alle bekannten Versionen ein und desselben Hadith, die in den Hadithsammlungen zu finden sind, und vergleicht die Überliefererketten, miteinander, fällt auf, dass diese im Bereich des 7. Jahrhunderts meist übereinstim-

[4] Siehe Juynboll (1984), 267–273.

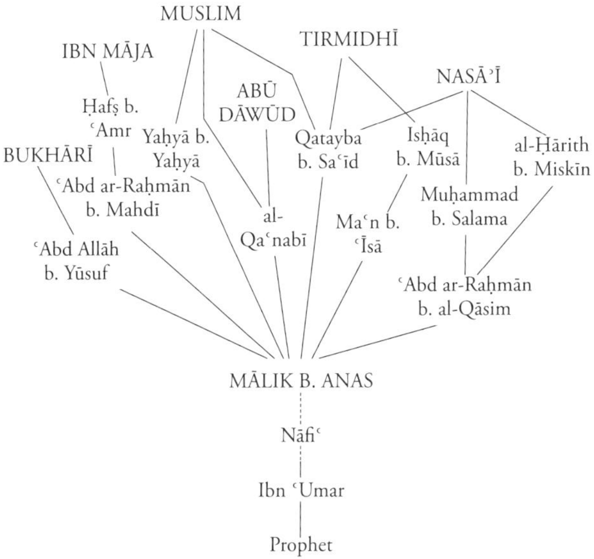

men, im 8. Jahrhundert dagegen unterschiedliche Überlieferungslinien aufweisen. Wenn man das in einem Diagramm darstellt, sieht das aus wie ein Baum. Der Stamm des Baumes wird durch die Überlieferer des 7. und beginnenden 8. Jahrhunderts gebildet, die Äste und Zweige durch die Überlieferer der folgenden Jahrzehnte und Jahrhunderte. Das bedeutet, dass der Überlieferungsweg des 7. Jahrhunderts meist nur singulär belegt ist, im Lauf des 8. Jahrhunderts jedoch durch eine größere Anzahl von Isnadvarianten fortgesetzt wird.

Noch eine Anmerkung zu dem Diagramm:[5] Die von Malik b. Anas sich auffächernden Überlieferungslinien bilden nur ein Teil des Baumes. Es gibt noch zehn andere Überliefe-

[5] Es ist leicht ergänzt entnommen aus Motzki (2010), 87.

rungslinien oder -bündel, die ebenfalls von Nafiᶜ ausgehen, der Person unterhalb von Malik. Ich habe die anderen Überlieferungsbündel weggelassen, da sonst das Diagramm zu unübersichtlich geworden wäre. Dieser Nafiᶜ, der 735/117 H. starb, ist das gemeinsame Glied, bei dem alle Überlieferungen zusammenkommen. Der restliche Weg zurück bis zum Propheten ist bei allen Überlieferungen derselbe.[6]

Dieses Phänomen ist auch den muslimischen Gelehrten nicht verborgen geblieben. Für die Gesetzesgelehrten (arab. *fuqaha*ʾ), die sich mit der Festlegung und theoretischen Begründung der Quellen des islamischen Rechts, der Schariᶜa, befassten, war das ein Problem. Sie waren aus rationalen Gründen nur dann bereit, einem Hadith das Prädikat authentisch zu geben, wenn dessen Überliefererketten zwei Bedingungen genügten: Sie mussten erstens ununterbrochen (*muttasil*) sein, das heißt, jeder Überlieferer musste die Überlieferung von dem angegebenen Informanten tatsächlich oder wahrscheinlich empfangen haben. Zweitens war verlangt, dass in jeder Tradentengeneration mehrere Personen – das Minimum sind fünf, je mehr desto besser – denselben Hadith unabhängig voneinander inhaltlich identisch weitergegeben haben. Eine solche Überlieferung nannte man „häufig belegt" (*mutawatir*).

Nun ist jedoch, wie schon erwähnt, die Zahl der Überliefererketten, die dem letztgenannten Kriterium – häufig belegt – auch für das 7./1. H. Jahrhundert genügen, verschwindend gering. Waren damit die Hadithe als Quelle des islamischen Gesetzes disqualifiziert? Soweit wollten die muslimischen Rechtstheoriker nicht gehen, denn die Hadithe waren für die Mehrheit der Gelehrten als Quelle unverzichtbar. Sie

[6] Mehrere vollständige Diagramme finden sich z. B. in Juynboll (2007), z. B. xxi.

akzeptierten daher diejenigen Hadithe, die erstens lückenlos überliefert waren und zweitens deren Überlieferer – auch die am unteren Ende der Überliefererkette – als zuverlässig eingestuft werden konnten.[7] Ob ein Überlieferer als zuverlässig anzusehen ist, sollte durch Überprüfung folgender fünf Kriterien festgestellt werden: Rechtgläubigkeit, Alter beim Erhalt und der Weitergabe des betreffenden Hadith, intellektuelle Fähigkeiten, persönliche Integrität und Genauigkeit bei der Weitergabe von Überlieferungen.[8]

Für die ersten vier Kriterien konnten sich die Gelehrten auf die biographischen Nachrichten über die Überlieferer stützen, die ebenfalls im Unterricht weitergegeben und seit Anfang des 9. Jahrhunderts in schriftlichen Sammlungen festgehalten wurden. Die Genauigkeit der Weitergabe von Überlieferungen – das letzte Kriterium – konnte durch Textvergleich mit den Versionen anderer Überlieferer festgestellt werden. Dass solche Textvergleiche tatsächlich vorgenommen wurden, zeigen die Hinweise auf Textvarianten bei Muslim und anderen Autoren der klassischen Hadithsammlungen.

5. Wo sind die Hadithe zu finden?

Die ersten größeren Sammlungen von Überlieferungen zur korrekten islamischen Lebensweise entstanden im Laufe des 8. Jahrhunderts. In diesen frühen Kompilationen bildeten die Prophetenhadithe jedoch nur einen Typ von Überlieferungen. Die Mehrzahl der Texte gibt Aussprüche und Verhaltensweisen von Prophetengefährten (*sahaba*) wieder, die nach dem

---

[7] Siehe Motzki (2014), 4.

[8] Siehe Hallaq (1997), 58–68; ders. (1990) 3–31; Krawietz (2002), 115–149 und Motzki (2009), 330–333.

Tod Muḥammads als Vorbilder und Lehrer bedeutsam waren, und von den sog. „Nachfolgern" *(tabiʿun)*, der Generation der Schüler der Prophetengefährten und deren Schüler. Diese ersten Sammlungen wurden im folgenden 9. Jahrhundert durch Kollektionen ergänzt, die sich ausschließlich auf Prophetenhadithe konzentrierten.

Eine der bedeutendsten Hadithsammlungen, die von Muslim, wurde schon genannt. Aus ihr stammt der Hadith über die Gebetszeiten, den ich anfangs zitiert habe, und auch meine Übersicht über die Themen, die in den Hadithen angesprochen werden. Eine andere unter den Muslimen hochgeschätzte Sammlung wurde von Muslims Zeitgenossen al-Buchari verfasst. Beide Autoren sind im dritten Viertel des 9. Jahrhunderts gestorben.[9] Diese beiden Hadith-Kompilationen enthalten nach Meinung ihrer Autoren nur authentische Hadithe. Das kommt auch in den Titeln der beiden Werke zum Ausdruck, der lautet: „Authentische Sammlung" (*al-Jamiʿ al-sahih*). Daneben entstanden im 9. und den folgenden Jahrhunderten noch zahlreiche weitere Sammlungen von Prophetenüberlieferungen, von denen einige auch den Anspruch erhoben, weitgehend authentische Hadithe zu enthalten, während andere Autoren auch Überlieferungen aufnahmen, deren Echtheit als weniger sicher angesehen wurde. Sie haben meist den Titel *Kitab al-Sunan* (Buch über die Aussagen oder Verhaltensweisen des Propheten). Doch nicht alle Hadith-Sammlungen fanden bei der Mehrheit der Gelehrten Anerkennung. Im Lauf des 10./4. H. und 11./5. H. Jahrhunderts bildete sich ein Kanon von sechs Hadith-Sammlungen heraus, die am meisten geschätzt wurden. Die Spitze davon nahmen die beiden genannten Werke von al-Bukhari und Muslim ein und deren Ansehen wuchs noch in den folgenden

[9] Muslim 875/261 H., al-Buchari 870/256 H.

Jahrhunderten, da diese beiden Kollektionen als Garanten authentischer Hadithe angesehen wurden.[10] Diese beiden Hadithsammlungen wurden im 20. Jahrhundert auch als erste von Muslimen ins Englische übersetzt. Das zeigt ihre Bedeutsamkeit für die muslimischen Gemeinschaften in der westlichen Welt.

6. Wie wurden die Hadithe von den muslimischen Rechtsgelehrten benutzt?

Wie schon erwähnt, spielte neben dem Koran die Sunna des Propheten in Form der Hadithe eine große Rolle bei der Entwicklung des islamischen Rechts (Arab. *fiqh*). Letzteres findet man in den Handbüchern der Rechtsgelehrten, wobei es zwischen den Gelehrten der verschiedenen Rechtsschulen z.T. erhebliche Meinungsverschiedenheiten in den Details gibt. Dennoch sind die Muslime davon überzeugt, dass das islamische Recht (*fiqh*) das göttliche Gesetz, die *Scharīʿa*, zum Ausdruck bringe. Diese Sachverhalte will ich an einem Beispiel verdeutlichen.

Ehe und Scheidung sind im islamischen Recht geregelt, wie das auch im kanonischen Recht der katholischen Kirche der Fall ist. Während in letzterem die Scheidung einer Ehe verboten ist, solange die Ehepartner leben, ist im Islam – wie im Judentum – die Scheidung einer Ehe erlaubt. Schon der Koran enthält mehr als ein Dutzend Verse mit Vorschriften über die Scheidung und ihre rechtlichen Folgen. In den Hadith-Kompendien findet sich eine viel größere Zahl von Hadithen zu diesem Thema, in Muslims Sammlung z.B.

[10] Die Autoren der anderen vier Sammlungen des Kanons sind Abu Dawud, al-Tirmidhi, al-Nasaʾi und Ibn Madscha.

sind es viermal so viel. Wie gingen die Rechtsgelehrten der klassischen Zeit mit diesen Quellen um? Das sei am Beispiel der Wartezeit (Arab. *ʿidda*) illustriert.

Nach den Vorschriften des Korans hat nur der Ehemann das Recht, sich von seiner Frau zu scheiden. Wenn er das tut, beginnt für die Frau eine Wartefrist von drei Menstruationsperioden – bei nichtmenstruierenden Frauen von drei Monaten –, bis die Scheidung für sie definitiv wird und sie wieder heiraten darf. Der Ehemann hat jedoch das Recht, die Scheidung vor Ablauf dieser Frist zurückzunehmen. Das darf er zweimal. Bei einer dritten Scheidung, die er ausspricht, ist diese endgültig. Diese Vorschriften finden sich im Koran, Sure 2, Vers 227–235).

Sie werfen jedoch Fragen auf: Ist der Ehemann während der Wartefrist noch für seine Ehefrau verantwortlich, d. h. muss er ihr Unterkunft und Unterhalt bieten? Auch darüber gibt der Koran Auskunft: Der Ehemann darf seine geschiedene Frau nicht aus dem Haus werfen und er muss auch für ihren Unterhalt während der Wartezeit sorgen. Das steht im Koran, Sure 65, Vers 1 und 6 die Unterkunft betreffend und Sure 2, Vers 241, sowie Sure 65, Vers 7, wo der Unterhalt angesprochen ist. Doch gilt das für alle Wartefristen oder nur für den Fall der widerrufbaren Scheidung? Darf der Mann nach einer dritten, nicht mehr annulierbaren Scheidung die Frau aus dem Haus jagen und ihr während der Wartefrist den Unterhalt verweigern? Aus den Koranversen lässt sich darüber keine eindeutige Antwort entnehmen.

In einer solchen Situation suchten die Gelehrten in der Regel nach relevanten Hadith-Überlieferungen.[11] Eine solcher Hadith findet sich z. B. in der Sammlung von Muslim.

[11] Die folgende Skizze der Argumentation stützt sich auf Ibn Ruschd (1988/1409), Bd. 2, 95 f.; Übersetzung: Ibn Rushd (1996), 114 f.

Der Isnad dieser Überlieferung geht zurück auf eine Frau, Fatima bint Qais, die Folgendes berichtet: „Mein Ehemann gab mir zu Lebzeiten des Gesandten Gottes dreimal die Scheidung. Ich ging zum Propheten, doch der gestand mir weder Unterkunft noch Unterhalt [durch meinen Ex-Mann] zu.“[12] Es gibt noch Hadithe von anderen Prophetengefährten, die über eine ähnliche Meinung des Propheten berichten, deren Echtheit jedoch weniger sicher ist. Auf diese Überlieferungen stützten sich frühe Rechtsgelehrte wie Ahmad ibn Hanbal (gest. 855/241 H.), Vater der ḥanbalitischen Rechtsschule, u. a. für ihre Rechtsauffassung, dass der definitiv Geschiedenen weder Unterkunft noch Unterhalt zustehe.

Es gibt aber auch Hadith-Versionen von der genannten Fatima bint Qais, die einen etwas anderen Inhalt haben: „Der Gesandte Gottes sagte [zu Fatima]: ‚Du hast kein Recht auf Unterhalt von ihm [deinem bisherigen Ehemann]‘ und er ordnete an, dass sie ihre Wartezeit im Haus des blinden Ibn Umm Maktum verbringen solle.“ Diese Überlieferung findet sich in Maliks *Muwatta*ʾ[13], einer Sammlung von Überlieferungen des 8. Jahrhunderts, und ihr folgen die malikitische und die schafiʿitische Rechtsschule, die beide der Auffassung sind, dass die endgültig Geschiedene kein Recht auf Unterhalt hat, jedoch Recht auf Unterkunft, notfalls außerhalb des Hauses des Ex-Ehemanns. Diese Gelehrten betrachten die Unterbringung der Fatima bint Qais in einem anderen Haus als eine individuelle Sonderregelung (die möglicherweise durch ihren angeblich schwierigen Charakter bedingt war). Sie verweisen zur Stützung ihrer Ansicht außerdem auf den Koranvers 6 von Sure 65, in dem es heißt: „Lasst sie [die geschiedenen Frauen] dort wohnen, wo ihr wohnt, euren

[12] Auszug aus: Muslim (o. J.), Bd. 2, 1117 (Nr. 42).
[13] Malik b. Anas (1985), Bd. 2, 580 f. (Nr. 67).

Möglichkeiten entsprechend, und fügt Ihnen keinen Schaden zu, um sie in Bedrängnis zu bringen."

Die kufischen Gelehrten schließlich, aus deren Kreisen die hanafitische Rechtsschule hervorging, gestehen auch der definitiv Geschiedenen Unterkunft und Unterhalt zu. Sie begründen das mit dem gerade erwähnten Koranvers von Sure 65, Vers 6, den sie sowohl auf rücknehmbare als auch auf definitive Scheidungen beziehen, und sie ziehen aus den relevanten Koranversen den Schluss, dass Unterkunft und Unterhalt immer zusammen gehören. Diese Gelehrten verweisen außerdem auf eine Überlieferung, die auf den zweiten Kalifen ʿUmar, einen engen Vertrauten des Propheten, zurückgeführt wird. Der soll gesagt haben: „Wir können nicht das Buch Gottes und die Sunna des Propheten wegen der Aussage einer Frau aufgeben, von der wir nicht wissen, ob sie ein gutes Gedächtnis hat oder vergesslich ist."[14] Das bedeutet: ʿUmar lehnte die Überlieferung von Fatima bint Qais ab, da sie seiner Meinung nach nicht mit dem Koran und der Praxis des Propheten übereinstimmte. Auch von ʿAʾischa, einer der Ehegattinnen des Propheten, ist überliefert, dass sie den Hadith der Fatima bint Qais ablehnte.[15]

Man kann an diesem Beispiel sehen, dass die Gelehrten des 8. und 9. Jahrhunderts, aus deren Studienzirkeln sich die sunnitischen Rechtsschulen entwickelten, Unklarheiten des Korans durch Hadith-Überlieferungen beseitigten. Dabei kamen sie nicht zwangsläufig immer zu den gleichen Ergebnissen. Im vorliegenden Fall fanden sie drei verschiedene Lösungen. Solch eine Meinungsverschiedenheit unter den Gelehrten konnte verschiedene Ursachen haben. Eine mög-

---

[14] Muslim (o. J.), Bd. 2, 1119 (Nr. 46).

[15] Muslim (o. J.), Bd. 2, 1116 (Nr. 40), 1120 (Nr. 52); al-Buchari (1992), Bd. 6–7, 521 f.

lich Ursache ist, dass die frühe Rechtsgelehrsamkeit wie auch die Hadithüberlieferung sich in unterschiedlichen lokalen Zentren entwickelte, die teilweise weit voneinander entfernt waren und über unterschiedliche Überlieferungen verfügten. Es konnte aber auch sein, dass Rivalitäten unter den Gelehrtenzentren dazu führten, dass Hadithe fingiert wurden, um die eigenen Auffassungen zu untermauern. Letzteres war lange Zeit die dominante Ansicht innerhalb der westlichen Hadithforschung.[16]

Bibliographie

Quellen

Buchari, Muhammad b. Isma'il al-: *Sahih*. Beirut 1992/1412.

Ibn Ruschd, Muhammad: *Bidayat al-mudschtahid wa-nihayat al-muqtasid*. Beirut 1988/1409.

Ibn Rushd: *The distinguished Jurist's primer. A translation of Bidayat Al-Mujtahid*. Bd. 2. Übers. von I. Ahsan Khan Nyazee, rev. von M. Abdul Rauf. Reading 1996.

Malik b. Anas: *al-Muwatta'*. Hg. von Muhammad Fu'ad 'Abd al-Baqi. 2 Bde. Beirut 1985.

Muslim b. al-Hadschdschadsch: *Sahih*. Hg. von Muhammad Fu'ad 'Abd al-Baqi. Beirut o. J.

Literatur

Brown, Jonathan A. C.: *Hadith. Muhammad's Legacy in the Medieval and Modern World*. Oxford 2009.

Hallaq, Wael B.: *A History of Islamic Legal Theories. An Introduction to Sunni usul al-fiqh*. Cambridge 1997.

---

[16] Als weiterführende Lektüre zum Thema ist das Buch von Brown (2009) empfehlenswert.

Hallaq, Wael B.: „On Inductive Corroboration, Probability and Certainty in Sunni Legal Thought". In: Nicholas Heer (Hg.): *Islamic Law and Jurisprudence*. Seattle u. a. 1990, 3–31.

Juynboll, Gauthier H. A.: „Muslim's Introduction to his *Ṣaḥīḥ*. Translated and annotated with an excursus on the chronology of *fitna* and *bidʿa*". In: *Jerusalem Studies in Arabic and Islam* 5 (1984), 267–273.

Juynboll, Gauthier H. A.: *Encyclopedia of Canonical Hadith*, Leiden 2007.

Kamali, Mohammad Hashim: *Principles of Islamic Jurisprudence*. Cambridge 1991.

Krawietz, Birgit: *Hierarchie der Rechtsquellen im tradierten sunnitischen Islam*. Berlin 2002.

Motzki, Harald: „Islamic Law: Transmission and Authenticity of the Reports from the Prophet". In: Stanley N. Katz (Hg.): *The Oxford International Encyclopedia of Legal History*. Bd. 3. Oxford 2009, 330–333.

Motzki, Harald / Boekhoff-van der Voort, Nicolet / Anthony, Sean W.: *Analysing Muslim Traditions. Studies in Legal, Exegetical and Maghazi Hadith*. Leiden / Boston 2010.

Motzki, Harald: *Wie glaubwürdig sind die Hadithe? Die klassische islamische Hadith-Kritik im Licht moderner Wissenschaft*. Wiesbaden 2014.

Robson, John: „Hadith kudsi", in: *Encyclopaedia of Islam. New Edition* 3 (1986), 28 f.

Exegese im Koran – Exegese zum Koran

Textpolitik unter wechselnden politischen Voraussetzungen

Angelika Neuwirth

1. Der Koran und seine exegetischen Dimensionen

Der Gedanke, dass der Korantext selbst Exegese reflektiert, ist nicht neu. In neuerer Zeit hat ihn besonders Nicolai Sinai verfolgt, der in seinem Werk „*Fortschreibung und Auslegung. Studien zur frühen Koraninterpretation*"[1] den Übergang von innerkoranischer zu außertextlicher Exegese exploriert, wie sie bei den ältesten Erklärern greifbar wird. Für seine Annahme einer innertextlichen Exegese geht er davon aus, dass der Koran wie auch die biblischen Bücher

> nicht erst nach ihrer Schließung als Heilige Schriften akzeptiert worden sind, sondern dass die Überzeugung von ihrer besonderen Autorität bereits ihren Entstehungs- und Redaktionsprozess substantiell geprägt hat. Bereits an der immanenten literarischen Gestalt von Bibel und Koran müssen also jene kollektiven Anerkennungs- und Gebrauchsrelationen ablesbar sein, die zuallererst ihre Kanonizität bzw. ihren Schriftstatus konstituieren.

Der folgende Beitrag wird die von Sinai beleuchtete innertextliche Exegese aufgreifen, sie jedoch noch einmal diffe-

---

[1] Sinai (2009a), 2 f.

renzieren in zwei ganz verschiedene exegetische Projekte. Es soll nämlich nicht sogleich um die von ihm thematisierte Neuinterpretation von bereits ergangenen Verkündigungen durch spätere koranische Verkündigungen gehen, sondern zunächst um die neue koranische Auslegung von – den Hörern aus mündlicher Tradition bekannten – biblischen Erzählungen, also um die Exegese von „virtuellen Ausgangstexten", denen im Koran eine neue Stoßrichtung gegeben wird. Man kann hier von „Exegese im Koran" oder „Exegese in Gestalt des Koran" sprechen. Auf diese Überlegungen folgt eine Reflexion der „Exegese zum Koran", das heißt der radikalen Neu-Interpretation von frühen Verkündigungen durch spätere, die unserer Deutung nach unter dem „Einfluss", besser: unter dem „Zwang", einer neuen Bibellektüre erfolgte.

Wenden wir uns zunächst der „Exegese im Koran" zu, zu der Sidney Griffiths „The Bible in Arabic"[2] eine neue Basis gelegt hat. Griffith ist m. E. der erste Autor, der den Koran als eine Erscheinungsform der Bibel begreift, wenn auch nicht der kanonisierten Bibel, sondern der von ihm sogenannten „*interpreted Bible*". Diese mit der uns heute geläufigen kanonischen Bibel nicht identische Bibel steht seit längerem auch in der jüdischen Biblistik, etwa bei James Kugel, im Fokus:

> Betrachtet durch die Linse der Weisheitsliteratur wurde die ursprüngliche Bedeutung … der Bibel unterschwellig modifiziert, ja sogar zu einer neuen Lesart rekonfiguriert. In dieser neuen Lesart, angereichert durch eine Fülle von Motiven, die die frühen Exegeten entwickelten, haben Juden und Christen die Bibel als ihre Schrift kanonisiert… Man würde nicht zu weit gehen, diese Transformation als eine Art massiver Neudeutung, *an act of massive re-writing*, zu bezeichnen. Das „Rohmaterial", das die Bibel konstituierte, wurde also „neu geschrie-

[2] Griffith (2013).

ben", nicht durch Änderung der Worte sondern durch Änderung der Art, wie diese Worte verstanden werden sollten. ... Zu beobachten sind also zwei ganz verschiedene Sammlungen von Dokumenten, *two sets of documents*, die biblischen Texte und das was sie laut jüdischen und christlichen Autoritäten später zu bedeuten hatten. Die Worte der beiden Sammlungen sind grundsätzlich identisch, sie ergeben aber – nebeneinander gestellt – zwei ganz verschiedene Bücher, *two completely different books*[3].

Diese neue Manifestation der Bibel, erscheint wiederum in zwei grundsätzlich verschiedenen Gestalten: einer jüdischen und einer christlichen. Was James Kugel für die Transformation der Bibel in dem neuen Denkraum der „Relektüre von etablierten Traditionen" – in unserer Diktion wäre das: „in der Spätantike" – sagt, bildet sich auch in dem der Bibel eng verwandten – von Biblisten wie Kugel und anderen aber unbeachtet gelassenen – Koran ab. Dass die Autoren den Koran nicht als ein weiteres aus der Bibel hervorgegangenes „*set of documents*" lesen, das aus den Worten der Bibel ein „*completely different book*" gemacht hat, ist zunächst aus der nicht-Identität der Worte beider Texte zu erklären, daneben aber wohl auch aus der noch immer wirkmächtigen überkommenen Grenzziehung zwischen den Religionskulturen.

Es ist dieses „nachbiblische Verständnis" der Bibel, das Sidney Griffith[4] im Licht der umfangreichen homiletischen Literatur christlich-syrischer Prägung, von neuem fokussiert hat. Er spricht von einer „*interpreted Bible*", einer homiletisch mit außerbiblischen Traditionen angereicherten mündlichen Bibeltradition, die er als Grundlage für die koranische Re-

[3] Kugel (2008), 672.

[4] Griffith (2013), 56: „The evident intertextuality that obtains in many places in the three sets of scriptures, Jewish, Christian and Muslim, reflects an oral intermingling of traditions, motives and histories in the days of the Qur'an's origins."

zeption biblischer Erzählungen ausmacht. Obwohl eine Verbindung zwischen einer solchen – postulierten – homiletisch geprägten Bibellektüre und dem Koran in der neueren Forschung auch sonst öfter hergestellt wird[5], geht Sidney Griffith doch noch einen entscheidenden Schritt weiter als die übrigen kirchenhistorisch orientierten Forscher. Er benennt einen die gesamte Bibelrezeption überwölbenden Diskurs des Koran, der ihm den Schlüssel zu der koranischen Exegese der „*interpreted Bible*" liefert: „es ist die besondere Prophetologie, die letztlich den Prozess der Schrifterinnerung steuert und entscheidet, welche biblischen Geschichten erinnert und welche ausgelassen werden sollen"[6]. Diese Feststellung erhellt nicht nur das Verständnis des Verhältnisses zwischen Koran und der „*interpreted Bible*", sie benennt außerdem eine hermeneutische Leistung des Koran, die noch weit darüber hinaus reichende Wirkung hat. Denn es ist die Idee des Prophetentums, die der Koran als die schärfste Waffe gegen die pagane Mehrgottverehrung ins Feld führt. Nicht nur tritt der Prophet Muhammad selbst bereits in frühmekkanischer Zeit an die Stelle des paganen Dichters und des Wahrsagers, insofern er mit seiner Verkündigung einen neuen Zugang zur übernatürlichen Sphäre eröffnet, die seine Sprachgewalt in einer gegenüber Dichter- und Wahrsagerrede überlegenen Weise autorisiert. Er vermag auch die vorher verschiedenen Kommunikationsprozesse mit übernatürlichen Mächten – die Paganen setzen auf mehrere Gottheiten als ihre Fürsprecher bei dem höchsten Gott – zu bündeln und in einer Hand zu vereinigen. Der vorausgehende religiöse Pluralismus macht also einem neuen uniliteralen Modell von Religion Platz.

---

[5] Siehe dazu vor allem die Arbeiten von Reynolds (2010) und El-Badawi (2013).

[6] Griffith (2013), 62.

Es ist daher nicht nur der prophetische Redetypus – die in Anrede-Form überbrachte Rede Gottes –, sondern auch die neue Textpolitik der Vereinigung religiöser Autorität in der einen Figur des Propheten, die der neuen Bewegung bereits früh ihre besondere Prägung gibt.

Wenn Griffith auch seiner eigenen Zielsetzung nach primär an der arabischen Wirkungsgeschichte der Bibel interessiert ist, laden seine wichtigen Erkenntnisse doch zu weiterführenden Überlegungen ein. So ist die für den Prophetiegedanken postulierte koranische Innovation noch beweiskräftig zu demonstrieren. Unterliegt der koranischen Rezeption nicht ein ganz besonderes hermeneutisches Prinzip? Ein solches Prinzip – die Typologie – wird von Griffith zwar einmal *en passant* bei Namen genannt[7]; seine Exposition hebt aber vor allem auf sachliche Gemeinsamkeiten der jeweiligen Botschaften der Propheten ab. Was jedoch die koranische Prophetologie auszeichnet, ist nicht nur die Verwandtschaft einer Vielzahl von Prophetenbotschaften mit derjenigen Muhammads, sondern die Konstruktion einer Prophetenidentität für Muhammad aus den Erfahrungen der früheren Propheten, die auf diese Weise zu seinen „Typoi" werden. Die von Griffith zurecht fokussierte koranische Prophetologie ist nicht einfach eine „apologetische Typologie zur Unterstützung der Mission Muhammads", *an apologetic typology in support of Muhammad's mission*, sondern der Spiegel einer gänzlich neuen und keineswegs linear verlaufenden sukzessiven Identitätskonstruktion. Der hierbei eingesetzten besonderen Typologie – als Ergän-

[7] Griffith (2013), 71: „The Qur'an means not to retell the biblical stories but to recall them and to recollect them within the corrective framework of its own discourse. For this reason the Bible is not quoted, instead, the Qur'an re-presents the stories of many of the Bibles major figures within the parameters of its own distinctive prophetology, which is an apologetic typology in support of Muhammad's mission."

zung zu Griffiths Ausführungen – im ersten Teil dieser Ausführungen nachgegangen werden.[8]

2. Das Problem des „Koran in Reinform"

Das zweite noch offengelassene Desiderat betrifft die Erklärung für die sich in den Prophetenerzählungen abzeichnenden narrativen und sachlichen Divergenzen, die einfach notiert werden, ohne auf ihre mögliche Funktion hin befragt zu werden. Denn worauf Griffith, der den Koran nicht als Verkündigungsprozess, sondern als textuelles *fait accompli* synchron liest, keinen Wert legt, ist die Entwicklung, die diese koranische Prophetologie durchläuft: Um „den Koran selbst", d. h. den Text vor seiner islamischen Kommentierung zu erfassen, stützt er sich auf den *textus receptus,* den *mushaf* als Textbasis.[9] Die Vorstellung, mit dem *mushaf* die Reinform des Koran vor sich zu haben, ist in der neueren Forschung dominierend. Man glaubt, damit bereits den Text des Propheten vor sich zu haben – ohne zu realisieren, dass diese Textform bereits eine erste Phase der Exegese spiegelt: den vollzogenen Übergang von einer noch offenen Verkündigung zu einem geschlossenen Text. Denn wenn der *mushaf* auch eine mit dem Corpus der Verkündigungen identische Textmasse darstellt, insofern er mit großer Wahrscheinlichkeit die Sammlung

[8] Es ist allerdings zu bemerken, dass der auffällige typologische Umgang mit biblischen Figuren im Koran in der Forschung generell wenig beachtet worden ist, er wurde bisher zumeist an der Figur des biblischen Josef demonstriert, siehe de Prémare (1985). Siehe grundsätzlich zu einigen bereits durch Typologie biblisch-koranischen Figuren Busse (1979), 56–80. Zur Prophetentypologie im Koran siehe Neuwirth (2010), 573–580.

[9] Für Griffith (2013), 55, reflektiert der *mushaf* „the integrity of the Qur'an in its canonical form, as Muslims actually have it".

der von Muhammad hinterlassenen Texte umfasst, so hat er durch seine besondere Anordnung, die von derjenigen der Verkündigung abweicht, entscheidend neue Weichen für die Textlektüre gestellt. Denn mit der Surenanordnung nach dem „mechanistischen Prinzip" des absteigenden Textumfangs wird die – theologisch relevante – Reihenfolge der aufeinander aufbauenden Verkündigungen überdeckt. Der Einschnitt zwischen Text und Kommentar fällt nicht zusammen mit der Grenze zwischen *mushaf* und dem durch die Linse des *tafsīr* gelesenem Koran, vielmehr ist der *mushaf* selbst bereits Teil der exegetischen Rezeptionsgeschichte. Ein Blick auf die Bibelphilologie ist hier hilfreich. Hier hat insbesondere Moshe Halbertal[10] betont, dass es nicht die Produktion von Kommentaren sondern die „Schließung" des Textes, *the „sealing" of a text*, selbst ist, die ihn rekonfiguriert.[11] Die Redaktoren müssen daher als die ersten Exegeten gelten. Ihr Beitrag manifestiert sich in der Re-Kontextualisierung der individuellen Texteinheiten: Die Sure, zunächst das primäre Medium der prophetischen Verkündigung, faktisch ein neues literarisches Genre, wird zu einem technischen Behelfsmittel der Text-Anordnung, zu einem „Kapitel des Buches" herabgestuft. Suren brauchen nicht länger als Kompositionen, die eine individuelle Botschaft transportieren, gelesen zu werden; im *mushaf* sind alle koranischen Äußerungen virtuell gleich wichtige Elemente der göttlichen Botschaft. Sie sind von

---

[10] Halbertal (1983), 15–25: „With the passage of time the literal meaning of expressions gradually deteriorated. … With the sealing of the Scriptures the authority is redistributed (…); not only does the bearer of authority change, the very source of authority changes as well … The movement from prophet to scholar and from prophecy to interpretation accompanies a new conception of the text, allowing for a variety of interpretations initiated by scholars."

[11] „When prophecy as legislation ended and the text was sealed as a consequence, the text became self-referential in a circular way."

ihrem mündlichen kompositorischen Kontext abgelöst, wo Stil, Rhetorik, und verschiedene Formen der Intertextualität einmal dazu beitrugen, die immer neuen theologischen Positionen zu markieren und damit den Fortschritt der prophetischen Mission bei den Hörern deutlich zu machen. Bei einer Zugrundelegung des *mushaf* werden Einzelverse leicht auf ihren semantischen Inhalt reduziert, ein Schritt, der den Weg freimacht für eine „sekundäre Kontextualisierung“: nicht mit irgendeinem anderen koranischen Text sondern mit einem vorkoranischen Kontext. Eben dies geschieht in der zeitgenössischen Forschung, wo der Koran als literarisches Artefakt gänzlich ausgeblendet wird.[12] Die Berücksichtigung der literarischen Form ist jedoch notwendig, da erst die Auswertung aller textuellen Zeichen es erlaubt, die intra-textuelle Dynamik, die den Status einer koranischen Aussage entscheidend mitbestimmt, wahrzunehmen. Diese Dynamik drückt sich in besonderen Textstrategien aus, von denen eine, „die späteren, medinischen Zusätze“, am Ende dieses Beitrags am Beispiel von Sure 20, „*Tāhā*“ vorgestellt werden soll.

Wenn also der *mushaf* bereits eine erste Phase der Exegese spiegelt, nämlich den bereits vollzogenen Übergang von einer noch offenen Verkündigung zu einem geschlossenen Text, so sind hiermit alle Fragen hinsichtlich des Redekontexts des Propheten bereits blockiert; Argumentationsbasis ist nicht mehr die im Fluss befindliche gemeindliche Debatte, sondern der nun still gestellte, aus seinem Debattenkontext gerissene Text. Diese Phase ist aber nicht diejenige, in der sich die Neulektüre der „*interpreted Bible*“ vollzieht. Die Verkündigung, das heißt auch die Relektüre der „*interpreted Bible*“, muss vielmehr als Prozess[13] in Betracht gezogen werden, wenn man

[12] Siehe dazu Neuwirth (in Vorbereitung [a]).
[13] Siehe dazu grundsätzlich Sinai (2009b).

sich den offenen Fragen nach der so auffallend verschiedenen koranischen Rezeption bestimmter biblischer Inhalte stellen will. Die Untersuchung erfordert also eine diachrone Lektüre, die nicht den *mushaf*, sondern eine chronologische Reihenfolge der Suren zugrundelegt. Durch den Verzicht auf diese Lektüre entgehen dem Forscher wichtige innerkoranische Errungenschaften, etwa jene ganz neuen – religionsgesetzlich, halakhisch, höchst relevanten – Veränderungen der Perspektive, die sich mit dem Eintreten der Gemeinde in einen neuen Diskursraum, den sie mit gelehrten medinischen Juden teilen, ergeben. Man übersieht dann ein wichtiges Charakteristikum der „*interpreted Bible*", nämlich ihre besondere Bedingtheit: Wenn auch gewiss der sich in Mekka herausbildende Koran eine Auseinandersetzung mit der „*interpreted Bible*" spiegelt, so steht dem doch die ganz andere Bibellektüre in Medina gegenüber. Denn die Autorität der volkstümlichen „*interpreted Bible*" konnte nur solange Bestand haben, wie die kanonische Bibel unbekannt und unzugänglich war. Entsprechend heftig war die Erschütterung, als die Gemeinde der kanonischen Bibel in den Händen ihrer medinischen Gesprächspartner begegnete. Diese Entdeckung machte eine neue Konstruktion von Prophetologie erforderlich.

Dabei fällt erstmals jene gesetzespezifische Relevanz an bestimmten Prophetengeschichten ins Auge, der Holger Zellentin seine Monographie „The Qur'an's Legal Culture" gewidmet hat, die neues Licht auf die medinische Entwicklung wirft. Es ist das durch die Konfrontation mit den biblisch gebildeten Juden (oder Judenchristen?[14]) frei gesetzte epistemische Potential, das die koranische Gemeinde in Medina

[14] Letztere Deutung wird von Zellentin nahegelegt. Die Präsenz von Judenchristen im Umkreis der koranischen Verkündigung ist umstritten. Das Problem muss hier ausgeblendet bleiben.

schließlich befähigt, ihre eigene Identität unter den Erben der Bibel zu definieren. Die Wahrnehmung von den biblischen Texten immanenten theologischen Problemen und damit identitätsrelevanten Kontroverspunkten, erwacht erst in Medina, in der Auseinandersetzung zwischen den „zwei Bibeln", der homiletischen „*interpreted Bible*" und der von den Juden vertretenen überlieferten Bibel. Die „*interpreted Bible*" ist noch nicht Streitobjekt zwischen Diskussionspartnern, weil sie kein konfessionelles Konfliktpotential in sich birgt, das sich ja erst aus dem gelehrten Umgang von Gruppen mit „ihrer Bibel" ergibt. Der Übergang von der einen Bibelrezeption zur anderen soll an einem Beispiel im zweiten Teil dieses Beitrags aufgezeigt werden[15].

3. Exegese der „interpreted Bible" im Koran

Im Koran ist die Relektüre der Bibel also doppelgestaltig. Zur Veranschaulichung der in Mekka vollzogenen innerkoranischen Auslegung von vorher als „*interpreted Bible*" im Umlauf befindlichen Prophetenerzählungen, zur Demonstration der sich als eigentliches Telos der Exegese der „*interpreted Bible*" herausbildenden Prophetologie, seien zwei Textbeispiele angeführt. Das erste betrifft die Berufungsgeschichte Moses, die in Sure 20 erzählt wird:

20:24 Geh hin zu Pharao! Er ist aufsässig."
25 Er sprach: „Mein Herr, dann weite mir die Brust,
26 mach mir die Sache leicht,
27 und löse mir den Knoten von der Zunge,
28 damit sie mich verstehen!

[15] Siehe Neuwirth (in Vorbereitung [b]) zu Sure 20 und Neuwirth (2014b).

29 Gib mir einen Helfer von den Meinen,
30 Aaron, meinen Bruder!
31 Stärke meine Kraft durch ihn,
32 und lass ihn teilnehmen an meinem Tun.

Auf den ersten Blick ist der Hergang der aus Ex 4,10–17 bekannte. Doch erweist sich bei genauerem Hinsehen das Ereignis als typologisch ausgelegt, nämlich in einen engen Zusammenhang mit der Berufung Muhammads gestellt: Q 94[16], eine der frühesten Suren überhaupt, kleidet Muhammads Berufung zum Prophetentum in ein ganz ähnliches Bild:

94:1 Haben wir dir nicht die Brust geweitet
2 und die Bürde von dir genommen,
3 die dir im Nacken lastete,
4 und dein Gedenken erhöht?
5 Denn mit dem Schweren ist auch Leichtes,
6 mit dem Schweren ist auch Leichtes.
7 Wenn du nun frei bist, mühe dich
8 und strebe deinem Herrn zu!

Dass das Mose-Gebet in der mittelmekkanischen Sure Q 20 auf Q 94 zurückverweist, wird schon durch seine Struktur nahegelegt: die kurzen Verse fallen in Q 20 aus der Reihe, sie evozieren stilistisch frühmekkanische Texte. Vor allem aber wird in beiden Fällen die Freiheit zur Verkündigung der prophetischen Botschaft durch den Akt des göttliches „Weitens der Brust" eröffnet, der eine „Erleichterung" herbeiführt – ein Bild das später stereotyp für die spirituelle Öffnung eines Menschen zum Glauben hin[17] eintritt. Damit wird die Mose-Geschichte als „Typus" der Muhammad-Berufung erkenn-

[16] Siehe den Kommentar zur Sure in Neuwirth (2011), 642–685.

[17] Es kommt nur noch zweimal als Referenz auf 94 in Q 6:125 und Q 39:22 vor, negativ gewandt auch in Q 16:106.

bar – eine typologische Beziehung, die weit über die Konstatierung ihrer gleichen Botschaft hinausgeht.

Auch Moses Dornbusch-Erfahrung (Ex 3,2, koranisch dargestellt in Q 20:9–15), wird von Muhammad nacherlebt. Sie reflektiert sich deutlich in seiner Vision in Q 53[18]: jeweils verbindet sich eine Gottesbegegnung mit einem unerklärlichen Naturphänomen, bei Mose dem Feuer (des nicht verbrennenden Busches), bei Muhammad der rätselhaften „Bedeckung" des Lotosbaums:

20:9 Kam zu dir die Kunde von Mose?
10 Als er ein Feuer sah und zu den Seinen sprach: „Bleibt hier!
Ich gewahrte ein Feuer;
vielleicht dass ich euch einen brennenden Scheit bringe
oder durch das Feuer den rechten Weg finde."
11 Als er dort ankam, wurde er gerufen: „Mose!
12 Ich bin dein Herr! Zieh deine Schuhe aus,
du bist im heiligen Tale Tuwa.
13 Ich habe dich erwählt, so höre auf das, was dir eingegeben wird!"
14 Ich bin Gott! Kein Gott ist außer mir!
So diene mir und verrichte das Gebet mir zum Gedenken!

Die Mose-Berufung erscheint hier als Präfiguration einer maßgeblichen Muhammad-Erfahrung, nämlich seiner Vision; durch die Mose-Vita vorgegeben dringt das Motiv des rätselhaften Naturphänomens als Zeichen der Präsenz Gottes auch in die Muhammad-Vita ein.

53:13 Er sah ihn noch ein anderes Mal
14 beim Sisyphusbaum an der Grenze,
15 wo sich der Garten der Zuflucht erstreckt.
16 Da bedeckte den Sisyphusbaum was ihn bedeckte.
17 Es schwankte nicht noch irrte ab sein Blick.
18 Von den Zeichen seines Herrn sah er das größte.

[18] Siehe den Kommentar zu Q 53 in Neuwirth (2011), 642–685.

Dass die Mose-Geschichte selbst erst in mittelmekkanischer Zeit erzählt wird, die Muhammad-Berufung aber schon frühmekkanisch ist, spielt dabei keine Rolle, der Ausgangstext ist in beiden Fällen ein Teil der „*interpreted Bible*", die bereits für die früheste Wirkungszeit des Propheten die hermeneutischen Kategorien liefert. – „Exegese in Gestalt des Koran" ist also vor allem eine Einbettung zeitgenössischer Prophetenerfahrung in den typologisch vorgegebenen Rahmen von biblischer Erfahrung – eine der christlichen typologischen Auslegung des Alten Testaments nicht unähnliche Praxis. Muhammad wird zum Antitypus früherer Propheten, insbesondere des Mose.[19]

4. Die Bibel der *Ahl al-Kitab*, der „*Leute der Schrift*", und der Koran

Blicken wir auf die medinischen Suren, so tritt das Wissen um die schriftlich kodifizierte Bibel als neue Autorität in den Raum. Gelehrte Gesprächspartner aus der lokalen jüdischen Gemeinde, die mit entscheidenden Teilen der kanonischen Bibel vertraut sind, stellen – so die plausibelste Hypothese – die vorher noch nicht interessierenden theologischen Implikationen der Bibeltexte klar. Im nachherein werden koranisch längst rezipierte biblische Traditionen als religionspolitisch brisant erkannt, die Gemeinde tritt ein in ein sektiererisches Milieu, in dem biblische Vergangenheit unerwartet zu einem Streitpunkt der Gegenwart wird. Diese neue Entwicklung ist Ausdruck der Erfahrung mit einer nun ganz neuen Textgrundlage: sie vollzieht sich im Gespräch nicht mehr mit der weitgehend haggadisch kodierten „*interpreted Bible*", deren

---

[19] Siehe dazu Neuwirth (2010), 653–671.

Geschichten oft zeitlich und örtlich indeterminiert, gewissermaßen „entzeitlicht“ und „entörtlicht“ waren[20], sondern mit der historisch und halakhisch relevanten kanonischen Bibel, das heißt im Denkraum der von rabbinisch gelehrten Gesprächspartnern betriebenen jüdischen Bibellektüre. Dabei tritt als ein besonderes Medium der Vermittlung die jüdische Liturgie hervor.

5. Die medinischen Juden im Bild der Israeliten: Neulektüre einer Mose-Erzählung und die Entdeckung des Gotteszorns

Ein Beispiel liefert die Geschichte vom Goldenen Kalb (Ex 32,15–35), die in der schon anzitierten mittelmekkanischen Sure 20, „*Ṭāhā*“, zunächst mit erbaulichem Tenor, sogar mit dem Akzent auf der Entschuldbarkeit des kapitalen Vergehens der Idolatrie, erzählt wird, in Medina aber eine Fortschreibung erfährt. Sie erhält dort eine neue interpretierende Pointe, die sich nicht mehr aus dem Vorbild der „*interpreted Bible*“ erklären lässt, sondern den Tenor und sogar Teile des Wortlauts jener theologischen Auslegung reflektiert, die die Geschichte vom Goldenen Kalb im Judentum erhalten hatte, wo das Ereignis als der gravierendste kollektive Frevel begriffen wird; im Talmud heißt es: „Kein Unglück hat jemals Israel getroffen, das nicht mit der Sünde des Kalbes zu tun hätte.[21]

[20] Man denke etwa an die mythische Erzählung der Jesusgeburt in der mekkanischen Sure Q 19, der mit der medinischen Sure Q 3 eine realistisch erzählte Version entgegengestellt wird.

[21] *Babylonischer Talmud Sanhedrin* 102a. Siehe dazu ausführlich: Neuwirth (2004), 71–93. Zu den Juden von Medinah siehe Lecker (1995), vgl. auch auch die ältere Studie von Wensinck (1975).

Die Geschichte des Mose als Gottgesandter und Führer seines Volkes war, bevor die – fast ganz der Vita Moses gewidmete – Sure 20 verkündet wurde, bereits mehrmals in mekkanischen Suren erzählt worden.[22] Nirgends hatte dabei die Episode vom Goldenen Kalb eine herausragende Rolle gespielt. Dieses Ereignis wird überhaupt nur in zwei koranischen Texten narrativ entfaltet, außer in der mittelmekkanischen Sure 20 noch in den spätmekkanischen Versen Q 7:142–156[23]. Es wird aber in Medina als selbstverständlich bekannt vorausgesetzt und als wichtiges Argument für ein besonderes Gesetzesverständnis instrumentalisiert[24]. Das während der mekkanischen Zeit verhältnismäßig geringe Interesse an der Geschichte mag mit der Gewichtung der hier berichteten Übertretung zusammenhängen, die nach christlicher Vorstellung als weit weniger gravierend gilt als die Übertretung des ersten Menschenpaares, das die Sünde in die Welt gebracht hat – ein Ereignis, das im Judentum wiederum leichter genommen wird. Diese Gewichtung änderte sich offenbar in medinischer Zeit, wo die Idolatrie-Episode aus den beiden mekkanischen narrativen Texten in Q 20 und Q 7 durch nachträgliche Einfügungen mit einer theologischen und zugleich religionspolitischen Spitze versehen wird.

Wenden wir uns zunächst der mekkanischen Geschichte zu: In Sure 20 nimmt die Episode den letzten Teil (Verse 87–99) einer ausführlich erzählten Mose-Vita ein, die, von einem Einleitungspassus abgesehen (Verse 1–9) die gesamte

---

[22] Sie wird erzählt in Q 79:15–26 (frühmekkanisch), Q 37:114–122; 20:10–99; 26:10–67 (mittelmekkanisch, Q 40:21–55; 28:1–46; 10:75–93, und 7:103–156 (spätmekkanisch), und Q 2:54 ff. (medinisch). Mit Ausnahme von Q 7:103–156 und 2:54 ff. werden alle Versionen der Geschichte diskutiert in Neuwirth (2002), 322–344.

[23] Siehe dazu Neuwirth (2014a).

[24] Siehe Q 2:51, 2:54, 2:92, 2:93, 4:153.

Sure ausfüllt (Verse 10–99). Die Erzählung geht besonders empathisch mit der Mose-Figur um, sie betont seine enge Verbindung zu Gott, ohne – wie das in späteren Texten geschieht – ihm kritisch seine mehrmaligen Fehltritte vorzuhalten. Auch der Bericht über die Idolatrie des Volkes[25] kann das positive Bild nicht trüben. Er beschränkt sich auf grobe Fakten: Gott selbst lässt Mose wissen, dass sein Volk auf die Probe gestellt, aber durch Verführung in die Irre geleitet worden sei (Verse 83–85, vgl. Ex 32,7); zu seinem Volk zurückgekehrt, wird Mose Zeuge des Götzendienstes. Die Schuld für diese schwere Sünde wird jedoch nicht der Gemeinde zur Last gelegt – Aaron als Moses Vertreter wird sogleich entlastet – sondern der biblisch unbekannten Figur des *Sāmirī*,[26] der sich offenbar als Fremder unter die Israeliten gemischt hatte. Die Tendenz, die Ungeheuerlichkeit der Übertretung durch die Belastung eines ‚fremden' Akteurs herunterzuspielen, erinnert an midraschische Nacherzählungen der Geschichte[27]; sie fand sich also schon in der „*interpreted Bible*". Der nur durch sein *Gentilicium al-Sāmirī*,[28], „der Samaritaner", ausgewiesene Lückenbüßer wird angeklagt, das Volk – gegen den Willen Aarons – zur Anfertigung des Idols verleitet zu haben. Er wird verflucht und verstoßen, so dass die Geschichte mit Versöhnung statt göttlicher Strafe enden kann; sie schließt mit einer Preisung der Einheit Gottes (Vers 98). Die Geschichte innerhalb der fast ganz dem Mose-Zyklus gewidmeten Sure 20 kann somit noch als ganz haggadisch, als Teil einer exemplarischen Mose-Vita gelten.

---

[25] Für exegetische Erklärungen einiger problematischer Details siehe Hawting (2001), 272–276.

[26] Horowitz (1926), 114–116.

[27] Speyer (1931, Reprint 1988), 327–332.

[28] Zur Erklärung siehe Speyer (1988), 329f., und Horovitz (1926), 14–16.

Auffallender Weise war die Sure in ihrer ursprünglichen Form gar nicht auf das bedeutende Ereignis der Tafel-Übergabe, das Gründungsereignis der israelitischen Erwählung, eingegangen, zu dem das Vergehen der Idolatrie den eigentlichen Kontrapunkt bildet. Es fehlte damit gerade das, was aus jüdischer Perspektive – in Daniel Boyarins Worten – als einer der „zwei Höhepunkte der *Heilsgeschichte*"[29] gilt. Auch der andere Höhepunkt, die wunderbare Durchquerung des Schilfmeers, wurde nur kurz resümiert (Verse 77–79). Diejenigen Begebenheiten, die in der rabbinischen Tradition Auslöser bedeutender Diskussionen sind, sind in der koranischen Darstellung der Sure vor ihrer Erweiterung, in ihrer mekkanischen Form, also entweder marginalisiert oder ganz ausgelassen.

Umso überraschender, dass mit den Versen 80–82 theologische Überlegungen in die Geschichte einfließen, die mit dem versöhnlichen Tenor der Erzählung vom Goldenen Kalb nicht mehr harmonieren. Sie sind in eine direkte Anrede gekleidet, die als Unterbrechung der Erzählung leicht als medinischer Zusatz[30] erkennbar ist. Sie ermahnt die Israeliten, *banū Isrāʾīl* – jetzt nicht mehr in empathischem, sondern in ernstem, dann drohendem Ton –, sich vor Gottes Zorn zu hüten. Der Zusatz (durch Kursivschrift hervorgehoben) ist zwischen dem sehr kurzen Resumée der Exodus-Geschichte (Q 20:77–79) und der Geschichte vom Goldenen Kalb (Q 20:83–99) eingefügt: Q 20:77–83 lautet:

---

[29] Boyarin (1990), 532–550, insb. 534.

[30] Siehe zu den medinischen Zusätzen Nagel (1995). Seine Untersuchung beschränkt sich auf die Dokumentation und Interpretation der von der Tradition gebotenen Nachrichten, die aber nur einen Bruchteil der faktischen Zusätze abdecken, die von kritischen Forschern identifiziert worden sind. So werden die für Sure 20 festgestellten Zusätze in seiner Liste von traditionell nach Medina verwiesenen Teilen mekkanischer Suren nicht aufgeführt.

20:77 Wir gaben Mose ein: Zieh des Nachts aus mit meinen Dienern, bahne ihnen einen trockenen Weg durch das Meer, fürchte keinen Überfall, und sei nicht angstvoll.
78 Da folgte ihnen Pharao mit seinen Heerscharen, aber sie wurden von der See überwältigt.
79 Pharao hatte sein Volk in die Irre geführt und es nicht rechtgeleitet.
80 *„Söhne Israels! Wir haben euch vor eurem Feind errettet und ein Treffen mit euch abgemacht auf der rechten Seite des Berges. Wir haben Manna und Wachteln auf euch herabgeschickt.*
81a *Esst von den guten Dingen, mit denen wir euch versorgt haben und übertreibt darin nicht,*
81b *damit nicht mein Zorn über euch komme.*
81c *Denn der, über den mein Zorn kommt, ist verloren,*
82 *Ich bin verzeihend gegenüber dem, der umkehrt und glaubt und gute Werke tut und dann dem rechten Weg folgt."*
83 Mose, was hat dich bewogen, dich so rasch von deinem Volk zu entfernen? (es folgt die Episode des goldenen Kalbes).

In den Zusatzversen 80–82 wird also das in der Sure noch nicht berichtete – für die jüdische Tradition so zentrale – Ereignis des Bundesschlusses nachgetragen und zusammen mit der wunderbaren Ernährung durch Manna und Wachteln zur Grundlage einer Ermahnung gemacht. Die Verse verlagern die Rede aus dem Bericht in eine direkte Anrede, die ein weiteres Argument für den Zusatzcharakter liefert. Denn die Formel *yā banī Isrāʾīl*, „Söhne Israels!", ist keineswegs einfach Anrede der historischen Israeliten durch Mose – eine solche kommt in der Geschichte nirgends sonst vor – sie ist vielmehr, analog zu den zeitgenössischen medinischen Versen Q 2:40, 47 und 122, Teil der Predigt des Verkünders selbst[31]

[31] Während von den *Banū Isrāʾīl* in mekkanischen Suren mehrfach die Rede ist, werden sie nur in Medina in Q 2:40.47.122 und Q 61:6 direkt angesprochen. Dies geschieht in keinem Fall durch Mose; der Übermittler der Rede an sie ist in Q 2:40, 47 und 122 offenbar der Verkünder

und somit an Zeitgenossen, Hörer unter den medinischen Juden, gerichtet. Unwahrscheinlich wird der Bezug zu den historischen Israeliten aber vor allem durch den Inhalt der Anrede. Denn die Mahnung, „es nicht zu weit zu treiben", die die unmittelbar vorausgehende Aufforderung fortführt, „von den guten Dingen", d.h. den rituell reinen Speisen, zu essen, kann am ehesten auf eine Übertreibung in der rituellen Befolgung der Speisegesetze zielen. Eine solche Übertreibung, die zur Segregation ihrer Befolger aus der größeren Gemeinschaft und damit zu gesellschaftlicher Polarisierung führen würde, wäre bei den historischen Israeliten irrelevant, sie wird erst im Kontext des Zusammenlebens verschiedener religiöser Gruppen, eben in Medina, problematisch. Schon der Inhalt der Anrede an die Israeliten macht daher die Annahme, dass wie in Sure 2 zeitgenössische jüdische Hörer angesprochen sind, sehr wahrscheinlich.

Vor allem spricht dafür aber ein theologisches Argument: die Thematisierung des göttlichen Zorns. Obwohl der Zusatz auch Episoden nachträgt, die in der ursprünglichen Erzählung ausgelassen worden waren und daher einen Nachtrag nötig machten – Gottes Bund am Sinai und seine Versorgung der Israeliten mit himmlischer Nahrung[32] –, bezieht sich der ermahnende Kommentar doch nicht nur auf die Warnung vor Übertreibung, sondern präludiert auch bereits dem – anschließend berichteten – Götzendienst. Denn er kulminiert

---

selbst, da die Angeredeten ermahnt werden, die koranische Botschaft anzuerkennen. Das heißt, daß in diesen Kontexten nicht die historischen Israeliten, sondern die medinischen Juden angesprochen sind. Eine Ausnahme bildet der spätmedinische Vers Q 61:6, wo die Anrede in der historischen Vergangenheit erfolgt. Hier ist Jesus der Sprecher, er kündigt das Kommen des Verkünders an.

[32] Für die Form der koranischen Kurzfassung kommen am ehesten Referenzen wie die Mekhilta de Rabbi Ishmael und Sifre Devarim in Betracht (freundliche Mitteilung von Dirk Hartwig).

in einer – direkt mit dem Schuld-Sühne-Diskurs um die Anbetung des Goldenen Kalbes verbundenen – Androhung göttlichen Zorns, der nur durch Reue, Glauben und gute Taten abgewendet werden kann, ein Gedanke, der bis dahin in mekkanischen Texten noch nirgends angesprochen worden war.[33]

6. Ein zentraler Schriftvers, seine jüdische und seine koranische Lektüre

Die Einführung des Gedankens vom Gottes Zorn im Kontext der anschließenden Geschichte vom Goldenen Kalb ist nicht zufällig. Bei genauerem Hinsehen erweisen sich die Verse 82b–83 als Anspielung auf einen besonders gewichtigen Schriftvers, den *locus classicus* für die Idee von Schuld und Sühne in der jüdischen Tradition überhaupt, der biblisch nicht direkt zur Geschichte gehört: Ex 34,6 f. Denn Gottes Bild als sowohl zorngeneigt als auch vergebend hat seine ausdrucksvollste Form in der dortigen göttlichen Selbstbeschreibung gefunden, die Mose offenbart wird, als er – nach dem Ereignis des Goldenen Kalbes – die neuen Tafeln übergeben bekommt. Sie enthält die in der jüdischen Tradition sogenannten „Dreizehn Attribute", *shelosh ʿesre ha-middot*, die sämtlich mit Zorn (*middat ha-din*) und Gnade (*middat ha-rahamim*) verbunden sind, die in der jüdischen Liturgie eine prominente Stellung einnehmen. Der Vers lautet:

[33] Das Wort begegnet in Mekka außer in Q 20:81b,c nur noch in derselben Sure, 20:86, wo die gleiche Formulierung *(fā/an) yahilla ʿalaykum ghadhab(ī/un min rabbikum),* „sodass auf euch Zorn von eurem Herrn herabkomme", gebraucht wird. Dieser Satz unterbricht aber den sonst exklusiv Fakten-berichtenden Fortgang, er dürfte später eingefügt sein, um den neuen Gedanken des Gotteszornes zu unterstreichen.

Der Herr zog an ihm vorüber und rief: Der Herr, der Herr, ein gnädiger und barmherziger Gott, langmütig und reich an Gnade und Treue, der Gnade bewahrt an den Tausenden, Schuld, Frevel und Sünde vergibt, aber auch nicht ungestraft lässt, sondern die Schuld heimsucht an den Söhnen und Enkeln, bis in das dritte und vierte Geschlecht.

Der wichtige Vers Ex 34,6 f. ist für die Yom-Kippur-Liturgie zentral. Denn der Rückfall in die Idolatrie als der Sündenfall der Israeliten schlechthin, als *locus classicus* für das Aufsichladen schwerster Schuld[34] ist die eigentliche Festätiologie der im Yom Kippur kulminierenden Bußzeit: nach jüdischer Überlieferung, die sich auf die biblische Chronologie stützt, überbrachte Mose dem reuigen Volke nach der Verirrung des Goldenen Kalbes am 10. Tischri die neuen göttlichen Bundestafeln und verkündete ihm, dass der Tag für alle Zukunft als Sühnetag bestimmt sei. Der in der Liturgie viele Male rezitierte Exodus-Vers 34,6 f.[35] dürfte auch als Teil des Bildungsgutes der Juden von Medina vorausgesetzt werden können, von deren Einhaltung des Yom Kippur, wir aus außerkoranischen Quellen erfahren.[36]

Die traditionelle Prophetenvita berichtet von der ersten Begegnung der Gemeinde mit den neuen jüdischen Nachbarn bereits im Kontext der Emigration des Propheten, der Hijra, selbst[37]: Die Auswanderer erreichen Yathrib – wie die später in al-Madina umbenannte Stadt der zweiten Wirkungs-

---

[34] Siehe dazu das oben schon zitierte Diktum aus *Babylonischer Talmud Sanhedrin* 102a.

[35] Dies geschieht in der schließlich zur Geltung gelangten Form der Liturgie nicht weniger als dreizehnmal, siehe Steinsaltz (2000), 195–203, siehe auch Zobel (1936), 55–93.

[36] Goitein (1966), 90–110.

[37] Muhammad ibn Ismaʿīl al-Bukhārī: *Sahīh. Kitāb al-Sawm* 69. Hg. von Ludolf Krehl. Bd. 1. Leiden 1864, 498, siehe dazu Friedman (2003), 16.

phase des Propheten zunächst noch heißt – und beobachten dort die ihnen bis dahin unbekannten von den Juden zelebrierten Buß-Riten des Versöhnungstages, Yom Kippur, arabisch *ʿĀshūrāʾ*. Auf die Frage nach dem Festinhalt erhalten sie die Auskunft, es werde damit der Errettung der Israeliten vor ihren Feinden gedacht, der zu Ehren schon Mose gefastet habe. Muhammad soll mit den Worten: „Darauf haben wir sogar mehr Recht“ reagiert haben. Der Fasttag *ʿĀshūrāʾ* wurde daraufhin für die Neuankömmlinge verbindlich gemacht, Q 2:183: „Ihr Gläubigen, euch ist das Fasten vorgeschrieben, wie es denen vor euch vorgeschrieben war.“ Dass dieser gemeinsame Feiertag nach Bestehen der ersten großen Bewährungsprobe der Auswanderergemeinde bei der Schlacht von Badr, im Jahr 2 der Hijra durch ein neues, eigenes, Fest, das Ramadanfasten, ersetzt wurde, zeigt die Schnelligkeit an, mit der man sich von den anfangs maßgeblich erachteten Vorbildern der Juden zu distanzieren vermochte. Doch hat gerade das Ramadanfasten entscheidende Charakteristika des Yom Kippur bewahrt: die Vorstellung von der einzigartigen Nähe Gottes, der die Gebete erhört, Q 2:186 „wenn dich meine Diener nach mir fragen, so bin ich nahe, ich antworte auf den Ruf des Rufers, wenn er mich ruft“, erinnert deutlich an Jes 55,6 „suchet den Herrn, da er sich finden lässt, ruft ihn an, da er nahe ist“, ein Text, der häufig reflektiert wird in der stereotypen Gottesanrufung in den Yom-Kippur-Litaneien, den *selihot*[38]*: `anenu*, „antworte uns!“. Es ist also wenig erstaunlich, dass sich die Yom-Kippur-Liturgie auch in der medinischen Überarbeitung der mekkanischen Geschichte von der Idolatrie des Goldenen Kalbes, Ex 32,15–35, reflektiert, die in Medina durch die Verknüpfung mit dem gewichtigen Vers Ex 34,6 f., über die sog. dreizehn Attribute Gottes, eine politische

[38] Goitein (2006).

Spitze erhält, indem sie in eine drohende Ermahnung an die Juden einmündet. Der Koran folgt damit also einer bereits in der Yom-Kippur-Liturgie hergestellten Verknüpfung biblischer Verse.

Man möchte annehmen, dass die beiden letzten Verse des medinischen Zusatzes (Q 20:81–82) ein Echo dieses für den Zorn-Diskurs so zentralen Bibeltextes sind, das jedoch nicht ohne Umdeutung auskommt. Zwar sind auch in der koranischen Version die Begriffe der Vergebung (*ghafūr*, „vergebend", Vers 82) und des Zorns (*ghadab*, „Zorn", Vers 81b und c) zentral. Doch wird die biblische Androhung einer göttlichen Vergeltung über Generationen hinweg zu einer nur den Delinquenten selbst treffenden Strafe abgemildert – eine ‚theologische Korrektur', die dem in der Gemeinde bereits Konsens gewordenen Gottesbild entspricht: Gott ist frei von Affekten, auch sein Zorn setzt seine vorher ausgegebenen Devisen nicht außer Kraft. Übertretungen seiner Gebote werden entweder – bei Bußfertigkeit – umgehend gesühnt, oder die Übeltäter fallen der jenseitigen Verdammnis anheim. Trotz dieser Milderung bleibt die Drohung in den Zusatzversen beherrschend: dem Zorn Gottes kann nur durch Reue und Umkehr (*man tāba*, „wer umkehrt", Vers 82) begegnet werden.[39]

[39] Diese Deutung des Textes im Sinne eines in die Mose-Geschichte nachträglich eingeführten Zorn-Diskurses wird durch den – wieder medinisch nachgetragenen – Rekurs auf die Dreizehn Attribute in der später noch einmal erzählten Geschichte vom Goldenen Kalb in der spätmekkanischen Sure 7 (Vers 142–156) erhärtet, siehe dazu Neuwirth (2014b).

7. Spuren einer neuen Prophetologie

Man könnte bei der exegetischen Überarbeitung von Sure 20 von einer ‚Politisierung' der ursprünglich religionspolitisch neutralen Sure sprechen, die Verkündigung bezieht nun jüdische Hörer ein. Dabei zeichnet sich ein neuer Stand der Prophetologie ab: Es ist unverkennbar, dass in Q 20:80–82 an Moses Statt der Prophet Muhammad ermächtigt wird, zu den „Israeliten" zu sprechen; beider Autorität verschmilzt in diesem Text zu einer. Die israelitische Heilsgeschichte wird entlang den Ereignissen um die neue Gemeinde fortgeschrieben. Dabei wird in Medina ein neues Bild entworfen, das Mose zusammen mit Muhammad in einer nicht mehr aufzulösenden Verbindung zeigt. Die Autorität der realen Bibel, reflektiert in der jüdischen Liturgie, hat der Mosegeschichte eine neue Stoßrichtung gegeben, in der nun der göttliche Zorn eine entscheidende Rolle spielt. Dieser neu entdeckte Zorn wird mit einem ritualrechtlichen Problem verbunden.

Dass die neue Lektüre der Geschichte vom Goldenen Kalb halakhische Implikationen erhalten hat, verdankt sich offenbar einer zwischen den verschiedenen Interpretationsgemeinschaften ausgetragenen Kontroverse. Was steht sachlich mit der Evokation der Speisegesetze zur Debatte? Für die Deutung des Verses war man bisher auf Spekulationen angewiesen. Holger Zellentin hat nun den Schlüssel zu einer überzeugenden Deutung geliefert. Er macht in seiner neuen Monographie „The Qur'an's Legal Culture" darauf aufmerksam, dass das in der frühchristlichen Gemeindeordnung der *Didascalia Apostolorum* und verwandten Schriften aus judenchristlichen Kreisen[40] reflektierte Gesetzesverständnis enge

[40] Zellentins detaillierte Darstellung der Beziehung zwischen einzelnen koranischen Gesetzen und solchen nicht nur der *Didascalia*, sondern

Gemeinsamkeiten zu dem des Koran aufweist. Obwohl angesichts von daneben bestehenden Diskrepanzen nicht von direkter Abhängigkeit gesprochen werden kann, zeichnet sich doch die Zugehörigkeit beider Texte zu einem „gemeinsamen Rechtsdiskurs“ ab. So wird in beiden Textcorpora eine qualitative Unterscheidung zwischen denjenigen Gesetzen getroffen, die vor und denen, die nach dem Vorfall des Goldenen Kalbes ergangen sind[41]. Während die ersteren für die monotheistischen Gläubigen allgemein verbindlich sind, sind die letzteren als Strafe für die Israeliten zu verstehen, sie konnten daher von dem zu den Israeliten gesandten Jesus für die ihm folgenden Gläubigen außer Kraft gesetzt werden. Zentral unter diesen strafweise auferlegten Gesetzen sind solche, die die rituell reinen Speisen, *al-Tayyibāt*, betreffen. In diesen Kontext gestellt scheint in der – im Zusatz zu Sure 20 erwähnten – Aufforderung Q 20:81a: „*Esst von den guten Dingen, mit denen wir euch versorgt haben und übertreibt darin nicht*“, die Unterscheidung zwischen den beiden Gesetzeskomplexen mitzuschwingen. „Übertreibung“ in der Respektierung der Speiseriten wäre dann im Sinne eines Festhaltens auch an den strafweise erlassenen Zusatzgesetzen zu verstehen. Die zum Glauben bereiten Juden, diejenigen, die die Entsendung Jesu zu ihnen gläubig annehmen, sind aber von diesen Gesetzen frei, sie unterliegen denselben erleichterten Speisevorschriften wie die Christen und die neue Gemeinde selbst. An diese Juden dürfte die Anrede *yā banī Isrā'īl* gerichtet sein. Zwar lässt sich der Zusatz zu Q 20 nicht

auch der *Pseudo-Clementinischen Homilien* kann in unserem Zusammenhang nicht angemessen diskutiert werden. Da er den Koran als Kontinuum liest und die im Umfeld der medinischen Juden entwickelten neuen Perspektiven ausblendet, steht eine Diskussion seiner Koran-Thesen unter entwicklungsgeschichtlichem Aspekt noch aus.

[41] Zellentin (2013), 157–174.

sicher datieren, doch scheint er am ehesten als ein Halakha-erleichterndes Angebot an die zum Glauben an Jesu Mission bereiten Juden, die damit auch der neuen Gemeinde näherkommen würden, zu interpretieren zu sein.

Folgen wir dieser Hypothese, so geht es der medinischen Gemeinde gegenüber den Juden darum, an diese inzwischen entdeckte Grenze zwischen den beiden Gesetzeskomplexen zu erinnern. Moses Status als Überbringer des Gesetzes wird durch die Entwertung der nach der Idolatrie gegebenen Vorschriften in seiner Autorität relativiert. Die erleichterte Form der Halakha, die sich die Gemeinde in Medina zueigen gemacht hatte, erforderte deshalb eine „Aktualisierung" der mekkanischen, nach der *„interpreted Bible"* erzählten Geschichte. Nun stellt sich der Prophet nicht mehr als bloßer Empfänger göttlicher Botschaften, sondern als ein Verfechter der bereits von Jesus vertretenen Gesetzeserleichterung dar. Sein „Eingriff" in die Mission des Moses ist zwar konsequente Fortführung der in Mekka bereits üblichen exegetischen Überlagerung von narrativen Plots aus der *„interpreted bible"* mit Muhammad-Referenzen. Dennoch bietet der medinische Zusatz eine religionspolitisch und damit identitätspolitisch relevante Neulektüre der Bibel, und zwar nicht mehr nur der *„interpreted homiletic bible"*, sondern der hebräischen Bibel selbst, die in der jüdischen Gemeinde Medinas ganz offenbar im Fokus einer differenzierten – nicht nur haggadischen, sondern auch halakhischen – Debatte stand. Muhammad wird damit aus einem Gesandten Gottes zum Legislator, der das Werk des Mose aktualisiert und sogar „korrigiert".

8. Schlussfolgerungen

Blickt man auf die verschiedenen Bibelrezeptionen im Koran zurück, so wird deutlich, dass weder die Vorstellung von einer sublimen, transzendent verorteten „Schrift", wie sie am Anfang der Verkündigung im Mittelpunkt stand, noch die von der koranischen Gemeinde in Mekka kontinuierlich ‚revidierte' „*interpreted Bible*"[42] geeignet gewesen wäre, jene Verwandlung in Gang zu setzen, die aus dem frommen mekkanischen „Konventikel" innerhalb weniger Jahre Akteure der Weltgeschichte werden ließ. Diese Entwicklung verdankt sich einer neuen Manifestation der Bibel: der Bibel in den Händen ihrer eigentlichen Erben, der Juden. In Medina werden die biblischen Erzählungen als politisch relevant erkannt. Vorher erbaulich erzählte Geschichten erhalten nachträglich eine religionspolitische Spitze – mithilfe der Besinnung auf rabbinische Traditionen oder liturgische Lektüren, die die volle theologische Dimension der Texte erst erkennbar machen, wie dies bei der Geschichte vom Goldenen Kalb geschah. Am Ende der Verkündigung steht die Sezession der neuen Gemeinde aus dem Ensemble der an Mose bzw. an Jesus orientierten monotheistischen Frommen. Die neue abrahamitische Identität bildet sich heraus in andauernder Reibung an den vorher noch für sich selbst reklamierten, nun aber doch anderen als ihr Erbe überlassenen Traditionen. Es ist die „jüdische, durch rabbinische Debatten diskursiv gewordene Bibel", die diesen Prozess in Gang gesetzt und die Gemeinde zu ihrer großen innerweltlichen Rolle, zu ihrem islamischen *nation building*, befähigt hat.

---

[42] Siehe dazu in Einzelheiten Neuwirth (2014a).

Bibliographie

El-Badawi, Emran: *The Qur'an and the Aramaic Gospel Traditions*. New York/London 2013.

Boyarin, Daniel: „The Eye in the Torah. Ocular Desire in Midrashic Hermeneutics". In: *Critical Inquiry* 16 (1990), 532–550.

Busse, Heribert: „Herrschertypen im Koran". In: Ulrich Haarmann/Peter Bachmann (Hgg.): *Die Islamische Welt zwischen Mittelalter und Neuzeit*. Beirut 1979, 56–80.

Prémare, Alfred-Louis de: *Joseph et Muhammad*. Aix-en-Provence 1989.

Friedman, Yohanan: *Tolerance and Coercion in Islam. Interfaith Relations in the Muslim Tradition*. Cambridge 2003.

Goitein, Shelomo Dov: „Ramadan: The Muslim Month of Fasting, Its Early Development and Religious Meaning". In: Ders.: *Studies in Islamic History and Institutions*. Leiden 1966, 97–99.

Goitein, Shelomo Dov: „Ramadan: The Muslim Month of Fasting". In: Gerald R. Hawting (Hg.): *The Development of Islamic Ritual*. Aldershot 2006, 151–172.

Griffith, Sydney: *The Bible in Arabic*. Princeton NJ 2013.

Halbertal, Moshe: *People of the Book. Canon, Meaning and Authority*. Harvard 1997.

Hawting, Gerald: „Calf of Gold". In: *The Encyclopaedia of Quran* 1 (2001), 272–276.

Horovitz, Josef: *Koranische Untersuchungen*. Berlin/Leipzig 1926.

Kugel, James: *How to Read the Bible*. New York 2008.

Lecker, Michael: *Muslims, Jews, and Pagans*. Leiden 1995.

Muhammad ibn Isma'il al-Bukhari: *Sahih*. Hg. von Ludolf Krehl. Bd. 1. Leiden 1864.

Nagel, Tilman: *Medinensische Einschübe in mekkanischen Suren*. Göttingen 1995.

Neuwirth, Angelika: „Erzählen als Kanonischer Prozess. Die Mose-Erzählung im Wandel der koranischen Geschichte". In: Rainer Brunner/Monika Gronke/Jens Peter Laut/Ulrich Rebstock (Hgg.): *Islamstudien ohne Ende*. Würzburg 2002, 323–344.

Neuwirth, Angelika: „Meccan Texts – Medinan Additions? Politics and the Re-reading of Liturgical Communications“. In: Rüdiger Arnzen / Jörn Thielmann (Hgg.): *Words, Texts, and Concepts Cruising the Mediterranean Sea*. Leuven 2004, 71–93.

Neuwirth, Angelika: *Der Koran als Text der Spätantike*. Berlin 2010.

Neuwirth, Angelika: *Der Koran*. Bd. 1: *Frühmekkanische Suren*. Berlin 2011.

Neuwirth, Angelika: *Koranforschung – eine politische Philologie?* Berlin 2014 (= 2014a).

Neuwirth, Angelika: *Scripture, Poetry and the Making of a Community*. Oxford 2014 (= 2014b).

Neuwirth, Angelika: „Von tribaler Genealogie zum Gottesbund“. In: Almut-Barbara Renger / Isabel Toral-Niehoff (Hgg.): *Migration*. Berlin 2014, 201–230 (= 2014c).

Neuwirth, Angelika: „How did prophethood come to prevail over ‚pagan‘, pluralist, forms of mediation?“. In: Angelika Neuwirth / Michael Sells (Hgg.): *Qur'anic Scholarship today* (in Vorbereitung [a]).

Neuwirth, Angelika: *Der Koran*. Bd. 2: *Mittelmekkanische Suren* (in Vorbereitung [b]).

Reynolds, Gabriel: *The Qur'an and Its Biblical Subtext*. Oxford 2010.

Sinai, Nicolai: *Fortschreibung und Auslegung. Studien zur frühen Koraninterpretation*. Wiesbaden 2009 (= 2009a).

Sinai, Nicolai: „The Qur'an as Process“. In: Angelika Neuwirth u. a. (Hgg.): *The Qur'ān in Context*. Leiden 2009, 407–440 (= 2009b).

Speyer, Heinrich: *Die biblischen Erzählungen im Qoran*. Gräfenhainichen 1931 (repr. Hildesheim 1988).

Steinsaltz, Adin: *A Guide to Jewish Prayer*. New York 2000.

Stern, Moshe S.: „Muhammad and Joseph: A Study of Koranic Narrative“. In: *Journal of Near Eastern Studies* 44 (1985), 193–202.

Vajda, Georges: „Isra'iliyat“. In: *The Encyclopaedia of Islam*. Second edition. Brill Online 2014.

Wensinck, Arendt Jan: *Muhammad and the Jews of Medina*. Freiburg 1975.

Zellentin, Holger Michael: *The Qur'an's Legal Culture*. Tübingen 2013.

Zobel, Moritz: *Das Jahr des Juden in Brauch und Liturgie*. Berlin 1936.

Autorinnen und Autoren

Heike Behlmer: Studium der Ägyptologie, Koptologie und Altorientalistik an der Universität Göttingen. 1992 Promotion. Tätigkeit als Übersetzerin in Italien, USA und Deutschland. 1995–2003 Wissenschaftliche Assistentin an den Universitäten Göttingen und München. 2001 Habilitation. 2004–2009 Assistenzprofessorin (Lecturer / Senior Lecturer) in Sydney. Seit 2009 Professorin für Ägyptologie und Koptologie an der Universität Göttingen.

Dmitrij F. Bumazhnov: Studium der Klassischen Philologie an der Universität St. Petersburg und der Sprachen und Kulturen des Christlichen Orients an der Universität Tübingen. Ebendort 2001 Promotion und 2008 Habilitation. Seit 2011 Wissenschaftlicher Mitarbeiter am Courant-Forschungszentrum „Education and Religion from Early Imperial Roman Times to the Classical Period of Islam" (EDRIS) an der Universität Göttingen.

Ulrike Egelhaaf-Gaiser: Studium der Klassischen Philologie und Klassischen Archäologie an den Universitäten München und Tübingen. 1998 Promotion. 1999–2008 Wissenschaftliche Assistentin und Wissenschaftliche Mitarbeiterin in Gießen. 2005 Habilitation. Seit 2008 Lehrstuhl für Klassische Philologie (Latinistik) an der Universität Göttingen.

Michael Erler: Studium der Klassischen Philologie und Philosophie an der Universität Köln und am University College, London. 1977–1984 Wissenschaftlicher Mitarbeiter an den Universitäten Köln und Konstanz. 1978 Promotion an der Universität Köln, 1985 Habilitation an der Universität Konstanz. 1985–1989 Heisenberg-Stipendium. 1989 Professur für Klassische Philologie an der Universität Erlangen-Nürnberg. Seit 1991 Lehrstuhl für Klassische Philologie (Gräzistik) an der Universität Würzburg.

Alfons Fürst: Studium der Klassischen Philologie und der Katholischen Theologie an der Universität Regensburg. 1996 Promotion, 1998 Habilitation. 1998–2000 Vertretung des Lehrstuhls für Kirchengeschichte an der Universität Bamberg. Seit 2000 Lehrstuhl für Alte Kirchengeschichte, Patrologie und Christliche Archäologie an der Universität Münster. Gründer und Leiter der „Forschungsstelle Origenes".

Peter Gemeinhardt: Studium der Evangelischen Theologie an den Universitäten Marburg und Göttingen. 2001 Promotion an der Universität Marburg, 2006 Habilitation an der Universität Jena. Seit 2007 Lehrstuhl für Kirchengeschichte an der Universität Göttingen. Ebendort 2009/10 und 2010–2014 Sprecher des Courant-Forschungszentrums „Education and Religion from Early Imperial Roman Times to the Classical Period of Islam" (EDRIS). Seit 2015 Sprecher des DFG-Sonderforschungsbereichs „Bildung und Religion in Kulturen des Mittelmeerraums und seiner Umwelt von der Antike bis zum Mittelalter und zum Klassischen Islam".

Harald Motzki: Studium der Religionswissenschaft, Islamwissenschaft, Semitistik, des Alten und Neuen Testaments sowie der Geschichtswissenschaft an den Universitäten Bonn und

Paris (Sorbonne). 1978 Promotion in Islamwissenschaft in Bonn. 1979–1983 wissenschaftlicher Mitarbeiter des Instituts für Historische Anthropologie e.V. / Freiburg i. Br. 1983–1989 Wissenschaftlicher Assistent an der Universität in Hamburg; dort 1989 Habilitation. 1989–1991 Vertretungsprofessor für Islamwissenschaft. 1991–2011 Hochschullehrer für Islamwissenschaft an der Universität Nijmegen (Nimwegen).

Angelika Neuwirth: Studium der Arabistik, Semitistik und Klassischen Philologie an den Universitäten Berlin, Teheran, Göttingen, Jerusalem und München. Promotion 1972, Habilitation 1977. 1977–1983 Gastprofessur an der University of Jordan; 1984 Heisenberg-Stipendium und Dozentur an Universität München; 1984–1991 Professur an der Universität Bamberg; 1988 und 1989 Gastprofessur an der ‚Ayn Shams University, Cairo. Seit 1991 Lehrstuhl an der Freien Universität Berlin. 1994–1999 Direktorentätigkeit am Orient-Institut der Deutschen Morgenländischen Gesellschaft Beirut und Istanbul. Seit 2007 Leiterin des Projekts Corpus Coranicum an der Berlin-Brandenburgischen Akademie der Wissenschaften.

Maren Niehoff: Studium der Judaistik und Literatur an den Universitäten Berlin, Jerusalem, Oxford und Harvard. 1989 Promotion. Seit 2003 Lehrstuhl für jüdische Philosophie an der Hebräischen Universität Jerusalem, seit 2015 Inhaberin des Max Cooper Chair in Jewish Thought, 2014–2017 Leiterin des interdisziplinären Exzellenzprogramms AMRIRIM in den Geisteswissenschaften.

Hedwig Röckelein: Studium der Geschichte, Germanistik, Politik und Ur- und Frühgeschichte an den Universitäten Würzburg und Freiburg. 1985 Promotion an der Universität

Freiburg. Katalogisierung der lateinischen Handschriften der Universitätsbibliothek Tübingen. 1998 Habilitation an der Universität Hamburg. Seit 1999 Lehrstuhl für Mittlere und Neuere Geschichte an der Universität Göttingen. Ebendort Sprecherin des „Forum für interdisziplinäre Religionsforschung“ (FiReF).

Florian Wilk: Studium der Evangelischen Theologie an den Universitäten Göttingen und St. Andrews. 1993–1999 Wissenschaftlicher Mitarbeiter an der Theologischen Fakultät der Universität Jena, ebendort 1996 Promotion und 2001 Habilitation. 2002 Professor für Gemeindepädagogik und Diakonie mit dem Schwerpunkt Biblische Theologie an der Evangelischen Fachhochschule Rheinland-Westfalen-Lippe in Bochum. Seit 2003 Lehrstuhl für Neues Testament an der Universität Göttingen.

Register

1. Bibel

a) Altes Testament

b) Neues Testament

2. Koran

3. Namen

4. Orte

5. Begriffe, Konzepte, Realien